新时代的阿尔戈英雄

人才流动与创新扩散

The New Argonauts

Regional Advantage in a Global Economy

安娜·李·萨克森尼安（AnnaLee Saxenian） 著

刘典 李旭 译

中国人民大学出版社

·北京·

译者序

光明神啊，由于你的赐予，我现在开始追溯
过往世代中人们的故事，他们受国王佩利亚斯之命，
驾驶装备精美座椅的阿尔戈号，穿越庞托斯的
入海口，驶过库阿内阿之石，向着金羊毛航行。①

2025 年年初，DeepSeek 横空出世。很快，人们便将其与另外五家坐落于杭州的新兴科技公司并称为“杭州六小龙”，互联网上也出现了一批又一批关于“为什么是杭州?”“为什么不是其他城市?”的讨论。显然，科技人才的高度集中离不开当地政府搭建的支持平台。而在这一背景之下，对《新时代的阿尔戈英雄：人才流动与创新扩散》这部讨论人才流动与创新实践的经典著作的回顾能够很好地帮助我们加深对相关问题的理解。

所谓“阿尔戈英雄”，指的是古希腊神话中一批跟随伊阿

① 阿波罗尼俄斯. 阿尔戈英雄纪. 罗逍然，译. 北京：华夏出版社，2011：1.

宋，乘阿尔戈号到科尔喀斯去寻找金羊毛的英雄的故事。在本书作者安娜·李·萨克森尼安看来，在这个科技高度发达、技术去中心化的时代，“推动全球经济实现深刻变革的先锋”是“那些出生在海外、掌握尖端技术、往返于硅谷和自己的祖国之间”的企业家。“就像那些跟随伊阿宋寻找金羊毛的希腊人一样，这批新的冒险家在远离技术中心的地带创办了新的公司，承担着风险，同时也获得了经济上的回报。”

在书中，萨克森尼安着重讨论了以色列、印度、中国以及中国台湾地区自20世纪80年代至21世纪初是如何依靠本地区与硅谷的人员、信息交流实现经济腾飞与科技进步的。“高技能工人与信息的流动性日益提升，信息和通信技术部门生产也日益去中心化，这些趋势为曾经处于外围的经济体带来了前所未有的机遇。”在作者看来，与第二次世界大战后通行的认为经济发展需要国家主导、集中资源的发展理论不同，在新的科技革命所带来的“创造性破坏”之下，传统的“龙头企业”由于企业自身内部的官僚化，已无力应对市场的快速需求，而这也恰恰是欧洲、日韩等非边缘经济体在此轮科技革命中未能及时跟上潮流的关键因素。那些“错过战后经济繁荣时期的地区为新兴的初创公司与实验室提供了肥沃的土壤”。与此同时，“这一过程中的关键参与者既不是官方的决策者，也不是孤军奋战的跨国公司（尽管这两者肯定都发挥了作用），而是那些拥有工作经验且与硅谷和相关美国技术中心有联系的熟练技术移民群体”。

显然，并非所有边缘经济体都跟上了这一波浪潮，那么，以色列、印度、中国以及中国台湾地区这四个地区的特殊性体现在哪里？或者说，为什么这四个地区与硅谷之间实现了较为成功的人才双向流动？最初，人才流动并不是双向的，而是单向的，即从边缘经济体流向美国。为了启动这一进程，边缘经济体需要大力投资基础教育，让人才接受足够高水准的教育，能够出得去；同时，本土的高等教育或就业无法轻易满足这些人才的需求，进而让他们想出去。而在美国学习、工作期间，这些非盎格鲁-撒克逊白人族裔（如华人、印度裔）往往会因各种原因受到“玻璃天花板”的限制，一方面，这促使他们在硅谷抱团取暖，另一方面，家乡的广阔蓝海也促使他们回去开创自己的事业，而这实际上又提出了这样几个关键成功因素：一是在硅谷的同族裔人数够多，能够搭建起本族裔的社交网络；二是家乡的政治环境足够稳定、经济发展空间较大。正是在这一背景之下，他们回到了家乡，将先前的人才流失转化为“人才循环”。

这些从硅谷这一科技创新中心回到家乡的人才不止推动了人才的双向循环，同时也给本地的市场带来了发展所需的资本、技术、运营经验、新型的商业模式以及自己在美国的人脉关系。在商业层面，由于技术的快速进步以及各地的优势不同，这一时期真正稀缺的资源就是快速找到合适的外国合作伙伴，并实现跨文化与语言障碍管理复杂业务关系和团队协作。而这恰恰是这一人才流动网络的重要贡献，“在各自族群的专业网络之内，沟通与信息交流非常便捷”，因此，他们可以“更快地学习技能，获得新技术与新资本，同时寻找到潜在的合作者，从而在竞争激烈的环境中及时做出必要的反应”。在政策扶植方面，这些选择回归的人才带来了必要的资源与知识，能够促使当地政府搭建起一套最适合科技初创企业发展的政策平台。因此，萨克森尼安也强调，复制硅谷的努力不能“自上而下”，“新时代的阿尔戈英雄的经历表明，发展中经济体的决策者应该致力于促进自下而上的创业活动和远程信息交流”。

不过，考虑到本书英文版出版于 2006 年，其中的许多论调与结论也和当前的情况有巨大差别。萨克森尼安试图论证，“这些新时代的阿尔戈英雄让美国变得更加富有，而不是更加贫穷。无论是在美国国内还是海外，移民企业家都不仅没有窃取美国人的工作机会，反而创造了大量就业”，并描绘出了一幅“美美与共”的景象。然而，随着新自由主义经济政策的弊端逐渐显现，无论是美国自身，还是世界其他地区，都并不认为这幅共同繁荣的景象是无懈可击的。特朗普的基础选民认为制造业的流失损害了美国的根本利益，而其副总统万斯在 2025 年 3 月 18 日华盛顿特区举行的一场科技峰会上也更为直白地陈述了美国的全球化理想：发展中国家安于处在全球价值链底端的国家分工，为发达国家贡献利润。可以说，尽管作者做出了一番包装，但其所想要表达的内核也是如此——面对新兴经济体在制造业或某个特定研发领域拥有的优势地位，硅谷完全无须担忧自己的霸权地位会受到什么挑战。在这张覆盖全球的大网之上，硅谷是连接各地的中心，是收割走最多利润的地区，是各地参照的榜样，同样也是实现技术突破的核心部分。没有了硅谷，阿尔戈英雄就失去了自己的目的地。

作者极力推崇的阿尔戈英雄的形象也发生了剧烈的变化。我们不得不注意到，在新时代的阿尔戈英雄逐渐从乐观榜样变为新贵、寡头的同时，一种新的技术意识形态正悄然兴起，那便是被称作“科技右翼”或“技术加速主义”的思潮。这种思潮主张以技术为核心、以加速社会变革为目的，将技术进步绝对化，甚至认为不惜牺牲公平、正义、环境和公共福祉，也应推动人工智能、生物技术、太空开发等领域的极限突破。在这一思潮中，埃隆·马斯克、彼得·蒂尔等人被视作精神领袖和实践先锋。马斯克在推动电动车、星舰、脑机接口等项目时，强调技术优先于社会争议，信奉“工程师救世”的理念；而彼得·蒂尔则公开宣称民主制度对创新的羁绊，宣扬“创新需要精英主导”的技术加速主义逻辑。在这些科技右翼话语中，传统意义上的社会责任、劳动者权益乃至国家主权都被贬为阻碍进步的包袱。技术被工具化为强化资本垄断、阶层固化和全球技术霸权的手段，而非萨克森尼安笔下支持平等开放、鼓励冒险的催化剂。这也提醒我们，在技术驱动发展的道路上，如何在推动创新的同时守住公平正义的底线，防止技术从造福多数人的工具蜕变为少数寡头攫取利益的武器，是译介此书时必须引发读者深思的重要课题。现如今，华盛顿共识演变为了新华盛顿共识，本书中弥漫的乐观情绪早已烟消云散，“隧道尽头的光明变成一列呼啸而来的火车”。

不过，本书对于人才流动的强调依旧具有极高的现实参考意义。在中美科技战、贸易战、关税战频仍的当下，如何进一步扩大我们的人才库，同时吸引海外的人才向中国流动，是一个极为重要的课题。

最后，正是因为有了中国人民大学出版社对译介此书的大力支持，我们才能将这样一段精彩的故事带到国内读者面前。我们长期聚焦科技政策、人工智能治理和新质生产力发展的前沿交叉议题，力求在技术变革的浪潮中洞察其深层制度逻辑与社会影响，研究主要围绕人工智能驱动新质生产力、数字经济变革，以及“人工智能＋”赋能产业升级等方向，兼具理论深度与政策视野，并且已陆续出版《新质生产力：中国经济发展新动能》《“人工智能＋”：大国竞争新优势》《杭州模式：Deepseek与中国算谷》等论著。我们尤其关注科技型企业家与创新型企业家在产业变革中的地位、作用及面临的制度环境，试图回应平台垄断、技术封建主义、制约新质生产力发展的结构性矛盾等关键问题，探索推动科技公平、协同创新、治理现代化的可行路径。这种研究基础也为本书译介工作提供了坚实支撑，使我们得以从全球化、技术霸权、国家能力建设等多维视角重新解读新时代的阿尔戈英雄的复杂命运，并引导读者在反思中探寻未来之路。

目　录

导　言

1974 年，英特尔的一位重量级科学家多夫·弗洛曼（Dov Frohman）计划回到自己的故乡以色列，到耶路撒冷希伯来大学从事研究和教学工作。可以说弗洛曼是英特尔中最有才华的那批工程师之一——他主持发明并优化了可擦写可编程只读存储器芯片（EPROM）。为了留住这个人才，英特尔决定专门在以色列的海法建立该公司第一个海外集成电路设计中心，并邀请弗洛曼担任该中心的领导。三十年后，以色列已成为全球集成电路设计和制造的主要中心，凭借应对安全问题的创新技术与方法以及极具吸引力的通信产品而闻名全世界。

1984 年，六名中国工程师辞去了在硅谷仙童半导体公司的工作，回到中国台湾创办了本土第一批（共三家）私营半导体公司。当时，中国台湾仅有的一家半导体公司是由台湾当局资助的初创企业。斯坦福大学博士蔡南雄在回忆这段经历时说道：

“尽管我们都在美国待了十多年，但我们在中国台湾还有朋友、同事和同学。”而这使得他们有机会回到本土进行创业。这些早期的半导体公司都经历了一个十分艰苦的奋斗期。其中一家名为“Quasel”的公司在成立五年后倒闭。另外两家公司茂矽（Mosel）与唯力科（Vitelic）靠着技术授权才勉强维生。直到十年之后两家公司合并，它们才得以建立自己的生产车间。不过，在茂矽的联合创始人陈品山看来，无论如何，这几家公司还是带来了巨大的影响：“我们一回来，就让台湾地区的技术升级了两代。”茂矽设计了台湾第一款 16K 的静态随机存取存储器（SRAM）；一年后，唯力科参与开发了一款 64K 的动态随机存取存储器（DRAM）。合并后的茂矽电子公司在 20 世纪 90 年代初开始实现量产，在半导体行业十分繁荣的大背景下，这家公司实现了盈利，并于 1995 年在台湾地区上市。这一系列先驱者成为后来许许多多归乡人员的榜样。到 20 世纪 90 年代末，台湾地区已经成为世界第三大集成电路生产地。

2002 年，张宁三与另外两位来自硅谷的中国同事一起来到上海，创办了 BCD 半导体公司，这是中国第一家双极集成电路生产厂。张宁三拥有普渡大学电子工程博士学位，在美国半导体行业工作了 20 年。他非常后悔自己没有早点回到中国台湾，但为自己能够为中国半导体行业的发展做出些许贡献而感到十分幸运。用他自己的话说就是：“现在在硅谷或中国台湾工作差别不大，但上海的机会就太多了，我知道我可以在这里有所作为。”BCD 半导体公司的主营业务是设计并生产用于电话、电脑和消费类电子产品的低成本模拟半导体，并且已获得美国和亚洲顶级投资者两轮的风险投资（其中包括英特尔资本和宏碁科技风险投资）。此外，该公司还从硅谷和中国其他地区招募了一批“最优秀”的管理人员来上海工作。

1999 年，美国国家半导体公司（National Semiconductor）否决了一项为 MP3 播放器设计芯片的计划。按照硅谷的传统，支持该计划的高管和工程师选择辞职，并筹集了一批风险资金成立了 Portal Player 公司。三位联合创始人都是印度裔，他们迅速在印度的海得拉巴建立了一个设计与开发团队，使得这家初创公司从一开始就成为一家全球性公司。他们聘请了印度信息技术行业首席架构师之一乔达里（J. A. Chowdary）负责运营。如今，该公司一半的软件工程师都在印度，他们为苹果广受欢迎的 iPod 媒体播放器贡献了数百万行嵌入式代码［所谓的微型操作系统或片上系统（SoC）］，正是这些代码控制着 iPod 中的视频、图片和音乐。Portal Player 公司只专注于知识产权领域，并与合作伙伴开展了密切合作，协调着复杂的产品制造过程与质量保证，并将其设计转化为能够获得收益的集成电路。iPod 算得上是美国科技和文化的一大象征，但这款设备是由位于硅谷、印度、中国以及其他地区诸多高度专业化公司组成的庞大网络创造出来的。

在第二次世界大战结束后的一段时间里，中国台湾地区和以色列都只是处于边缘地带的经济体，但到了20世纪的最后几十年，这两个地区都成为重要的全球创新与增长引擎。到1990年，中国台湾地区和以色列的信息技术部门所贡献的产出超过了德法等更大、更富裕的经济体。与此同时，中国与印度部分中心城市的科技企业的快速增长，也让这些地区成为发展中经济体羡慕的对象。推动全球经济实现深刻变革的先锋是那些出生在海外、掌握尖端技术的企业家，而这些人往往会往返于硅谷和自己的祖国之间。就像那些跟随伊阿宋寻找金羊毛的希腊人一样，这批新的冒险家在远离技术中心的地带创办了新的公司，承担着风险，同时也获得了经济上的回报。

传统的经济发展理论认为，新产品与新技术只会出现在工业化经济体当中，这些经济体将尖端技能、研究能力与庞大、高收入的市场相结合，一旦产品实现标准化、相关的制造工艺趋近成熟，就能够实现大规模生产，同时将生产过程转移到那些成本较低的地方。从这个角度来看，外围经济体的成功需要建立在先进经济体的成功之上，后发经济体注定只能成为追随的一方，因为前沿技能与核心技术掌握在那些处于核心地区的公司实验室和大学手中。

这种模式几乎没有给外围经济体独立发展技术留下任何空间。充其量，来自核心地区的外国投资可能会促使当地供应商在较短的时间内掌握大规模制造技术，从而实现渐进式的升级。按照这种标准观点，外围经济体要想实现发展，就需要依赖国家、国有银行和大型工业企业联合调动资源，复制或引进核心地区开发好的制造技术。事实上，跨国公司在很长一段时间里也的确十分依赖印度和中国等外围经济体帮助其降低制造过程的成本。

然而，在最近一段时间里，世界经济的演变情况似乎不再完全符合这套核心—边缘模式。高技能工人与信息的流动性日益提升，信息和通信技术部门的生产也日益去中心化，这些趋势为曾经处于外围的经济体带来了前所未有的机遇。错过第二次世界大战后经济繁荣时期的地区为新兴的初创公司与实验室提供了肥沃的土壤。需要指出的是，这一过程中的关键参与者既不是官方的决策者，也不是孤军奋战的跨国公司（尽管这两者肯定都发挥了作用），而是那些拥有工作经验且与硅谷和相关美国技术中心有联系的熟练技术移民群体。

现如今，在美国接受教育的移民工程师群体经常向外界传递最新的信息与知识，帮助他们的祖国参与 IT 革命。在个人经验与专业网络的支持下，这些新移民能够迅速发现有前景的新市场机会、筹集资金、建立管理团队，并与遥远地带的专业生产商建立伙伴关系。在各自族群的专业网络之内，沟通与信息交流非常便捷，这有助于他们更快地学习技能，获得新技术与新资本，同时寻找到潜在的合作者，从而在竞争激烈的环境中及时做出必要的反应。

这不是一个单向的过程。在 20 世纪 70 年代之前，只有大型成熟企业才有资源和能力发展国际业务，而它们主要是靠在海外建立营销办事处或制造分厂来发展国际业务的。如今，生产活动的去中心化以及运输和通信成本的下降，使得那些小企业也有能力与远方的合作伙伴建立联系，学习海外的专业知识，节约生产成本，同时开拓市场。如今，硅谷的新兴企业往往从运营的第一天起就是全球性企业；许多企业只有在证明自身有能力分包生产过程或软件开发，以及可以在美国以外的市场销售其产品或服务时，才能筹集到足够的资金。

在这种环境下，真正稀缺的资源就是快速找到外国合作伙伴的能力，以及跨越文化与语言障碍管理复杂业务关系和团队协作的能力。在高科技行业，产品、市场和技术的定义在不断变化，产品的生命周期通常为 9 个月甚至更短，因此这些能力尤其具有挑战性。第一代移民，如在硅谷工作的中国与印度工程师，恰好就拥有这些必要的语言、文化与技术技能，这些强大的专业优势让他们在美国与本土市场都能很好地发挥作用。同一族裔的移民所组成的专业协会与网络能够帮助那些新老企业快速识别自己的潜在合作伙伴并与之建立合作关系，从而进一步扩展自己的优势。

正如先前的理论模型所预测的那样，在最初，中国台湾地区和以色列的经济是靠劳动密集型制造业以及低成本劳动力发展起来的。然而，随着那些在美国接受教育的移民工程师或临时或永久性地回到自己的家乡，他们也将新的技术与初创企业从硅谷等美国科技地区带了回来。在这两个地区，新一代初创企业追求的是对生产流程和产品的渐进式改进，不过，一旦这些渐进式改进累积起来，就会给它们带来独特的竞争优势。目前在全世界范围内，中国台湾地区的 IT 和网络硬件制造商都处于领先地位，而以色列的企业则在网络安全、电信软件和电子元件方面引领着发展趋势。在中国和印度，这一切还处于早期阶段。然而，这两个地区的生产商正沿着与以色列和中国台湾地区类似的升级轨迹，实现自身科技与经济的发展。

新时代的阿尔戈英雄打破了技术和资本从中心地带向外围经济体单向流动的旧有模式，并创造出了更加复杂且去中心化的技能、资本与技术的双向流动。他们与那些处于外围地带、各有所长的经济体建立了充满活力的合作关系。目前，硅谷仍处于这个多元化网络的核心位置，因为这里是规模最大、最为成熟的市场，同时也是新技术的核心来源。

硅谷是否仍然会是阿尔戈英雄选择出发的起点？我将在最后一章中回答这个问题。显然，这些新兴技术地区彼此之间的联系正在飞速增强，中国与印度开放的新市场也会进一步改变世界经济格局。

并非所有外围经济体都能像中国台湾地区或以色列一样成为科技创业中心。那些在高等教育（尤其是技术教育）方面投入巨资的经济体最有能力在这些行业中展开竞争。亚洲、非洲和拉丁美洲的大多数发展中经济体都未能进行此类投资。而其他一些经济体，如新加坡和苏格兰，并不缺乏相关技术，但它们将发展重点放在了吸引外国投资上；还有一些经济体，如伊朗和俄罗斯，则缺乏吸引移民回国创业所需的稳定政治环境。

许多发达工业经济体，如法国和日本，在支持技术创业方面进展缓慢。曾经展开合作以支持战后大规模生产体系的政府决策层、银行家与大型企业抵制了这一变革进程。此外，这些经济体内部的经济机会相对充裕，对有才华的年轻人极具吸引力，以至于他们很少选择出国接受高等教育；即使出国，他们也往往会在毕业后立即回国担任企业或公务员队伍中的高级职位，而不是留在国外。这让他们远离了新兴的技术和市场资源。

战后一段时间内在教育领域投入巨资的部分发展中经济体没有取得当初预期的成果。这些经济体的人才外流问题尤为严重，因为最有才华的学生都去国外接受教育了。政策制定者对这一损失深表不满，甚至试图加以控制。只不过，在当时，没有人预见到移民工程师和企业家可能会成为21世纪全球经济当中的宝贵资产。

一小部分人当初选择离开祖国，到国外寻找更好的机会，现如今，他们回到故乡，将人才流失转化为“人才循环”。回乡的这些人在当地建立起商业联系或创办新公司，同时还保持着与美国的专业交流和社会联系。风险投资领域的全球化就是这一进程的一大例证。20世纪80年代初，从硅谷返乡的移民开始将新兴的高风险投资模式引入中国台湾地区和以色列。这些移民投资者拥有必要的文化和语言知识，同时也给家乡的市场带来了发展所需的资本。此外，他们还带来了技术和运营经验、新型的商业模式以及自己在美国的人脉关系。如今，以色列和中国台湾地区拥有北美以外最大的风险投资产业，而且都相当支持初创企业。

当这些在国外接受过教育的风险投资家回到自己的家乡进行投资时，他们也会将金融机构中的第一手知识传递到这些外围经济体。他们通常是首批回乡的人员，也经常担任家乡决策者的顾问。此外，随着一批又一批工程师和管理人员归乡，他们带来了从共同的专业和教育经历中形成的世界观和身份认同。他们组建起的技术社区很可能会推动当地初创企业的发展，而最成功的那批归乡人员则与本土的技术专家、企业管理人员和决策层建立联盟。毫无疑问，事实证明，在以色列和中国台湾地区比在印度这样复杂的政治经济环境体系中更容易实现这一目标。然而，随着时间的推移，归乡企业家及其搭建起来的社区在印度的影响可能会更加深远。

在远离成熟技能与技术中心的地方创办公司是一个充满挑战的过程，不过，如今的阿尔戈英雄能够依靠航空业和电子网络实现全球实时通信。他们还利用了 IT 生产组织变革带来的创业机会，而这一变化之所以会发生，是因为硅谷系统的不稳定性在逐步上升。这些人中的大多数是男性。根据希腊学者阿波罗多罗斯的说法，最初的阿尔戈英雄包括 43 名男性和 1 名女性——而新时代的阿尔戈英雄的性别比例正在慢慢得到改善。①

新时代的阿尔戈英雄的经历表明，发展中经济体的决策者应该致力于促进自下而上的创业活动和远程信息交流，而不是试图自上而下地建造一个新的硅谷。与其试图复制硅谷模式，不如通过融入既有的技术社区来与之建立联系；与其和老牌公司正面竞争，不如开发与硅谷互补的能力和产品。

我在本书第一章搭建了一个框架，用于理解新时代的阿尔戈英雄的经历，以及在外围经济体中创造硅谷模式所依赖的区域优势。第二章探讨了20世纪80—90年代，在硅谷工作的外国工程师如何利用自身的族裔、社交网络与职业关系，成功实现创业。在第三章中，我将以以色列为例，论述这些技术移民如何引入在现代科技地区已经成形的制度与实践，同时与硅谷保持密切联系，进而在母国建立新的创业中心。

接下来的四章将重点探讨硅谷的华人和印度裔社区对其母国带来的影响。在中国和印度，归国创业者及其社区不仅利用了本土的低成本劳动力，还解决了阻碍创业的各种直接障碍——例如资本市场、电信领域的法律法规、教育体系和研究机构等，进而改变了当地的创业环境。在所有这些案例当中，

① 在硅谷，出生于外国的科学家和工程师中女性的比例要高于她们的美国同行，这一点尤其表现在来自中国的移民身上。2000年，硅谷科技和工程领域的女性员工占总数的21%（本地出生的女性占19%，外国出生的女性占23%）。在中国大陆出生的理工科人才中，女性占近三分之一（32%），在中国台湾地区出生的理工科人才中，女性占30%。相比之下，在出生于印度的理工科人才中，女性仅占15%（美国人口普查局，2003年）。

他们都在快速搭建创业友好环境、提高当地人技能方面做出了自己的贡献。

在第四章和第五章中，我分析了硅谷与中国台湾地区之间的联系，追溯了20世纪80—90年代在美国接受教育的工程师对中国台湾地区技术政策的影响、当地风险投资行业的兴起以及企业家主导的岛内半导体与电子系统制造业的飞速增长和技术升级。中国台湾新竹地区的生产商并非处在一片真空环境中，他们是依靠与远方伙伴的持续合作而繁荣起来的。

在第六章中，我将关注的重点转向了从硅谷归乡的中国工程师。我认为，在IT领域，中国台湾地区成为中国大陆参考的重要范例，同时台湾地区也为中国大陆输送了不少技术与人才。要想了解这些归乡企业家在长期会产生哪些影响，还需要关注当地的政治和经济改革进程以及此类跨区域活动。需要指出的是，此时的中国已经是世界IT领域的制造中心，这些归乡企业家与硅谷顶尖专家的合作前景广阔。在第七章中，我追溯了自20世纪80年代以来，在美国接受教育的印度技术企业家和经理组成的跨区域社区网络是如何兴起的。我论证了他们在过去十年当中对印度软件服务和开发能力的持续升级所做的贡献，以及当地基础设施与政治状况对其施加的长期限制。

在最后一章中，我讨论了将这种模式扩展到其他经济体的可能性，因为企业在不断开拓新的边界，跨区域经营的企业家能够帮助当地提高自身的技术能力。具有独特互补专业性的区域经济网络的兴起有可能改变全球竞争的性质，即通过互惠升级创造出持续增长的新机会。

新时代的阿尔戈英雄不仅挑战了我们原有的经济发展模式，还挑战了20世纪的主流政策议程和企业战略。在创建出充满活力的技术创业新中心之后，他们比跨国公司或政府机构更快、更灵活地将硅谷体系扩展到了更远的地方。这是一段非凡的旅程，需要得到学者、决策层、商业领袖和民众的持续关注，以了解区域优势如何影响全球竞争。

最后，本书的主要目的不是讨论公共政策问题，尽管中国和印度经济的爆炸性增长目前是公众非常感兴趣的话题。新时代的阿尔戈英雄的故事反映了全球经济发生的深刻变革。对于习惯于自身经济霸主地位无人挑战的美国来说，快速崛起的中国和印度似乎对它构成了威胁。一部分人认为，美国为那些窃取美国技术的外国人提供教育并向海外输出就业机会的做法是相当愚蠢的。虽然这种说法生动形象，但经济层面上的证据却与这种观点相悖。这些新时代的阿尔戈英雄让美国变得更加富有，而不是更加贫穷。无论是在美国国内还是海外，移民企业家都不仅没有窃取美国人的工作机会，反而创造了大量就业。海外技术区域的发展大幅降低了生产者和消费者的技术成本，美国也因此受益。此外，美国还受益于快速增长的国外市场。

美国之所以能够保持全球商业和技术领先地位，正是因为它能够吸引全球各地的人才和资本，保持世界一流的技术教育和研究水平，同时鼓励激烈的竞争、合作、透明度和企业家精神。没有哪个经济体能够孕育出新的阿尔戈英雄，也没有哪个经济体能够像美国这样如此明显地从他们的劳动中获益。如果美国科技区域的开放性受到政策层面的破坏，那么它自身会遭受最严重的伤害。

第一章

令人惊讶的成功

鉴于以色列、中国台湾地区、中国和印度在第二次世界大战后繁荣时期的农业经济都很落后，这些地区最近在经济上取得的巨大成就尤其令人感到惊讶。在20世纪80年代末，很少有人会预料到来自这些落后经济体的公司会在全球经济的主要技术领域展开竞争。然而，如今中国台湾地区的半导体和计算机公司已经在电子系统制造和物流领域中处于国际领先地位。以色列的人口仅有600多万，却有100多家公司在纳斯达克上市，数量超过了除北美以外的其他任何经济体。印度是全球领先的软件开发服务和业务流程外包提供商，而中国已经超越了日本，成为除美国以外的世界第二大IT制造中心。

这些巨大成就背后的原因是什么？有关工业化的标准解释要么关注民族国家的政策，要么关注跨国公司的投资模式。就前者而言，典型的发展计划是建立一个高效且相对自主的国家官僚机构，该机构会与主要企业和金融机构展开合作，将国内投资和资源引导到新兴领域。日本和韩国的出口导向型工业化涉及对半导体和磁盘驱动器等技术的追踪与模仿，之后，两国便开始发力，以实现大规模、低成本的生产，同时快速提升并完善相关生产流程。两国的领导层协调并筹集了研发与大规模生产所需的巨额投资。

经济发展的另一种主导因素是外国直接投资，其典型动机是竞争压力下对削减成本的需求。从20世纪60年代开始，来自美国、日本和欧洲的跨国公司积极在发展中经济体低工资地区扩大生产规模。这些投资在新加坡、马来西亚、苏格兰和爱尔兰等地建立起了电子元件大批量生产所需的供应商基础设施与技能基础。这些投资还大大提高了这些地区民众的生活水平。

然而，这两种理论都无法解释新兴技术地区本土企业崛起的原因。这些经济体的决策层在基础设施、教育和研发方面都进行了不同程度的投入，跨国公司也在当地扩大了投资。但上述新兴技术地区的创新活力并非来自政府、老牌企业或外国投资者，而是来自20世纪80年代以来在几乎没有政府支持的情况下创立的本土企业。其中最成功的企业包括中国台湾地区的宏碁、以色列的Mirabilis、印度的印孚瑟斯以及中国的联想。这些企业已经成长为重要的全球化企业，不过，它们也只是这些经济体中最知名的那些技术企业。上述每家企业周围都有数百家规模、成立时间、所有权和专业领域各不相同的企业，以及不断涌现的初创企业和失败企业。

新时代的阿尔戈英雄是这一过程中的主要参与者。他们是战后人才外流的产物，当时，每年都有成千上万的外国留学生在美国大学获得科学和工程学位，他们毕业后选择留在美国快速发展的科技企业工作。这些移民技术专家——通常都是本国最优秀、最聪明的那批人才——在硅谷形成了一个属于本族群的社会与机构网络。之后，他们将这些社交网络扩展到了自己的母国，将技术创业方面的重要机构与关系带回了家乡，进而重塑了全球范围内的技术竞争格局。

问题与解决方案

后发经济体通常会面临两大劣势：远离前沿技术中心，远离发达市场（进而无法与用户实现互动），而后者对于创新而言至关重要。① 传统上，位于边缘位置的公司会采用各种机制来克服这些劣势，包括合资企业、技术许可、外国投资和海外收购等。然而，事实证明，与全球市场联系紧密的技术人员网络以及在本国工作的语言和文化技能是克服距离限制的更有效、更可行的方法。跨区域企业家及其社区的活动有助于实现技术和制度知识的传播，提供接触潜在客户和合作伙伴的机会，同

---

① Hobday 1995.

时也有助于克服外围经济体因缺乏声誉或信息而面临的贸易壁垒。

信息与通信技术的日益成熟以及全球市场的自由化加速了这一进程。如今，国际通信和远距离信息传输变得相当快捷、简单且成本低廉。促进知识传播的信息系统正在显著增加信息交换的数量与种类。然而，仅凭信息技术并不能确保成功协调或有效传递技术与制度知识。在速度和响应能力决定竞争成败的市场当中，远距离合作仍然在很大程度上依赖于共同的社会背景和语言文化，从而确保合作伙伴之间的相互理解。

市场的自由化对于中国和印度的经济转型同样重要。然而，仅靠减少贸易壁垒和官僚干预并不能创造出在全球产业中赢得竞争所必需的制度能力、社会环境或专业知识。即使在最发达的经济体当中，技术创业也仍然是高度本地化的，且无法通过法令来进行干预，数十年来“打造下一个硅谷”的失败就是明证。通过调动研究人员、资本和现代化基础设施来推动创业的努力无法复制出共享的观点、语言、经验和信任，而正是这些因素的存在确保了硅谷等地人们相互之间的信息交流、合作与学习（通常是在失败中学习），以及激烈的竞争。

这些新兴的技术中心在技术先进性以及本地生产商的专业化方面与硅谷有着显著的差异。这些跨区域的企业家很少与美国老牌生产商正面竞争，而是会选择发挥本地独特的技能、技术与经济资源优势。例如，以色列企业家就非常成功地将本国先进军事研究的成果应用于互联网安全和电信领域的创新之中。相比之下，印度企业家则认识到，可以动员本土许许多多未实现充分就业的英语工程师为美国公司提供软件开发服务。归国企业家能够很好地把握住当前的市场机遇，调动本国民众已掌握的技能和知识，与国际市场接轨，并与国内决策者展开合作，制定克服进一步发展障碍的新战略。

这些地区的投资者和工程师正在推动当地创业生态系统的建设，同时也在随时跟进美国的技术发展与市场动态。以色列和中国台湾地区拥有最为完善的创业基础设施，自 20 世纪 80 年代以来，已有成千上万名技术人员返回这两个地区。这两个地区都经历了多轮创业，成功的创业者将自己积累起来的资本再投资，并将获得的知识与人脉贡献给下一代科技初创企业，同时成为下一代科技创业者的榜样。这种循环既是推动本地区经济发展与技术进步的各种关系和非正式信息流动的成因，也是其结果。这一模式并不能保证所有的公司都获得成功，但其为本地生产者提供了适应与改进自身能力的大环境。

这些拥有高端技术的经济体之所以活力满满，并不是简单地因为生产成本低廉。那些前往印度和中国投资的商人最初的确可能是被当地生产的低成本吸引，但高端技术产品生产的集中化已经导致这些经济体的工资水平迅速上涨、交通拥堵情况加剧。例如，班加罗尔和上海的工程师的工资目前都位居本国前列，但无论是初创企业还是老牌生产商，都仍然聚集在这些地区，而不是寻找成本更低的地区。硅谷的经验表明，只要当地投资者和企业家能够通过集体学习、创新和提升当地能力来创造并重塑区域优势，这些经济体在劳动力成本优势消失后就仍能实现长期繁荣。

需要注意的是，我们不应将国际化技术社区在打造技术创业环境方面所做出的贡献与归国移民在本国发挥的更广泛作用混为一谈。海外移民的汇款、投资或示范效应可能会以各种各样有所区别但大体有限的方式影响一国的经济发展。相比之下，本书所关注的这些新移民是受过高等教育的专业人士，他们对母国经济发展的潜在贡献很大。他们通常不是来自本国的传统经济或政治精英阶层；相反，他们往往是来自中产家庭的优秀工科学生，在美国接受的教育让他们得以接触到一个截然不同的技术与制度环境。

从某种程度来说，这并没有多么令人惊讶。纵观历史，远走他乡的移民在很大程度上塑造了世界经济体系的轮廓。个人与团体在国家内部和国家之间的流动让技能和知识实现了转移，而这会对经济发展模式产生持久的影响。其中的典型代表就包括 19 世纪明治维新时期日本的现代化，以及 19 世纪英国纺织技术和德国钢铁技术向美国的转移。经济史学家仔细研究了人员流动对知识转移的贡献，同时也证明了个人及社区的经验、关系和隐性知识在技术和经济体制的远距离转移过程中发挥着核心作用。[1] 但是，仅凭隐性知识还不够。要想将生产转移到新的地点，就需要对当地环境有深入的了解——包括社会、文化和制度环境中的各种差异。如果双方之间不存在能够细致沟通的共同语言与社会背景，那么远距离合作就很难取得成功。由于本土环境与美国环境之间必然存在着些许差异，而本土经验又很难被完全替代，因此，跨区域企业家在很大程度上构成了技术与制度转移的关键中间人。

从人才流失到人才循环

长期以来，学者们一直认为战后的人才流失现象加剧了全球范围内的不平等——对发展中国家来说，这是净损失，但对已经十分富裕的工业化国家来说，这却是一个额外的优势。正如经典的经济发展理论教科书所言："从较贫穷地区合法移民到较富裕地区的人，恰恰是发展中国家最不能失去的人——受过高等教育、有技能的人。由于这些移民中的绝大多数人都是永久移民，因此，对发展中国家来说，这种不正常的人才流失不仅意味着宝贵的人力资源损失，而且可能会严重制约其未来的经济发展前景。"[2]

虽然很难找到有关技术工人移民的详细数据，但根据联合

① Bordo et al. 2003；Zeitlin and Herrigel 2000；Sowell 1996；Brenner 1994.

② Todaro 1985，p. 123.

国的估算，在 20 世纪 60 年代，共有 30 万名高技能移民从发展中国家移居西方，而 1990 年时的美国人口普查数据显示，不包括学生在内的高技能移民总数为 250 万。研究人员试图量化移民给母国带来的积极反馈效应，例如汇款、投资或回移，但他们一致认为，这些效应所产生的影响是有限的，特别是对于那些几乎不怎么返回祖国的高技能移民而言。① 这些分析甚至促使经济学家考虑对移民或迁入国征收一种全球税，以补偿贫穷国家的人力资源损失。②

但如今，情况已经有所不同。战后人才流失最为严重的地区——尤其是中国、以色列以及印度——如今正从新时代的阿尔戈英雄的崛起中直接受益。在战后年代，那些在高质量高等教育方面投入巨资的发展中国家最有可能丧失那些最有前途的年轻人，因为他们会选择出国接受高等教育；这些国家通常缺乏工业基础，连那些从未离开过本国的毕业生都无法实现充分就业。因此，在这些国家中往往存在大量失业或未充分就业的毕业生。近几十年来，来自以色列等地的、在美国接受教育的工程师将这些人视为可资利用的技术人才。通过回国创业，这些新时代的阿尔戈英雄为自己以前的同学和之后几代掌握技术的毕业生创造了经济机会与职业前景，并最终减少了人才流失所带来的损失。

---

① Rapaport 2002.

② Bhagwati 1985.

回国的移民群体并没有在世界各地复制出新的硅谷。新兴的技术中心将硅谷工业体系的诸多元素与当地特有的社会组织和资源有机地结合了起来。硅谷模式赖以生存的诸多元素，例如高效的资本市场、独立司法机构予以保障的产权、监管监督体系、先进的教育与研究机构以及完善的技术基础设施，很少能同时存在于某个外围经济体中。选择回国的企业家们通常试图（但成功与否并不一定）将风险资本融资、择优晋升和企业透明度等理念引入到那些依然充斥着精英特权、政府控制与腐败的经济体中。他们试图在家族企业或国有企业占主导地位的环境中，创建层级结构较少的团队式企业文化。

尽管如此，归国企业家还是适应了本国的环境，这一点从这些国家科技初创公司的数量日益增多就可见一斑。在印度，早期归国的那一批企业家依靠的是当地的私人电信设施与电力供应，而不是该国昂贵且不可靠的基础设施；而在中国，归国企业家学会了如何处理监管私营公司的复杂规则和人际关系。此外，这些归国企业家还有机会接触到美国的相关机构：他们不仅在美国接受了研究生教育，而且许多人还选择在美国注册公司，在硅谷设立总部或研究实验室，募集风险资本，聘请专业服务人员，并从美国招聘管理和技术人才。许多公司最终在美国证券交易所筹集到了足够的资金。与此同时，在所有这些国家与地区当中，跨区域企业家以及他们所搭建的网络通过向当地政府提供法律、监管和资本市场改革方面的建议，来与后者合作改善基础设施，提升大学、研究和培训机构的质量，以及为当地公司创建信息交流平台，为本国经济体制的转型做出贡献。

一个地区的经济发展轨迹不仅取决于当地组织机构所付出的努力，还取决于其进入全球市场时所拥有的技术和市场机遇。在以色列和中国台湾地区，最终获得成功的制造商是那些能够找到自身独特定位、与硅谷的成熟制造商之间形成互补而非直接竞争关系的企业，它们避免了20世纪80年代美国和日本半导体企业之间的价格战与贸易战。亚洲无线通信市场的快速增长为中国和印度的企业创造了发展机会，使其在不处于领先地位的情况下也能够对技术及其应用的发展方向做出贡献。随着时间的推移，上述发展中经济体的生产商就能够逐步获得独立的能力，并开拓全新的市场。这些新兴的技术创业中心也可能推动组织和制度层面上的创新，就像日本早期的情况一样。

企业家主导的增长模式，加上高技能地区具有竞争力、掌握先进技术的中小型技术产品生产商与其他地区的同行建立联系并开展合作的发展路径，只是这些外围经济体未来发展的可能方向之一。它们也可能会放弃提升本土技能的机会，继续充当低成本劳动力的供应商。在未来相当长的一段时间里，中国和印度都有着充足的劳动力供应。不过，在上述地区，许多跨国企业家与硅谷的技术和市场都保持着密切联系，并正在努力打造具有替代性和高附加值的科技公司。

战后经济中的企业家精神

在战后的一段时间里，企业家精神在学术讨论与政策辩论中几乎完全隐身。直到20世纪80年代，人们还普遍认为大规模批量生产公司是组织生产的最佳方式。阿尔弗雷德·钱德勒（Alfred Chandler）在探究美国现代公司的发展历程时指出，为了服务于快速扩张的国内市场，这些公司大多采用资本密集型工厂与生产设备以实现产量最大化，并获得规模效应，同时对供应端和需求端施加影响，以确保能够摊销这些巨额的初始投资。他还描述了这些现代公司内部如何通过详细的分工和将行政任务委派给专业经理，进一步降低了单位成本并提高了产量，而中央管理层则充当起了“组织集中化知识库的守护者”①。

无论是计划经济国家还是市场经济国家，其决策层都试图参考20世纪现代公司的组织模式来效仿美国战后前所未有的增长。早在20世纪40年代，欧洲各国就开始尝试大规模生产，但这一进展并不均衡，往往需要国家干预，同时还会牺牲其他形式的工业体系。学者们描述了在德国、法国和意大利出现的混合生产体系。② 然而，亚历山大·格申克龙（Alexander Gerschenkron）所称的“后发国家”在制度上的相似之处也的确令

---

① Chandler 1977；see also Zuboff 1988；Blaug 1986；Piore and Sabel 1984.

② Zeitlin and Herrigel 2000；Chandler and Daems 1980.

人瞩目——积极进取国家的政府与国内主要的银行和大型公司展开合作，从而调动大批量生产和规模经济所需的技术和资源。①

当20世纪60—70年代微电子技术逐步实现商业化时，决策者认为大型企业是推动这一新兴行业发展的合适载体。考虑到半导体和计算机行业通常与国防、航空航天和电信机构关系密切，东亚和欧洲各国政府开始相继资助本国在这些领域的"领军企业"。例如，法国、德国和意大利国内的主要生产商获得了包括政府采购、研究资金和低息贷款在内的诸多优惠待遇——所有这些优惠均建立在维护国家安全和声誉的理由之上。在日本和韩国，政府通过慷慨的激励措施和补贴，以牺牲国内外潜在竞争对手为代价，给予少数大型、多元化的电子和计算机生产商优惠待遇。日本的"经连会"和韩国的"财阀"不仅成为技术领域的主要出口方，还在金融机构的设计和运营过程中发挥着主导作用。

经典的经济发展理论准确地描述了战后这个时期的情况。产品周期长、市场稳定，使得科技企业能够将大批量的生产线转移到低成本地区，同时将研发工作留在国内。例如，在20世纪60—70年代，美国半导体企业将低技术含量的测试与组装业务转移到了东南亚，20世纪80年代，磁盘驱动器和个人电脑的

① Gerschenkron 1962.

制造商也紧随其后，将相关业务转移到了海外。20 世纪 70—80 年代，处于领先地位的计算机企业将大批量生产线转移到了苏格兰和爱尔兰，以利用当地低廉的劳动力成本、丰厚的税收优惠以及进入欧洲市场的机会。学者们将这种技术研究与实际生产的空间分离称为“新的国际分工”（与基于自然资源禀赋的“旧的国际分工”相对），这反映了钱德勒式企业在地理层面的扩展。

在这个体系当中，企业家精神毫无存在的必要。大企业代表了现代经济进步的理想，而企业家和小企业则被视为过时且注定要消失的旧时代产物。韩国和日本的资本与劳动力市场同德法两国一样，严重偏向于成熟的大企业。存在于唐人街以及其他族裔聚居区的移民企业家精神则被视为一种只能获得低工资的短期生存策略，适用于那些刚刚抵达新环境、缺乏经济机会的非熟练工人。在这种观点下，依靠族裔网络为小规模企业招募技术工人、募集资源的做法是一种传统生存模式。随着时间的推移以及经济生活的理性化，这种做法将被彻底取代。①

这种解释就是一种自我实现的预言。这一时期，国家的主要目标是帮助那些掌握大规模生产能力的企业实现发展，在此期间，它们减少了对小企业在制度层面上的支持。银行和其他

---

① Waldinger et al. 1990；Light and Bonacich 1988.

金融机构被组织起来，主要为每个部门中占主导地位的寡头垄断企业提供金融服务。[①] 这些大企业要么从内部组织进行采购，要么将供应商降级为企业的附属组织，从而限制了它们的自主性与创新能力。政府机构以及工会组织往往会与行业中最大的企业合作，以确保其获得成功，并换取部分剩余价值。结果是，经济进步是由国家和大企业共同推动的。直到 20 世纪 80 年代，面对日本在汽车和半导体行业取得的成功，美国的企业领袖和决策层还是将大型、多元化的经连会模式视为技术行业的效仿典范。

小企业的生存之道

当然，小企业和企业家精神从未真正消失。它们在大规模生产体系所忽略的地方生存了下来，特别是在老城市以及有着手工艺生产传统的中心地区。在“第三意大利”* 和德国巴登-符腾堡州等地区，金融和技术组织以及社会结构逐渐发展起来，以支持去中心化生产的动态化替代模式。即使在美国，纽约和费城等老城市也比匹兹堡和底特律等新兴大规模生产中心更有利于创业。[②] 颇具讽刺意味的是，当大规模生产体系在 20 世纪

① Sabel and Zeitlin 1985；Galbraith 1967.

* “第三意大利”是由意大利经济社会学家阿纳尔多·巴格纳斯科（Arnaldo Bagnasco）在 1977 年提出的一个概念，指的是 20 世纪 70 年代经济快速崛起的意大利东北部和中部地区。这些地区以传统制造业为主，与经济上较为落后的南部地区（第二意大利）和经济较为繁荣但 20 世纪 70 年代后期面临危机的西北地区（第一意大利）形成鲜明对比。“第三意大利”经济模式强调中小企业集群、专业化生产、创新能力和区域合作。

② Herrigel 1996；Scranton 1983；Brusco 1982；Chinitz 1961.

60 年代达到顶峰时，波士顿 128 号公路地区和加利福尼亚州圣克拉拉谷的大学周围出现了许多以新技术为基础的初创企业。

这些充满活力的小企业聚集地并不只存在于发达经济体中。例如，中国台湾地区备受赞誉的“经济奇迹”就在一定程度上归功于其纺织和制鞋等劳动密集型轻工业的中小型企业网络。这种去中心化的工业体系存在如下特点：一是这些中小型企业在地理上相对集中，都位于台湾中部地区；二是依赖于本土的企业家精神以及当地资本；三是能够实现数百家专业化企业的协调生产，以快速适应不断变化的世界市场。这几个特点使其闻名世界。在整个 20 世纪 70—80 年代，中国台湾的小型生产商网络主导了全球范围内的自行车和鞋类出口业务。① 在这一时期，中国台湾 80％以上的制造企业员工人数不到 20 人。这些充满活力的小企业之所以能够兴起，主要是因为在台湾的移民有较强的影响力，同时垄断了上游产业的生产，这使得中国台湾本地人难以涉足这两类业务，而 20 世纪 50 年代初的土地改革也催生了一大批小业主。②

当时的经济学家和决策层要么忽视了这些小企业及其生产网络，要么认为它们只是过渡性的。这一时期的规划者提倡进行大规模、资本密集型投资，以便在发达经济体和发展中经济体的落后地区快速启动工业化进程。不少决策者还向境内领先

---

① Chen 2002；Cheng 2001；Cheng and Gereffi 1994.

② Gold 1986；Barrett and Whyte 1982.

的生产商提供补贴，保护境内市场，以发展本土制造能力。学者们则将目光转向跨国公司、大型企业和经济体之间的政治联盟，这种联盟不仅降低了大规模生产面临的投资风险，还确保了进入境内市场的机会。从这个角度来看，即使是最成功的新兴工业化经济体也仍然只能充当模仿者，因为领先的技术仍然掌握在大型企业和核心大学的研究与开发实验室中。当局或跨国公司最多只能推动技术的普及与应用，以及逐步掌握面向出口市场的低端、大批量生产技术。①

区域性的成功

从“第三意大利”到硅谷，这些新兴的工业区所表现出的活力令人惊讶，在20世纪80—90年代，这一现象重新激发了学者对区域经济的兴趣。新一代经济地理学家利用规模收益递增理论以及大型公司或城市地区的高效率来解释集群效应与区域经济增长。② 然而，简单地诉诸规模收益递增或空间上的相互关联并不能很好地阐明生产力提升背后的因果机制。与此同时，管理学家迈克尔·波特在其早期关于国家竞争力的研究基础上，进一步推广了产业集群的概念。③ 这一概念的优点在于承认制度、企业间关系、企业家精神和创新（不仅仅是降低成本）在

① Amsden 2001，1989.

② Arthur 1994；Krugman 1991.

③ Porter 1998.

集群效应中发挥的作用，但它未能明确指出活跃集群与当今那些不太成功的集群之间存在何种本质性差别。①

20世纪80年代初，皮奥雷（Piore）和萨贝尔（Sabel）曾指出，区域经济之所以能实现复苏，是因为这一时期技术和市场的不确定性正在日益加剧，而这种不确定性破坏了大型钱德勒式企业的稳定。② 自那以后，大多数商业学者都将垂直整合企业的解体与国际生产网络的兴起联系了起来。在这一过程中，发达经济体中的主导企业将生产活动外包给了外围经济体的独立生产商，以应对日益激烈的竞争局势。③ 这种观点认为，发展中地区的主要优势在于低成本的劳动力供给，但其忽视了外围经济体中生产空间集群的增加如何提升生产速度、加快创新，从而帮助其赢得竞争——这一点尤其体现在那些依赖上市时间、差异化以及低廉成本的技术行业之中。

早在20世纪80年代，硅谷就出现了传统企业等级制度消亡和区域集群蓬勃发展的情况。在下一节中，我将总结该地区的机构与社会结构如何演变，以协调去中心化的工业体系——在该体系中，技术知识和专长分散在数百个专业化初创企业、成熟企业、大学、学院和其他培训机构及研究机构当中，而不是

① 尽管存在分析上的局限性，但“产业集群”这个概念已成为分析和决策的关键工具。与该概念相关的大量文献见 Cortright（2005）。

② Piore and Sabel 1984.

③ Borrus et al. 2000；Bartlett and Ghoshal 1998；Dedrick and Kraemer 1998；Gereffi and Korzeniewicz 1994.

集中在一个或数个企业研发实验室中。借助这一体系，硅谷经济对市场需求的反应能力和创新能力不断地得到自我强化，其拥有的专业化网络加快了企业适应市场需求、实现技术变革的速度，从而获得了远超老牌竞争对手的适应能力。①

现代大型企业的解体也为外围经济体的初创企业提供了新的机遇，同时还节省了成本。在最后一章中，我将概述新时代的阿尔戈英雄是如何建立跨区域社区，并将硅谷的制度与知识转移回他们的家乡的。这些新的创业生态系统在以色列取得了惊人的成功，而且最近也在印度和中国取得了成功，这再一次改变了全球范围内的竞争格局。虽然这些地区最初只能贡献低成本的劳动力，但当地生产商很快就通过干中学以及与硅谷和其他地区不同专业生产商的合作，迅速提升了自身的能力。新时代的阿尔戈英雄的经验表明，在当今全球经济中，要想发挥出区域优势，就需要将本土和遥远地区的知识与专长结合起来，以确定新的解决方案，创造新的产品和产业。

硅谷模式的胜利

起初，硅谷的经济活力并没有得到广泛认可。然而，在 20 世纪 70—80 年代，市场动荡与不确定性的加剧导致美国的制造

---

① Saxenian 1994.

业陷入危机，而硅谷却在此期间蓬勃发展。在市场瞬息万变与技术大幅进步的环境中，该地区的科技新秀比老牌的垂直整合公司更具适应能力。在20世纪60—70年代，硅谷半导体公司的表现要优于东海岸的老牌公司，如美国无线电公司（RCA）和喜万年（Sylvania）；在20世纪80年代，该地区个人电脑公司的表现也要优于大型老牌公司，例如美国计算机服务公司（NCR）、霍尼韦尔（Honeywell）以及美国数字设备公司（Digital Equipment Corporation）。这一去中心化的工业体系使得硅谷地区的发展超过了波士顿128号公路地区。然而，直到20世纪80年代，学者和决策者仍然认为，硅谷的初创小公司会被美国国内外的大型成熟技术公司（如日本的经连会）击垮。①

增长的源泉

自20世纪70年代以来，硅谷的发展一直建立在企业家精神、不断深化的劳动分工以及开放的信息交流上。该地区的起源可追溯到惠普公司成立时所在的车库，以及后来管理不善的仙童半导体公司的分裂，这些催生了包括英特尔在内的多家成功的新创公司。人们经常提到“仙童”的“家谱”以及“仙童”和“大仙童”，这表明这些公司与其后来分拆出来的公司之间存在一种准家族式关系。这种对共同遗产的认可也使得该地区公

---

① Ferguson 1990；Borrus 1988.

司之间的高流动性和信息交流成为常态。

硅谷的创始人团体是一群年轻的工程师，他们将自己视为外来者，在远离美国既有的政治与经济权力中心的地方尝试新技术。他们通过持续不断的面对面交流，形成了相同的认同感与世界观，还共同致力于推动技术进步与地区发展，而不是单纯效忠于任何一家公司。由于缺乏“应该如何”组织公司的经验或知识，这些早期的企业家也拒绝接受东海岸老牌公司的官僚主义和等级制度。相反，他们努力保持初创公司的活力、自主性和专注度，即使在公司规模越来越大之后，情况依旧如此。由于之前当地并不存在什么工业产业，因此没有既得利益集团阻碍这场创新实验。随着时间的推移，这些致力于创新的年轻人开创了一个以开放的劳动力市场、持续创业精神以及在公司内部和公司之间不断进行信息交流为特色的工业体系——这与现代大型公司完全相反，后者要求对信息实行等级化控制，设定详细的劳动分工和内部劳动力市场，高度要求保密，并且内部自给自足。

支持性基础设施

早些时候，该地区出现了许多提供专业服务的机构，包括律师事务所、银行、风险投资机构和众多熟悉初创公司与小型科技公司需求的顾问机构，这进一步加速了创业友好体系的扩张。风险投资源于第一代成功企业家对朋友和同事的初创公司进行的非正式投资。即使在今天，许多即将退休的企业家也会选择成为天使投资人或风险投资家，以便重新利用自己的经验和人脉。硅谷的风险投资行业因此将非正式的信息、经验、人脉、专业知识和咨询分享制度化，并使之成为该地区集体学习的众多机制之一。最近一项针对美国风险投资资助的初创公司的分析发现，初创公司最密集的孵化地就是硅谷（事实上，位于硅谷的公司孵化成功率要比其他地方高出近38%），从而证明了关于创业学习与网络联结的“仙童式”观点。①

风险投资体系为投资者提供了强有力的激励，促使他们密切关注初创公司的运营情况和取得的成果，因为投资者的成功直接取决于那几家高风险的初创公司能否取得成功。风险投资家会担任董事会成员，为自己投资的几家公司频繁提供管理咨询意见，同时为其介绍潜在客户、投资者、合作伙伴、员工、律师、商业银行家、会计师等。硅谷的公司还率先向全体员工（而不仅仅是高层管理人员）发放股票期权。通过将薪酬与公司业绩直接挂钩，股票期权能够激励员工增加公司价值。由此产生的股权文化似乎能够增加创业成功的概率，同时增加创业者的数量。与此同时，由于风险投资专家与所投资的公司密切合作，风险投资仍然具有高度的本地化特征。即使在今天，美国风险投资总额的三分之一仍流向硅谷的公司（这一数字是排名

① Gompers et al. 2003.

第二的新英格兰地区的两倍多）。

该地区的律师事务所同样在技术初创公司相关问题上积累了深厚的专业知识——例如知识产权、首次公开募股、技术许可、风险融资和贸易法规等。当地的会计师、人力资源公司、早期投资者、投资银行家、市场营销和公共关系公司以及多元化且不断变化的顾问群体也通过建立关系网络、推荐合适人选以及相互合作来发展业务，同时提升自己的声誉。

1983 年，一群先前在其他银行担任经理的银行家共同创立了硅谷银行，他们意识到专业服务供应商在这一创业生态系统中所能发挥的协调作用，“这些新公司所处的经济环境并不算好。当时，没有相关的组织为这些企业家提供支持性服务，大多数传统专业服务的供应商对这些风险较高、无收入、无利润的初创公司都不感兴趣”。硅谷银行宣称，它的竞争优势就是在当地拥有的信誉与声誉，是“该地区基础设施网络中不可或缺的成员和值得信赖的合作伙伴……能够为初创公司提供相关的关系、网络和推荐”，其“经济生态系统自 20 世纪 80 年代初以来不断发展，建立起了与下述各方的伙伴关系、联盟和相互依存关系：风险投资公司、专业服务供应商、初创公司及其经理”。根据其网站所述，到 2000 年时，硅谷银行已成为该地区的主要银行，在美国设有 26 家分支机构，资产约为 40 亿美元，员工达 1 000 人。[①]

---

① Quotations from www. svb. com.

这些专业服务供应商为硅谷企业家提供了相对于老牌工业区（通常由更为保守的法律和金融组织所主导）的竞争优势。有人说，在硅谷，企业家从最初的概念构思到公司成立、融资与发展，都比世界其他地方的初创公司要更快。用美国网讯公司（WebEx）联合创始人、自己曾多次创业的朱敏的话来说就是：

> 你在哪里能学习到关于运营一家公司的知识？在创业初期，你可能会遇到很多问题；当你开始创业时，每做十件事，就有一件可能会出错。而硅谷的优势在于，你可以失败、学习、再试一次。这是唯一可以让你搞砸一次、然后再试一次的地方。
>
> 在其他任何地方，你都无法让公司发展得如此迅速。我们开发产品时没有工资，完全是靠自己创立了网讯，我们以低工资、高股票期权聘请了 30 名工程师（他们还需要出去兼职赚钱）。他们花了大约 18 个月的时间才开发出产品，然后我们把它卖掉了。我们从天使投资人那里筹集到了 700 万美元，然后接受了更传统的风险投资。第一轮我们筹集了2 800 万美元，第二轮又筹集了 2 500 万美元。不到两年后，我们就把公司上市了。①

① Interview with Min Zhu，April 16，2001.

去中心化和市场细分

硅谷系统支持在一个地区内进行更多新技术、新产品与新应用的竞争性实验，这是大型公司无法企及的。早在 20 世纪 60 年代末，这种替代性技术途径和机会的激增就已显现出来。正如英特尔联合创始人戈登·摩尔所说："以仙童半导体公司的规模，单靠它自身根本无法开采完集成电路、MOS 晶体管等富矿，由此也就产生了后来被称为'硅谷效应'的现象。针对实验室里出现的每项新发明或新发现，都会诞生至少一家新公司以试图将其产业化。"① 这种并行实验规模的激增确保了经济活动中存在足够的竞争与冗余，从而进一步加强了整个系统的稳定性。

追求新技术和市场机会的专业化公司不断涌现，虽然它们之间缺乏协调，但进一步推动了生产过程以及市场的持续分化。20 世纪 60—70 年代，随着大批工程师离开老牌公司，成立专门生产行业所需资本货物的公司，该地区出现了一批独立的半导体设备和材料生产公司，负责生产扩散炉、步进重复相机、测试仪以及光掩模、测试夹具和专用化学品等材料和组件。独立的设备和材料行业催生了新的半导体公司，因为单个生产商无

① Moore 1996，p. 167.

须承担内部开发资本设备的费用，而且可以将设备开发的成本和风险分散到更广泛的社区之中。它还强化了硅谷本地工业化的趋势，因为当时大多数专用设备在其他地方都买不到。

20 世纪 70 年代，一些企业家成立了国际半导体设备与材料组织（SEMI），为本地生产商提供信息共享平台。在早期，SEMI 最重要的职能之一就是为新兴行业制定技术标准，没有这些标准，专业化生产就不可能实现。该组织还负责提供行业与商业数据、组织贸易展览，并推动这一高度去中心化的行业进行企业间的技术和信息交流。SEMI 拥有 2 200 名成员，除美国外，还在中国的上海、北京、台湾以及韩国、日本、新加坡和俄罗斯等地设有办事处。

从半导体到个人电脑及其组件，再到电信和互联网，硅谷的科技产业都经历了这种专业化与分拆的过程；反过来，这一进程又打开了意想不到的新市场，实现了跨领域合作。这种分化有助于区域经济的多样化和弹性化，同时也增加了该区域创新的机会，因为专业化的组件可以以多种不同的方式重新排列组合，创造出新的应用——经济学家阿林·杨格（Allyn Young）称之为生产日益“迂回”。[①] 当然，在不创新的情况下实现专业化，或者在不改变分工的情况下实现创新，也都是可能的。然而，分工的日益深化可以提高一个社区的创新能力。

① Young 1928.

随着实验机会的增加，人们会产生各种新的想法，这些想法又会被组合成新的想法，如此循环往复，生生不息。

因此，专业化能够促进创新和经济增长。大多数硅谷企业家不会简单地复制现有产品，以较低的成本生产所谓的“山寨”产品；相反，他们会定义新的市场、技术、流程和设计方案，提供新的功能、特性和品质。专业化和多样化的结合确保了单家企业所遭遇的困难不会破坏整个行业的稳定，甚至一个行业的失败也不会破坏整个地区的稳定。

高失败率以及成立新公司的速度是硅谷集体学习的关键来源。该地区工业领导地位的快速更迭反映了这种创造性破坏的过程。自 1980 年以来，硅谷的主导公司实现了数轮洗牌。1982 年排名前四十的高科技公司中有一半在 2002 年就已不复存在；而 1982 年排名前四十的公司中只有四家在 2002 年仍名列前茅。同样，2002 年排名前四十的公司中有一半以上在 1982 年甚至还没有成立。① 这个动荡的系统看似混乱，甚至有些浪费，但该地区在四十多年后仍然是技术和组织创新方面的领导者。

硅谷持续创新能力的指标之一是专利数量。近年来，硅谷发明家的专利在美国专利商标局颁发的专利中占据了越来越多的份额。尽管这一趋势反映了当今社会对知识产权保护的高度重视，但硅谷在美国专利总数中的占比仍在不断增长。1993 年，

---

① Zhang 2003.

该地区的发明家获得了美国专利总数的4%；到2003年，这一比例已增长到了10%（他们占据了加利福尼亚州所有专利的近45%）。硅谷的发明家们也加快了专利申请的速度，从1993年的每10万居民的专利申请数量为103项增加到2003年的371项。而在此期间，全美国平均每10万居民的专利申请数量还不足50项。①

创建地方性技术社区

在传统的大规模生产公司当中，技术人员通常在研发实验室或工程部门工作。而在硅谷，技术社区超越了特定的公司以及其他类型的研究机构，如大学、学院或研究实验室，形成了一个高度相互交流的地方性技术社区。斯坦福大学曾经是一所规模不大且默默无闻的学校，但它很早就与该地区新兴的电子公司开展了合作，为当地机构如何适应该地区不断变化的业务需求树立了典范。经济史学家对双方互惠互利的共同进化过程进行了研究，并指出，它们“逐渐适应了这里的竞争环境。双方互相帮助，发现并利用科技领域的新机遇……从而促进了整个地区的横向整合和集体学习”②。这种相互适应、共同激励的过程在整个硅谷的企业家和老牌公司之间以及公司和社区学院、研究机构以及专业服务供应商之间反复出现；在后来几代初创

① Joint Venture：Silicon Valley Network 2004.

② Leslie and Kargon 1996，p. 470；see also Lenoir et al. 2004.

公司当中，这一过程也得到了复刻。其结果是模糊了金融、法律、商业、教育和地方政府之间的诸多传统界线。

战后一个时期里的工程师通常认为，自己会在某家大型公司或贝尔实验室、麻省理工学院林肯实验室等大学实验室里度过整个职业生涯。然而，在硅谷，新一代的工程师很快就意识到，在瞬息万变的市场中，他们很可能成为管理者或企业家。许多人怀有创业的理想，以此追求自主权，实现自己在技术方面的理想，或是抓住某个商机——很少有人认为自己的职业生涯会局限在一家公司当中。随着时间的推移，当地的许多工程师都成了经理或投资者，大学研究人员也成了企业家或顾问。他们逐渐形成了集体认同感，成为该地区工业和技术社区的组成部分，而不是任何一家公司、机构甚至行业的从属者。

硅谷经济的悖论在于，由于该地区劳动力市场开放且发展迅速，作为价值主要来源的个体劳动者的专有技术能够在当地公司之间迅速扩散。公司大量投资于知识产权，彼此之间竞争激烈；但与此同时，熟练员工在公司之间的快速流动又确保了专有技术的广泛传播，从而促进了创新、适应与增长。最近，有关美国计算机行业员工流动性的分析人员发现，硅谷的跳槽率远远高于其他计算机生产中心，他们认为这与“无处不在的知识溢出”① 有关。

---

① Fallick et al. 2003.

这并不是说硅谷的竞争优势来自员工向竞争对手泄露商业秘密。事实上，允许硅谷的公司盗用竞争对手的商业秘密会严重打击公司在创新方面的投资积极性。相反，硅谷的经验表明，加快创新与发展步伐的是员工个人所承载的专业知识，而不是雇主的商业秘密；这样做并不会削弱创新的积极性。

硅谷的新兴公司很少与老牌生产商直接竞争。新兴公司通常会通过定义新的市场细分领域、生产流程或应用技术来区分自己与其他公司的产品或服务，并希望借此获得独特的竞争优势。这意味着员工可以为新雇主开发新的竞争产品，而不是复制自己在前雇主那里负责的产品，而且不同专业领域的合作伙伴会定期分享有关长期产品与技术计划的信息，以促进当地社区的集体学习。

如今在技术界，工程师在硅谷各家公司之间的定期流动以及相应的技术知识传播已经得到了广泛认可，投资前雇员的初创公司、与研究机构和教育机构开展合作以及参与标准制定等做法的好处也得到了认可。上述实践在该地区高速发展的劳动力市场中已经实现了制度化，部分原因在于加利福尼亚州为在不同公司之间流动的员工提供了法律保护。加利福尼亚州的法律与马萨诸塞州和其他许多州都不相同，几乎不怎么保护竞业禁止协议。因此，该地区的员工可以自由地跳槽到竞争对手的公司，从事相关产品的研发工作，只要他们不泄露或使用前雇主的专有信息即可。①

---

① Gilson 1998.

当地工程师和企业家拥有共同的教育和专业背景，这为他们提供了共同的语言和成长经历。离职员工通常会与前雇主和同事保持良好的关系，因为他们知道这些人可能会成为自己未来的客户或合作伙伴。简而言之，硅谷的职业发展是反复重叠又不断分化的。对此，资深风险投资家约翰·肖克（John Shoch）总结道："人们常说，只要通过六个人，你就能认识世界上的所有人。而在硅谷，你只需要通过两个人就能认识所有人。"①

各种正式或非正式的专业、技术与商业组织，校友会，标准制定论坛以及非正式的业余爱好者团体不断涌现，为跨部门、跨公司或跨行业的面对面交流互动提供了机会。其中一些组织存在时间不长，其背后的原因可能在于其所关注的技术或市场机遇转瞬即逝；而另外一些组织则已经存在了几十年之久，成为该地区的一个组成部分。这些网络加速了信息流动，协助创业人员组建新公司、搭建与合作伙伴之间的关系——甚至包括实现与竞争对手之间的合作。这些组织有助于人们快速识别市场机遇，了解资金来源，招募团队成员，结识供应商、客户与合作伙伴。这些网络还加速了正面或负面声誉的传播，并通过向新创业者展示成功的榜样、潜在的导师以及有前景的商业机会，帮助他们融入这个创业圈子。

技术社区的所有这些特点不仅提高了效率，还大大降低了

① Interview with John Shoch，August 29，1998.

新公司成立或倒闭的风险。该地区的创业者可以利用丰富的技能基础（包括各种科学和技术能力、深厚的专业和管理经验以及技术社区中的关系网络）迅速组建团队并发展新的公司。同样重要的是，硅谷仍然是一个开放的社区，在这里，专业声誉受到了精心维护。对技术成就的尊重有助于公司招聘到合格的外来人员，甚至包括具有不同民族或种族背景的专业人员。对商业成功的追求鼓励工程师成为企业家，而强调团队开发则确保了项目期间人员的忠诚度。社区“小世界”的性质让个人之间能够实现快速响应与紧密沟通。与现代化公司内部的职业阶梯形成鲜明对比的是，硅谷开放的劳动力市场和创业基础设施使得那些对外部资源或灵感不敏感的公司很难生存下去。

硅谷与现代大型公司

20 世纪 70—80 年代，新产品开发成本不断上升，电子和计算机领域的创新步伐不断加快，这意味着硅谷的初创公司无法与霍尼韦尔、IBM、控制数据公司和数字设备公司等成熟的垂直整合系统公司在所有领域展开竞争。（那些试图进行垂直整合的初创公司，例如从半导体到数字手表等产品的整合过程最终以失败告终，相关企业也被迫退出市场。）当地这些初创公司大多专注于特定组件或子系统的生产，同时依靠本地的其他专业化公司提供其他组件以及最终的系统集成。

20 世纪 80 年代初，IBM 个人电脑的硬件和应用软件系统被迫开放，以应对美国司法部不断施加的反垄断压力，这一事件对日后硅谷发生的转变至关重要。System/360 系列大型电脑采用通用操作系统和标准化接口设计，允许使用模块化、可升级的处理器和外围设备。这使得供应商能够生产与该系统插头兼容的标准组件，从而降低了开发费用和生产成本，同时允许外部的外围设备生产商进入该市场。1981 年推出的 IBM 个人电脑之所以极具创新性，部分原因在于它完全基于外包组件。IBM 向所有人开放了其硬件组件系统（中央处理器、主板、鼠标、磁盘驱动器、打印机等）和软件系统（操作系统以及应用软件）。甚至该公司内部的组件生产部门也需要参与竞争才能获得这些合同。个人电脑创造出了一个巨大的市场，并催生了一大批新的计算机系统公司，以及成千上万的新生产商，负责生产各种组件、外围设备和应用程序，其中就包括两家最有价值，也占据着主导地位的 IT 公司：英特尔和微软。

硅谷的生产商在新的竞争环境中拥有巨大优势。该地区已经聚集了相当数量的个人电脑爱好者和软件程序员，同时还有苹果和康懋达等早期的计算机公司。硅谷在半导体设计和制造方面所拥有的专业知识及经验在全球范围内无可匹敌；IBM 在圣何塞的研究机构在磁盘驱动器技术方面处于领先地位；位于帕洛阿托的施乐帕克研究中心是个人电脑领域引领创新趋势的先驱（尽管它因未能实现商业化而闻名）；斯坦福大学和加利福尼亚大学伯克利分校都是电子工程和计算机科学的研究中心。这些研究机构不仅为当地产业提供了一流的人才，还不断吸引着来自全国各地乃至全世界的优秀工程师。到20世纪80年代末，硅谷的生产商推出创新组件和外围设备的速度超过了美国其他地区和海外的众多竞争对手。新一代专业集成电路和微处理器、磁盘驱动器、打印机、软件和网络硬件都体现了该地区专业人士的强大活力。

在竞争压力之下，传统的垂直整合系统公司逐渐让位于日益专业化的去中心式产业结构。计算机行业的参与者数量急剧增加，大多数技术领域的竞争也大大加剧。如今，众多彼此独立的公司生产着所有曾经由单一公司内部生产的组件——从应用软件、操作系统和计算机到微处理器和其他组件。在每个细分市场当中，生产的专业化程度都越来越高，分工也越来越细。

半导体行业的细分

半导体行业说明了分工的逐步深化如何促使生产成本不断降低、市场不断扩大，而这又是如何为初创公司创造机会的。在20世纪60—70年代，IBM和日本电气股份有限公司等垂直整合的大型公司承担了生产电子系统所需的所有工作——从最初的系统架构和集成电路设计，到集成电路制造与组装，再到最终的系统组装。20世纪70年代，英特尔和美国国家半导体公司等新一代集成设备制造商则开始专注于集成电路的设计、制造和组装工作，而将系统架构和集成工作交给了其他公司。与此同时，硅谷也出现了独立的半导体设备制造与材料供应行业。

20 世纪 80 年代，台湾积体电路制造股份有限公司（简称“台积电”，TSMC）引入了独立集成电路代工厂，用于生产其他地方设计好的芯片，这进一步推动了集成电路制造从系统和集成电路设计以及最终组装和测试等活动中分离出来。20 世纪 90 年代末，新的独立供应商再度出现，它们负责提供用于芯片设计的知识产权模块，以及为集成电路代工厂提供服务的工艺研发专家。这些新专家不仅出现在美国、日本，还出现在以色列、印度和中国。

半导体行业的持续细分还体现在芯片材料（例如铜互连、绝缘体上硅、硅锗合金、应变硅）、新架构和电路（片上系统、磁阻随机存取存储器、双栅极晶体管、碳纳米管晶体管、生物和分子自组装）、制造或装配活动（新的化学处理和集成计量方法）以及封装工艺（如倒装芯片、晶圆级封装、3D 和系统级封装）等方面，为初创企业提供了大量商机。

半导体设计和制造领域的这些创新推动了新应用的激增，并为专业制造商开辟了新的市场。[①] 20 世纪 90 年代，日本、韩国和欧洲部分地区那些未能认识到专业化竞争优势的公司，在

① 半导体设备制造商应用材料公司执行副总裁王宁国在 2003 年的一次会议上向有抱负的企业家阐述了以下有前景的集成电路细分市场：LCD 显示控制器/驱动器集成电路；多媒体集成电路：MPEG 视频/音频解码器、电视解码器、摄像头控制器/解码器、图像处理器、DVD/VCD 控制器/驱动器、MP3 解码器；手机外围设备集成电路：电源管理集成电路、音频编码器/解码器集成电路；个人电脑外围设备集成电路：鼠标/键盘控制器、CD ROM/DVD ROM 控制器、核心逻辑芯片组、以太网/IEE1394 控制器、扫描仪控制器（NACSA 2002 - 2003 Annual Report，30）。

世界市场上已经处于落后地位了。例如，日本电气股份有限公司和富士通在20世纪80—90年代继续依赖自身单独的专有操作系统，进而与世界其他地区通用的集成电路、应用软件和其他组件日新月异的创新步伐渐行渐远，从而失去了市场。[①] 20世纪90年代，韩国半导体行业的问题同样源于垂直整合和围绕从事商品化动态随机存取存储器生产的出口导向型大企业而形成的结构僵化。[②]

开放网络，集体创新

半导体行业当中很少有人能预料到过去二十年来生产领域的持续专业化，以及专业人士之间的合作在多大程度上催生了连参与者自己都未曾想过的新产品或新工艺。企业自身（以及供应链中的主导企业）所发挥的协调功能正逐渐被专业生产商之间的协作所取代，这些彼此独立的企业共同设计并生产一系列组件和子系统。这种去中心化的生产过程依赖于标准化的通用技术、通信标准以及接口，而这一系列标准是由主导企业或大型专业生产商联盟确定的。

在这种环境下，企业能否取得成功取决于自身能否进入这个强大的信息交换网络，以及能否高效地找到其他专业合作者。这就解释了为什么尽管成本高昂，仍有大量新企业选择在拥有

---

① Cole 2003.

② Ernst 1994.

其他成熟专业生产商和相关专业知识集中的地区开展业务。随着硅谷企业家在日益专业化的细分市场中不断创新，频繁的沟通确保了这些专业组件能够快速且经常出乎意料地重组为不断变化的新产品。身处这样的环境，企业能够更好地发现潜在的市场机会，并迅速做出反应。在这样的体系中，企业逐渐认识到了合作在互惠互利的过程中所具有的价值，有些人将这一过程称为“共同成长”。

专业化不仅让设计师能够集中精力、开拓创新并扩大市场，还能让他们与其他专家共同承担在探索新技术和市场机遇的过程中可能面临的风险。在充满不确定性、产品生命周期极短的市场中，客户和供应商通常会进行合作，以保持同步。例如，20 世纪 90 年代，从标准手机到各种经过独特设计的手机，再到带有个人数码助理、能够接入无线互联网、附带数码相机或移动多媒体功能的手机，这一快速迭代并非由主导企业独自推动实现的。相反，这一过程是由中国大陆与台湾地区的不同专业企业同时进行设计与生产的结果。①

虽然合作伙伴之间的地理距离未必需要很近，但地理位置相近，拥有共同语言、文化和世界观将会给合作带来巨大的优势。宏碁公司创始人兼首席执行官施振荣总结了中国台湾地区新竹科学园区与美国硅谷的区位创新优势：

① Lee 2005.

> 产业集群的形成加快了创新步伐。一旦……集群建立起来，处于去中心化结构中的单一企业就能够将能力集中在某项特定的任务之上，并与其他企业共同分担风险。如果一项大型计划存在风险，则可以在上游、中游和下游卫星企业之间合理分配与协调任务；如果方向错误，则所有相关人员都可以进行沟通，并迅速调整计划。即使出现一些损失，也会由所有相关方共同承担，从而将单一企业的损失降到最低。①

外围经济体当中的企业家精神

技术社区的社会结构对于全球与地方层面的生产组织而言至关重要。在传统的工业模式下，技术社区主要存在于企业内部，企业成了创造与传递知识的主要载体。② 而在硅谷等区域，技术社区超越了企业边界，隐性知识通常通过非正式沟通或人员流动在企业之间传递。随着生产商需要在日益狭窄的利基市场展开创新，它们有必要与客户、供应商和合作伙伴展开紧密合作，以随时了解并应对瞬息万变的竞争环境。及时的信息以及特定行业的专业知识在本地大学、风险投资网络、专业顾问和服务供应商以及各种技术、专业和校友协会中不断积累。曾

① Shih 1996，p. 91.

② Kogut and Zander 1993.

经存在于企业内部的专有知识通过频繁的非正式沟通、企业间人员的频繁流动以及企业间的正式合作得以扩散。这表明，20世纪独立运营的现代大型企业可能不再是跨国技术或技能转移的必要载体；国际技术社区提供了另外一种可能更加灵活、反应也更加迅速的机制。

直到20世纪70年代，在世界范围内，只有那些规模最大的企业才有资源和能力进行国际化发展，因为这需要企业在海外建立制造子公司或营销子公司来实现这一目标。而现在，数字信息与通信技术的高速发展意味着即使是最小的企业和初创企业也可以获得遥远地区的技能和专业知识。在20世纪90年代，大型企业不再有能力控制技术变革和新产品推出的步伐，这一点变得越来越明显。用惠普高管的话说就是：

> 当今的技术是全方位流动的。在高科技产业方面，整个世界是相互依存的；我们在亚洲各地进行产品组装、设计、制造与采购。惠普有一个专门的部门，负责在全球范围内寻找有能力提供原始设备制造（OEM）或原始设计制造（ODM）的代工生产组件和子组件的本地企业。[①]

随着企业管理者逐渐认识到创新不再是企业内部研发实验

① Comments of Bill Ting at Hewlett-Packard SSAE conference, October 19, 1998.

室的专属领域，甚至不再是先进工业化经济体的专属领域，他们越来越多地转向外部世界来获取创意和信息。① 大型企业通常会通过分拆部门、创建内部初创企业或成立风险投资部门来投资外部初创企业，从而获得创业带来的好处。如今，企业更倾向于与客户或供应商建立合作伙伴关系，共同开发技术，或付费收购外部技术，或在世界各地的新兴技术中心建立研发实验室。这些策略使得大型企业能够参与到硅谷等地区的创业活动当中。这些企业中的外籍经理通常在连接遥远地区的科技和创业中心方面发挥着核心作用。他们中的许多人都是在本国开拓企业海外业务的核心推手，也愿意在相对未知的领域充当先驱。

跨区域技术社区的存在使得彼此相隔甚远的制造商能够专注于提升自身能力并进行合作，尤其是在需要频繁沟通和共同解决问题时。技术社区（甚至跨大洲的技术社区）中的信任和地方性知识，在一个要想获得成功就需要让新产品快速上市的市场环境中为企业提供了竞争优势。这些专业化的企业不是在争夺相对固定的市场，而是通过引入新产品、新服务和新应用共同开拓新的市场。因此，随着时间的推移，相隔甚远的生产商之间的关系只会逐步加深，保持互补、互利，而不是展开零和博弈。

创业本身就是一场冒险。即使在最好的情况下，大多数初

---

① Chesbrough 2003；Ashkenas et al. 2003.

创企业也会遭遇失败或发展缓慢。然而，中国台湾地区和以色列等地已经建立了支持创业的经济体系，鼓励初创企业并增加企业成功的机会。企业家在企业发展过程中积极重塑当地环境，相互支持并努力影响政策。在这些地区，先前的成功会推动之后的成功，因为成功企业的衍生企业会开拓新的市场和技术途径，同时为后来的创业者提供培训基地与榜样。

在印度和中国的科技中心地区，创业生态系统仍处于起步阶段。先前，这些地区已经涌现了一批重要的成功创业者，而且它们都拥有庞大、高效、低成本且技术熟练的劳动力。然而，在20世纪80—90年代，在美国接受教育的两地移民很少选择回国。最近的技术衰退趋势引发了跨区域创业热潮，再加上第二代成功创业者的出现，应该会大大加强本地的创业环境。虽然现在确定这些庞大且复杂的政治经济体的区域发展轨迹还为时过早，但两地的跨区域企业家及其社区采取了截然不同的策略：归国的中国企业家主要专注于开发满足国内市场需要的产品，而他们的印度同行则致力于提供出口导向的软件与其他服务。

这表明，本地化是经济全球化的补充，而非对立面。全球化日益成为通过跨境合作同时设计和整合专业组件的过程。通过实现专业化，一家企业就能够成为全球化的企业，而专业化反过来又让它们能够作为合作者增加自身价值。孕育专业化企业的最佳环境是硅谷等地区的工业体系。正如这些地区的社会结构和制度鼓励创业那样，跨区域技术社区的搭建也促进了与遥远地区生产商的合作，并推动了产业的相互升级。

本章介绍的以色列、中国和印度的成功经验表明，人们无法在孤立的环境中建立起一个新的技术与创业中心。相反，这些经济体的科技中心需要与美国市场保持密切的联系——通常是通过融入硅谷的技术社区来实现这一目标。这些案例还表明，那些希望在全球技术市场上参与竞争的经济体应该投入更多的资源，扩大教育、改造当地基础设施，并与硅谷的客户和技术来源建立联系，而不是简单地寻求吸引外国投资或孤立地创建本土的产业集群。

第二章

学习硅谷体系

移民企业家既是硅谷的产物，也是硅谷工业体系最重要的载体。随着第二次世界大战后该地区科技公司的不断发展，硅谷吸引了来自全美各地的人才，尤其是直接从美国各个顶尖大学的研究生项目毕业的精英人才。在20世纪70—80年代，硅谷的雇主开始越来越多地雇用移民，因为他们占大学工科毕业生的比例越来越大。到1990年时，出生在外国的高科技人才（其中大部分来自亚洲）占硅谷高技术劳动力的三分之一以上，但他们在该地区以外的其他地区却得不到相应的认可。直到十年之后，这些移民成长为优秀的企业家，他们才引起了全美的关注。到2000年，包括雅虎联合创始人杨致远、宏道创始人陈丕宏、太阳微系统（Sun Microsystems）联合创始人维诺德·科斯拉（Vinod Khosla）和Hotmail创始人萨比尔·巴蒂亚（Sabeer Bhatia）在内的数十名华裔与印度裔工程师，凭借着自己在硅谷取得的创业成功获得了国际层面的广泛认可以及巨额财富。

重塑社交网络

与在美国出生的工程师一样，早期硅谷的移民工程师也是从“金饭碗”开启自己的职业生涯的，这一时期他们的就业目标往往是 IBM 等老牌公司的研究实验室或贝尔实验室。不过，随着时间的推移，许多人开始利用起了硅谷特有的创业机会。这些华裔与印度裔的工程师往往会认为自己无法融入本地工程师创建的“老男孩”圈子，因此，他们组建了自己的社交和专业网络。由于这些人彼此之间拥有共同的教育和专业背景，以及共同的文化、语言和历史，他们先是建立起了社交网络。后来，他们逐渐开始利用这个社交网络服务于专业目的，从而为第一代移民提供榜样、人脉、咨询建议、启动资金以及识别合作伙伴和商业机会所需的当地市场知识。

在硅谷，最早的移民网络始于 20 世纪 70 年代伊朗、以色列和法国专业人士的非正式聚会。随后，在 20 世纪 80 年代，第一批正式的华裔与印度裔工程师协会得以建立。20 世纪 90 年代，这些由不同族裔的专业人士和技术人员组成的协会得到了迅速发展，同时实现了多元化，使得后来的移民群体能够相对轻松地融入硅谷的劳动力市场和社交网络。这些协会为持续的信息交流和沟通创造了平台，为本族裔的创业者提供了相应的支持。也许其最重要的贡献在于帮助第一代移民克服了在该地区老牌公司当中晋升时所面临的障碍。硅谷经济的一个显著特点就是创业型公司能够为员工提供的职业发展机会。

到20世纪90年代末，在硅谷华裔与印度裔移民的动员下，已经有成千上万名他们的同事加入了各种各样的活跃协会，而这些社交网络也有助于他们彼此之间建立认同感和信任。与所有移民协会一样，这些组织能够帮助新移民快速融入当地社会。毫不奇怪，随着硅谷出生在外国的劳动力数量的增长，硅谷的移民创业率在20世纪90年代后半期大幅上升。许多半导体工程师都戏称："当我们说硅谷是建立在IC之上的时候，我们指的不是集成电路（integrated circuits），而是印度人和中国人（Indians and Chinese）。"

人们对于移民企业家的普遍印象是，他们是在唐人街等少数族裔聚居区经营低技术性零售商店或工厂的外国人。但相比之下，硅谷的新移民企业家通常拥有研究生学历，并且越来越多地出现在世界经济最具技术活力与全球性的领域当中。然而，与那些学历较低的企业家一样，这些出生在外国的专业人士也会利用自己的族裔资源来增加创业机会。硅谷最成功的那批华裔与印度裔企业家一方面利用了自己的族裔资源，另一方面也在努力融入主流的技术经济圈。

人才流失

硅谷等地区的高速增长推动了一大批有才华的年轻人从贫穷的发展中国家向美国的移民浪潮。在第二次世界大战后的一段时间里，美国大学吸引了来自世界各地最有前途的理科生与工科生。到20世纪90年代初，美国大学的理工科博士学位中有40%被授予给了出生在外国的学生。[①] 其中，来自东亚和南亚的学生（占总数的65%）占据了主导地位，他们大部分来自中国、印度和韩国。例如，在20世纪80年代，毕业于台湾大学精英工科专业的绝大多数学生都去了美国，印度理工学院的大多数工程与计算机科学专业的毕业生也是如此。爱尔兰和以色列等较小国家的工程技术型大学也有大量毕业生前往美国留学，不过，他们的人数太少，无法在汇总数据中显示出来。

战后美国移民制度的改革极大地增加了这些出生在外国的留学生在毕业后留在美国的机会。其中最重要的改革是1965年颁布的《哈特-塞勒法案》，该法案为美国急需的专业人才设立了一个新的签证类别，同时也取消了移民的国家配额。[②] 1980年和1990年的后续改革让美国接纳了更多拥有稀缺技能的工程师人才。

---

① Hill 1996.

② 1965年通过的《哈特-塞勒法案》（又称《美国移民法》）设立了H－1B签证；以中国台湾地区为例，先前该地区每年只有100个移民签证配额，1965年只向美国输送了47名科学家和工程师。两年后，这一数字增加到1 300多人（Chang 1992.）。

因此，当硅谷的技术公司在1975—1990年创造出了约15万个就业岗位时，该地区出生在外国的人口数量增加了一倍以上。到1990年，硅谷高科技行业中的科学家和工程师有三分之一是出生在外国的，其中华裔和印度裔占了三分之二。而当时在全美国境内，只有15%的科学家和工程师是出生在外国的。① 20世纪90年代，涌入美国的技术移民数量再次激增，因为1990年通过的《移民和国籍法》将稀缺职业技能签证数量增加了近1.6倍，从54 000个增加到了14万个。

20世纪70—80年代，拥有美国理工科研究生学位的中国台湾地区移民开始大量涌向硅谷。到了90年代，来自中国的移民数量则逐渐增多。其背后的原因在于自20世纪80年代初开始，中国逐步放宽海外旅行和留学限制。到20世纪90年代末，北京大学每年都有近千名毕业生（约占毕业生总数的三分之一）选择前往海外留学，而他们的主要目的地就是美国。20世纪90年代，印度著名的理工学院工科毕业生中也有相当一部分选择移民到美国。

IC谷

硅谷吸引了来自世界各地的技术工程师，其中尤其以来自

① Burton and Wang 1999.

印度和中国的工程师为主。与其他许多发展中经济体不同，印度和中国的教育水平都很高，使得其本国培养出来的优秀青年完全有能力进入美国大学学习。① 中国的人口规模使其成为这一过程的重要参与者；1985—2000 年，从中国到旧金山湾区的熟练技术移民占据了主导地位（共有 51 916 人）。相比之下，来自印度和中国台湾地区的移民数量分别为 26 765 人和 18 651 人（见图 2-1）。

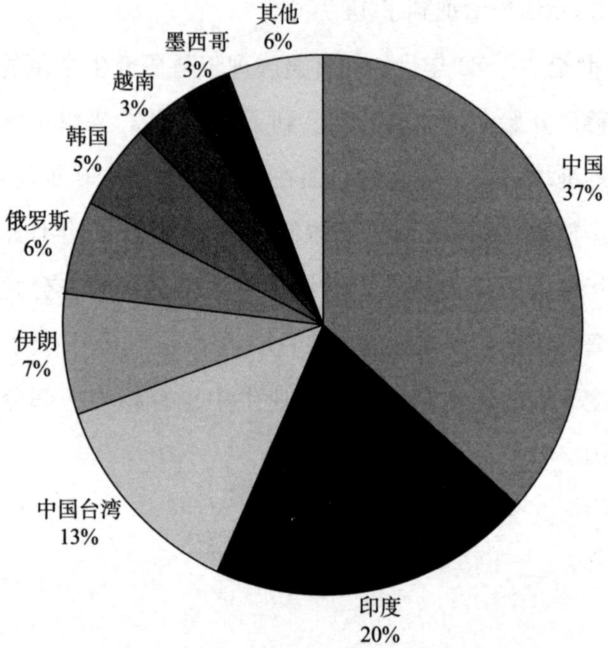

图 2-1　旧金山湾区的熟练技术移民比例，1985—2000 年

① 1999 年，在所有拥有理工科博士学位、出生在外国的美国居民中，分别有 20%和 16%来自中国和印度；出生在中国台湾地区的移民则占 6%。（NSB 2002.）

该地区的科技行业还吸引了大量来自菲律宾和越南的工人，尽管他们中的大多数人从事的是不需要研究生学位的低级技术岗位。来自日本和法国等发达经济体的杰出年轻人要么不太可能来美国接受高等教育，要么更有可能在毕业后直接选择回国。即使是在20世纪80—90年代，在美国获得理工科博士学位的韩国人比例与印度人和中国人相当，他们也大多选择回国，在大型知名公司谋得职位。在90年代初，只有三分之一的韩国学生计划在毕业后留在美国，而中国学生和印度学生留在美国的比例分别为94%和86%。因此，如今硅谷的韩国人专业群体仍然远远少于印度人和中国人群体。①

2000年美国的人口普查数据显示，在硅谷工作的亚裔科学家和工程师数量大幅增加，尤其是印度人，其数量增长了五倍多，占总数的13%（1990年时该数据为4%），紧随其后的是中国人（9%）。根据美国人口普查部门提供的公用微观数据样本（PUMS），到2000年，在硅谷科技行业工作的科学家和工程师中，第一代移民占大多数（53%，而1990年时该数据为30%）。这一比例是波士顿128号公路、西雅图或奥斯汀等美国其他高科技地区出生在外国的科学家和工程师比例的两倍多。

① 1990年，在硅谷131 585名经理和专业人员中，中国占3.2%，其次是中国台湾地区（3.0%）、印度（2.8%）、越南（1.6%）和菲律宾（1.6%）。其他在总数中占比超过1%的群体包括英国人、德国人、伊朗人和日本人。U. S. Census Bureau 1990. 1990 Census of Population and Housing，Public Use Microdata Samples (PUMS).

动员本族裔的专业网络

1958年，来自四川的李斯特（Lester Lee）移居硅谷，他描述了早期移民普遍都会感受到的一种局外人的感觉。他回忆道："我刚来硅谷时，华裔人数很少，如果我在街上看到了另外一个中国人，我肯定会走过去和他握手。"这种局外人的感觉在许多方面都有体现。例如，李斯特指出："在20世纪60年代，没有人愿意把房子卖给我们（中国人）。"尽管像李斯特这样的移民通常拥有美国大学的工科研究生学位，也在主流的科技公司工作，但几乎所有人都感到自己在以白人为主的世界中被孤立了（无论是个人方面还是职业方面）。李大卫（David Lee，一位从施乐公司起步的工程师，与前文提到的李斯特没有亲属关系）补充道，许多移民也都认为雇主将自己视为"好马，而不是赛马"，或者"扎实的技术人员，而不是有前途的管理者"。①

例如，1991年对亚洲移民专业人士的一项调查发现，在私营部门工作的移民中，有三分之二的人认为自己晋升管理岗位的机会会因自身的族裔背景而受到影响。此外，随着受访者的年龄和经验增加，上述担忧也显著增加。这种观点与另外一项

① Interview with Lester Lee, July 1, 1997; interview with David Lee, January 22, 1997.

调查结果相一致，即至少在科技行业，尽管中国人和印度人拥有相当或更高的教育水平，但与白人相比，他们仍然更倾向于从事专业工作，而不是管理工作。然而，值得注意的是，大多数受访者都认为，这些限制因素与其说是明显的“种族偏见和陈旧观念”，不如说是“排斥亚裔人士的白人老男孩网络”和“缺乏榜样”造成的。[①]

这些观点是有明确依据的：硅谷亚洲移民的高学历仅部分地反映在了职业地位之上。1990 年时，与白人相比，华裔与印度裔更多地集中在专业（技术和工程）岗位而非管理岗位上。华裔和印度裔之所以在管理岗位上所占比例较低，可能是由多种因素造成的——他们偏重于接受技术教育而非商业教育，或是许多新移民在语言和文化方面难以融入当地社区。不过，这一点也可能反映了更为隐蔽的歧视现象或制度上的流动障碍，即所谓的“玻璃天花板”，只不过，在这一案例当中，阻碍上升的核心因素是种族而非性别。

在讨论“玻璃天花板”假设时，收入方面的数据并没有提供多少支持。在管理、专业和技术岗位中，华裔和印度裔的收入与白人的收入之间并不存在统计学意义上的显著差异。[②] 这与其他研究人员的发现相一致。他们也发现，在管理层当中的代表性和上升流动性方面，接受过相似程度教育的亚裔与白人工

① Asian Americans for Community Involvement 1993.

② Saxenian 1999.

程师之间确实存在较为明显的差距；而在收入方面，差距则不明显。①

华裔先驱与新组织

这些移民大多采取两种方式来应对现有商业网络与社会结构的排斥。其中一部分人开始创业。例如，上文提到的李斯特于 1970 年离开了 Ampex 公司，转而创办了 Recortec 公司，成为硅谷第一位著名的华裔科技企业家。三年后，李大卫也选择离开施乐公司（因为公司聘请了一名经验不足的外来者来做他的老板），创办了 Qume 公司。他从主流风险投资界筹集到了启动资金，但条件是他的公司必须聘请一名非亚裔总裁。同样，1979 年，林杰屏（David Lam）因丧失应有的晋升机会而选择离开惠普，创办了一家名为泛林集团的半导体设备制造公司，该公司目前是一家上市公司，销售额达 13 亿美元。毫无疑问，这三人都成了后来几代华裔企业家的榜样。

此外，与之前几代没有那么幸运的移民一样，硅谷的新一代移民也将本族裔的人士组织起来以应对被排斥在该地区主流技术社区之外的情况。早期的聚会通常是为了庆祝某个节日而进行的社交活动，甚至是家庭聚餐。随着时间的推移，这些聚会逐渐转向专业领域，为技术社区内的成员提供相关资源以及

---

① Fernandez 1998；Tang 1993.

效仿的榜样。例如，李斯特、李大卫和林杰屏于 1979 年成立了中国工程师协会（CIE）湾区分会，旨在促进湾区华人工程师之间的沟通和组织。中国工程师协会湾区分会迅速成为该组织在全美最大的分会；如今，中国工程师协会在湾区拥有约一千名成员，被老一辈人视为硅谷华人技术组织的“鼻祖”。

印度裔移民之间的相互联系

硅谷的印度裔工程师也面临着类似的挑战。一位老前辈问道：“为什么硅谷会有这么多印度企业家？因为他们知道自己迟早会受到阻碍。”1987 年，一名年轻的英特尔工程师和他的三个印度裔室友成立了硅谷印度专业人士协会（SIPA），他们的目标是提供一个聚会场所，好让印度裔专业人士分享他们共同关心的问题。尽管他们都精通英语（这是他们与大多数华裔有所区别的地方），但他们同样担心自己的职业发展机会会受到限制。硅谷印度专业人士协会的创始人普拉卡什·钱德拉（Prakash Chandra）表示：“许多印度人并不知道自己除了眼前所从事的工作之外还能有什么职业发展。”因此，在早期，硅谷印度专业人士协会的主要目标在于为个人提供职业发展策略以及技术行业的相关基本知识。

五年后，硅谷第一代取得成功的印度企业家创立了印度企业家协会（The Indus Entrepreneur，TiE），他们与中国工程师协会的创始人一样，希望能为之后几代的印度移民创业提供便利。1992年，印度电子工业部部长访问硅谷，在这一机遇下，该协会的核心成员聚集在了一起。当时，这位部长的航班延误了，因此，在会议现场等待的与会者就抱怨起了在硅谷经营企业所面临的困难。印度企业家协会的创始人有意选择了Indus这个词，而非Indian，从而将其他南亚国家的移民，如巴基斯坦人、孟加拉人和尼泊尔人囊括进来。然而，该组织的湾区成员几乎都是印度人。该组织成员包括麻省理工学院前教授、凌云逻辑公司（Cirrus Logic）创始人苏哈斯·帕蒂尔（Suhas Patil），捷威公司创始人普拉布·戈埃尔（Prabhu Goel），以及Excelan公司［该公司后与网威（Novell）公司合并］创始人坎瓦尔·雷基（Kanwal Rekhi）。与第一代华裔企业家一样，这三人在缺乏人脉关系与社区支持的情况下仍然取得了成功。用另一位早期加入印度企业家协会的成员萨蒂什·古普塔（Satish Gupta）的话来说就是："当我们开始创业时，我们没法从任何人那里得到帮助。我们只能自己摸索着做。在硅谷，尤其是对初创企业来说，人脉就是一切。我们所有人都曾为发展人脉而苦苦挣扎，所以我们的使命就是让新来的人比我们起步时过得容易一些。"①

增强实力

20世纪80—90年代，硅谷的移民工程师组织成立了多个专

① Interview with Satish Gupta，May 29，1997.

业技术协会，如今，这些协会已成为当地最具活力也最为活跃的专业协会，新成立的协会成员人数从几百到上千不等，而老牌协会的成员人数则通常都超过了千人。华裔及印度裔主要协会的年会通常能够吸引多达 2 000 名与会者，其中就包括业内最为成功的高管、企业家、风险投资家以及顶尖的技术和管理专家。

这些组织将本民族的传统文化元素与鲜明的高科技实践相结合：它们既巩固了硅谷本族移民的民族认同，又促进了专业网络的搭建与信息交流，帮助专业人士在具有高度流动性的硅谷经济中获得成功。它们不是传统的政治或游说组织；除了偶尔就亚裔美国人问题公布自身立场并展开游说的亚裔美国制造商协会（AAMA）之外，这些组织几乎都只关注其成员的专业与技术进步事务。它们也不是高度封闭的精英组织；大多数组织都相对开放、会费低廉，欢迎非成员（甚至是非亚裔人士）参加其活动。

值得注意的是，硅谷的华裔和印度裔移民工程师分别建立了属于本族裔的组织，同时也与硅谷的主流专业和技术协会（如美国电子协会、电气电子工程师协会或软件企业家论坛）区分开来。（的确，移民工程师也会加入主流组织，但他们在这些组织中的活跃程度似乎不如在本族裔协会中的活跃程度。）华裔和印度裔专业协会的成员之间几乎没有重叠的情况，而在各自的社区之内，不同组织的成员之间似乎存在着相当多的重叠，这一点尤其体现在华人社区当中，他们有许多不同的专业协会，各自有各自的核心成员。直到 2002 年，华裔和印度裔专业协会才首次在硅谷联合举办活动。

华裔和印度裔专业协会是该地区规模最大、最引人注目的协会，因为硅谷的移民技术人员大多来自这两个族裔。代表其他移民工程师的协会不仅规模小得多，而且成立时间相对较短，大都成立于 2000 年之后。到 2004 年，硅谷已有三十多个移民专业协会（完整名单见附录 1）。据估计，其中规模排名前十的协会如下（按成立时间排序）：

- 中国工程师协会。成立于 1977 年，2004 年在硅谷有 1 000 名成员。这是一个技术组织，旨在促进中国工程师和科学家之间的沟通与信息交流。
- 亚裔美国制造商协会。成立于 1979 年，2004 年在硅谷拥有 1 100 名成员。这是一个跨技术门类的商业网络，旨在帮助硅谷的亚裔美国科技企业实现发展。
- 硅谷印度专业人士协会。成立于 1987 年，2004 年在硅谷拥有 2 300 名成员。该协会为年轻的印度企业家提供了一个平台，旨在促进美国与印度在科技领域的合作。
- 中华软件专业人士协会（CSPA）。成立于 1988 年，2004 年在硅谷拥有 2 000 名成员。该协会致力于促进软件行业的技术合作和信息交流。

●硅谷华人工程师协会（SCEA）。成立于1989年，2004年在硅谷拥有4 000名成员。该协会致力于提高成员的创业精神和专业素养，并希望能与中国建立良好的往来联系。

●玉山科技协会（MJSTA）。成立于1990年，2004年在硅谷拥有470名个人成员和180名企业成员。该协会致力于促进台湾地区与旧金山湾区之间的商业合作和长期投资。

●美国华人半导体协会（CASPA）。成立于1991年，2004年在硅谷拥有3 500名成员。该协会致力于促进半导体专业人士之间的技术交流、信息交换和合作。

●印度企业家协会。成立于1992年，2004年在硅谷拥有2 000名成员。该协会通过提供必要的指导以及资源来培养企业家精神。

●中华信息与网络协会（CINA）。成立于1992年，2004年在硅谷拥有2 600名成员。该协会是一个由中国专业人士组成的组织，旨在促进信息产业的技术发展，探索相关领域的商业机会。

●北美华人半导体协会（NACSA）。成立于1996年，2004年在硅谷拥有1 000多名成员。该协会致力于促进半导体行业的专业发展以及美国和中国之间的互动。

这些组织将社交活动与专业活动结合了起来。[①] 虽然它们的目标出奇地相似，但往往相互独立，同时也独立于硅谷那些更为成熟的团体。实际上，这些组织都致力于促进创业活动，并将其作为实现移民社区发展的一种手段。通常，一些成功的技术企业家或高管会为新设的组织提供初始资源与必要的宣传，他们往往在其中扮演“老前辈”的角色，利用自己的经验和时间为后来的新移民提供帮助与指导。毫不奇怪，这些前辈大多是男性。如今，硅谷已经有一些非常成功的印度裔和华裔女性企业家，但她们仍然是少数。[②] 成立时间最早的协会——中国工程师协会和亚裔美国制造商协会，两者均成立于 20 世纪 70 年代末——以及 80 年代到 90 年代初成立的十几个组织，已经经历了数轮领导层更迭，涌现了一批新的成功企业家。而那些较新的协会仍然由其创始人团队所主导。

许多协会的常规会议模式是由一些成功的企业家或经理（通常是协会内部人士，但并非仅限于此）进行演讲，然后大家

---

① 硅谷地区各个移民社区的密集程度意味着还存在许多其他社交和建立民族认同感的平台。例如，湾区有 90 多所中文学校，为学龄儿童教授普通话。这些学校在华人社区中扮演着重要的角色，某些教堂、乒乓球锦标赛等也是如此。印度社区经常在当地板球俱乐部、寺庙和其他宗教、政治团体以及文化活动场所聚会。移民也会根据其族裔社交网络选择居住地，而相关数据证实，印度人和华人高度集中在南湾地区的某些地方。

② 硅谷的移民企业家以男性为主，但我还是采访了以下几位女性：Amplify 网站总裁兼首席执行官宝琳·阿尔克（Pauline Lo Alker）、inter-WAVE Communications Intl. 创始人兼董事长普里西拉（Priscilla M. Lu）、Nth Orbit 创始人兼首席执行官瓦尼·科拉（Vani Kola）、Quick Eagle Networks（前身为 Digital Link Corporation）总裁兼首席执行官维妮塔·古普塔（Vinita Gupta）以及 Support Soft 董事长兼首席执行官拉达·巴苏（Radha Basu）。

共进晚餐，进行社交活动。例如，1994 年中华软件专业人士协会的一次会议邀请亚盛特科技（Asante Technology Inc.）总经理林杰夫（Jeff Lin）发表题为“如何创办高科技公司并实现上市”的演讲。1997 年，硅谷印度专业人士协会也邀请了 TIBCO 公司创始人兼首席执行官维维克·拉纳戴夫（Vivek Ranadive）进行演讲，题为“网络软件公司的创建”。在这两场活动当中，协会成员都可以免费入场聆听演讲，其他人也只需支付少量费用（5 美元或 10 美元）就可入场，而协会的会费价格也相当实惠，每年只需 30 美元左右。这些协会在很大程度上依赖于志愿者以及公司的捐赠。

这些专业协会还能够帮助移民建立并巩固集体身份认同。2000 年，硅谷最早一批创办公司并在纳斯达克上市的中国移民陈宏在华源科技协会的一次会议上发言，他简要介绍了从 20 世纪六七十年代开始的四代美国华裔企业家的历史，并详细阐述了由华裔创办的成功公司不断壮大的网络。其中，最新的一代企业家（2000 年及以后）已经建立起了 3 家上市公司和 25 家私营公司。在发言中，陈宏还介绍了该地区为中国企业家提供的日益完善的配套基础设施，包括 16 家由华人担任首席执行官或创始人的纳斯达克上市公司，以及众多有潜力的私营公司、风险投资合作伙伴、天使投资人、律师和基金经理等。

这些协会会定期组织演讲与会议，设置论坛以便成员分享专业技术与市场信息，并为商业经验有限的工程师提供创业和管理方面的基础培训。印度企业家协会第二届年会（TiEcon '97）的主题是“成功发展企业：为企业家提供的‘迷你 MBA’”。此次会议包括“将创意点子转化为商业计划”“在不同的发展阶段筹集资金”“创办公司所要面临的法律问题”等主题讨论。同样，1999 年玉山科技协会年会的主题是“超越尖端技术：成功创建公司的必备条件”，会议还就“市场领导战略”和“如何选择投资银行家”等主题发表了演讲。印度企业家协会和玉山科技协会的年会通常至少会吸引一千名与会者，有时更多。

此类论坛有助于在移民经营的技术公司中推广西方管理模式，而非拘泥于传统的基于家族关系（中国）或等级制度（印度）的亚洲商业模式。美国网讯公司联合创始人、总裁兼首席技术官朱敏在中国企业家俱乐部（1999 年更名为华源科技协会）的每周例会上发表演讲时，告诫那些受过技术培训的移民听众，技术并不是初创公司获得成功的全部要素。他的演讲题为“在正确的环境中建立正确的联系——我作为技术人员创办两家公司的经验”，其中重点讨论了与销售、市场营销、金融和其他非技术领域的专家合作对于初创公司获得成功的重要性。除了提供有关如何创办公司的建议外，一些华人协会还会向成员提供有关英语交流、谈判技巧和压力管理的培训。

硅谷还存在一部分以讨论技术为核心目标的移民协会，或围绕特定平台或技术问题组织起来的特殊兴趣小组。例如，北美台湾工程师协会（NATEA）在 1997 年就有十个专业技术小组，包括生物技术和科学、计算机网络、环境科学、多媒体和光子工程等。该协会主办了多场技术研讨会，例如，1999 年，圣何塞州立大学计算机科学教授林早阳就做了题为“时间序列数据挖掘：经济和股票数据的预测规则”的演讲。20 世纪 90 年代末，美国华人半导体协会和中国工程师协会联合举办了题为“集成电路封装技术与趋势”的研讨会，就互连问题、微处理器等高性能集成电路的高端封装以及微缩化的未来发展趋势等话题进行了长达 4 小时的详细讨论。

眼光向外

这些协会也在努力避免发展成一个自我封闭的“海外飞地”。中国工程师和印度工程师经常与其他国家的移民以及本地出生的工程师密切合作。人们越来越认识到，虽然族裔网络可能有助于初创企业的创立，但新企业必须在短时间内融入主流社会，才能寻找到足够的人才、资本或合作伙伴。事实上，在硅谷的中国企业家经常指责传统的家族型企业模式。硅谷最成功的那一批移民企业在初期的确利用了族裔网络带来的资源，但随着时间的推移，它们逐渐融入了主流技术和商业网络。这与格兰诺维特关于海外华人企业家在平衡族裔资源与当地主流社会方面所做努力的观点不谋而合。[①]

① Granovetter 1995.

硅谷的一些移民的确需要依靠非正式的社交网络和非正式的组织，不过，现在大多数移民至少都能在互联网上建立起联系。20 世纪 80 年代初，以色列理工学院在硅谷当地建立了分支机构，但整个 20 世纪 80—90 年代，硅谷的以色列技术社区都没有建立正式的协会。相反，以色列驻旧金山经济领事馆和圣何塞犹太联合会协调组织了一个相对松散且非正式的本地技术专业人员网络。该团体的一个分支被称为“加利福尼亚以色列天使”，因为它会对那些与以色列有联系的初创企业进行投资。像这样的非正式社交网络通常建立在母国创造的共同身份上。例如，服兵役的共同经历经常成为以色列工程师之间强有力的纽带。

苹果知名高管让-路易斯·加塞（Jean-Louis Gassee）也是法国工程师与专业人员网络当中的核心人物，这些人会定期聚会、社交，相关活动已有十多年历史。在 2002 年成立“硅谷伊朗”（SiliconIran）组织之前，在硅谷的伊朗企业家通常会进行非正式的聚会，这一活动已持续了十多年。新成立的团体吸引了四百多人参加其举办的首届伊朗裔美国人技术论坛。

据说，硅谷还存在许多其他非正式的移民网络，但基本都没有形成制度。例如，斯坦福大学的外国毕业生之间似乎建立了非常牢固的联系，他们还共同学习创业知识。GWCom 的创始人王维嘉（Victor Wang）回忆道，在他从中国乘坐 13 个小时的飞机到达斯坦福大学后，他受邀参加了中国电子工程专业留学生的聚会。这次聚会不是为新生介绍如何开设银行账户或寻找住房，而是就如何创办公司展开了激烈的讨论。王维嘉说，他对此印象深刻。在接下来的几年里，他和他的工程学同学建立了稳固的关系，并坚定了自己的目标。用他的话来说就是，“作为斯坦福大学电子工程专业的毕业生，没有其他中国人比我们更有条件在硅谷创业。”[①]

Netfront Communications 的创始人吴杰森（Jason Wu）也有类似的经历：

> 斯坦福大学和施乐帕洛阿托研究中心对我的影响很大。在斯坦福大学，我们有为工程师开设的商业课程，还有知名企业家来给我们上课；在施乐帕洛阿托研究中心，大家都很兴奋，因为要一起制订商业计划。我真的很想创办一家公司。有一段时间，我每个星期天都会和几个朋友见面，讨论商业想法。这是一个由斯坦福大学和施乐帕洛阿托研究中心的中国工程师组成的圈子。我们写了很多疯狂的商业计划，讨论如何申请专利或创业。我们互相学习，了解创办公司需要哪些条件。其中有一个人留在了自己的公司，还有一个人因为想当领导者而创办了自己的公司，其他人则不断跳槽。[②]

---

① Interview with Victor Wang，conducted by Guoqiang Yu，July 24，1999.

② Interview with Jason Wu，April 16，2001.

校友关系

校友关系是硅谷移民集体认同感最强的来源之一——他们中的许多人都毕业于同一所精英工程院校。华人社区尤其如此。台湾大学校友会在硅谷有超过一千名成员，是湾区最为活跃的十多个华人校友会之一。这些校友关系非常明确，硅谷华人工程师协会的网站描述了该协会的起源："本协会的创始人大多是早期来到硅谷的清华大学和中国科学技术大学研究生院的毕业生。"印度理工学院的各个分院，如孟买、坎普尔、马德拉斯和新德里的印度理工学院，也在硅谷定期举办校友活动，并为其成员提供强大的非正式网络资源。

尽管以色列理工学院毕业生之间的校友关系仍然主要是非正式的，他们也经常为自己校友的初创公司提供建议与帮助。对于一部分人来说，在国外时，校友关系要比在国内更重要。出生在中国台湾地区、在硅谷生活了二十年的陈五福说："在美国的台湾大学电气工程专业毕业生更加抱团，因为在这里我们都是外人。在这个行业当中，我们更倾向于依靠大学同学而不是家庭关系来寻求帮助。"① 芯成半导体有限公司（ISSI）的创始人李健民（Jimmy Lee）补充道："1977 年我从台湾大学毕业，如今我的同学中大约还有 40 人生活在湾区。我与其中十

① Interview with Fred Cheng，March 25，1997.

几名同学保持着密切联系。如果有需要，我可以随时联系他们中的任何一个人。例如，他们中有两个人正在开发网络产品，需要像我们这样高性能的芯片，所以我们经常讨论产品的发展方向等问题。”①

清华校友会北加州分会（包括北京和台湾两地的清华校友）拥有约两千名成员，他们每年都会举行两次大型聚会，并随时接待来访的教授或政府要员。② 清华校友经常互相指导，共同创业，并经常向对方寻求运营建议或联系。他们还知道，他们可以利用自己在中国本土的人才和关系网络，包括母校的师生以及担任政府官员的校友。

2001年，《电子工程时报》的记者发现了一批由清华大学毕业生创立的硅谷初创企业，涉及领域包括网络交换结构、交互式电视软件平台、无线移动通信、先进光学医疗设备以及数字电视调制芯片。③ 例如，网屏技术公司（Netscreen Technologies）是由清华大学的毕业生谢青和他的一位同学共同创立的。另一位校友为其提供了资金，用于开发基于应用特定集成电路（ASICs）的高速防火墙或虚拟专用网络（VPN）解决方案。

下面，我列出了外国大学校友会湾区分会的部分名单，这

① Interview with Jimmy Lee，March 5，1997.

② 清华大学是中国最负盛名的工科大学。它成立于1911年，位于北京，其前身是清政府为准备前往美国留学的学生设立的预备学校。台湾清华大学成立于1949年以后，自20世纪50年代以来，二者一直保持着学术联系。

③ Yoshida and Leopold 2001a，2001b.

足以说明这一现象的普遍程度：

- 清华校友会北加州分会
- 北京大学校友会北加州分会（PKUAANC）
- 硅谷清华校友会（北京）
- 台湾交通大学校友会北加州分会（CTUAA/JTUAA of Northern California）
- 浙江大学校友会（浙江大学旧金山校友会）
- 复旦大学北加州校友会（FDAANC）
- 利莫瑞克大学校友会硅谷分会
- 同济大学美国校友会
- 北加州中国高校校友联合会（JAACUC）
- 上海交通大学硅谷校友会（SJTU-SV）
- 北京理工大学硅谷校友会
- 北加州台湾大学校友会
- 北美印度理工学院马德拉斯分校校友会北加州分会
- 印度理工学院孟买传统基金会旧金山湾区分会
- 旧金山湾区南开大学校友会（NAASFBA）
- 北美北京师范大学校友会
- 硅谷吉林大学校友会
- 南京大学校友会湾区分会

教育新一代

几位拥有美国研究生学位的台湾交通大学校友更进一步，创办了一所大学，以便教授学生那些能够满足当地科技界迫切需求的技能。硅谷大学的创始人兼首任校长萧凤鸣博士表示："我们发现，当地社区学院和其他教育机构提供的教育与硅谷高科技行业的需求之间存在巨大差距。"① 他和其他几位来自中国台湾地区的同学在当地社区学院教授网络和计算机科学课程，在此过程中，他们意识到这些学院无法吸引到顶尖教师，也无法为学生提供最新的理论和技能培训；教师的工资只有当地行业工资的三分之一甚至更少，因此学院只能从老牌公司那里招募年长的员工，而且这些人也只能用过时的教科书进行教学。

在创办硅谷大学时，萧凤鸣和他的同事们就认识到，由于技术变化如此之快，有必要直接从行业内领先的公司处聘请教师，以确保学生具备在当地高科技行业就业所需的竞争力。1997 年，他们从当地的中国企业家那里筹集了资金，租用了场地，将大学注册为私立非营利机构，并获得了国家授权，可以授予学位。萧凤鸣表示，利用台湾交通大学的校友网络招募教师是一件非常容易的事情。最初的 14 名教师全部拥有美国大学的博士学位，其中 12 名本科毕业于台湾交通大学。他们一边继

① Interview with Jerry Shiao, March 11, 1999.

续着全职工作，一边在晚上授课，吸引了许多希望提升技能的学生。该学校提供计算机科学和计算机工程专业的硕士和理学学士学位，以及计算机网络和电信、数据库设计和软件以及英语作为第二语言的证书课程。

1999 年，硅谷大学有 15 名学生，他们全部是中国人。虽然官方语言是英语，但大多数学生都是华人——在此期间，来自海外的学生也越来越多。学生人数增加了两倍多，而教师仍然全部是华人。现如今，该学校只有少数教师和学生来自中国。与其他教育机构相比，硅谷大学更为灵活、适应性更强，这也正是其引以为傲的特点。该学校还为学生提供大量实践学习机会，配备有最先进的实验室设备（由思科、楷登电子、太阳微系统、甲骨文和风河等硅谷当地公司捐赠），包括一个用于数字研究的电子资源中心、一个计算机辅助设计实验室和一个数据通信和电信实验室。硅谷大学规模不大，但课程设置重点突出，既能增加学生的就业机会，又能满足当地高科技雇主不断变化的技术需求，是硅谷工业体系精髓的典范。

专业认同、民族认同与侨民

硅谷华人社区与其他华侨或海外华人商业网络的区别在于，它们拥有共同的职业和民族认同，同时又深度融入了硅谷的技术网络。它们与其他“知识”社区的不同之处在于，它们更注重职业和创业成就，而不是纯粹的科学进步，因此对许多类型的专业人士都持开放态度。这些组织更类似于实践型社区，因为它们热衷于共同解决问题以及通过实践学习；它们之间既有专业的、技术性的认同，也有民族上的认同。

中国经验

虽然中国工程师协会是湾区第一个中国专业人士组织，但在此之前，该地区就已经存在中国人建立的协会了。旧金山唐人街是华人移民进入该地区的中心，已有超过一个世纪的历史，这里聚集了数百个传统华人协会、区域与地区同乡会、亲属团体（宗族、家族或家族联盟）以及方言协会。商业和贸易协会也为当地数千家传统民族企业提供支持，包括服装承包商、珠宝和礼品店、社区杂货店、中式洗衣店和餐馆等等。

中国工程师协会因其成员的社会和经济背景以及地理位置而与众不同。中国工程师协会的成员都是受过高等教育的专业人士，他们最近几十年从中国移民到美国，并在南湾区生活、工作。他们与老一辈的农民和体力劳动者几乎没有什么相同之处，后者大多数是从中国香港和中国南方地区（主要是广东省和福建省）移民到旧金山，并在那里生活、工作的。在 20 世纪 70 年代，硅谷的中国工程师经常在旧金山聚会。然而，到了 20 世纪 80 年代中期，随着该地区中国人口的大幅增加（以及适合聚会的中国餐馆数量也随之增加！)，社交活动的重心几乎马上转移到了南部。相关的采访证实，这两个中国移民社区如今在湾区共存，但双方在社交与职业方面的互动较为有限。

这种分化现象表明，我们不能过度强调民族或国籍在塑造凝聚力方面所发挥的作用。集体特性是随着时间的推移而逐渐形成的，通常而言，这些特性建立在基于地理、职业或行业集中化而形成的面对面社交互动之上。最初的社会联系通常基于双方共同的教育经历、技术背景、语言、文化和历史。一旦建立了联系，这些人就会频繁、深入地互动，从而产生同一群体成员之间的相互认同感，同时排斥其他人，甚至排斥那些具有相似民族背景的人。

华人技术社区内部的族裔差异也反映在这些协会网络之中。例如，玉山科技协会最初在举办会议与社交活动时只使用普通话，这不仅排除了非华裔成员，还排除了来自中国香港或东南亚等地的海外华人。同样，来自中国大陆的华人经常成立自己的组织，而不是加入先前由中国台湾地区华人建立的既有组织。例如，尽管美国华人半导体协会早在五年前就已成立，但来自中国大陆的工程师还是在 1996 年成立了北美华人半导体协会。鉴于中国大陆和台湾地区的华人所处的经济、政治与文化环境都不甚相同，他们之间的相互认同感还有待培养就不足为奇了。

有趣的是，随着中国经济建设过程中创造出的经济利益越来越大，这种紧张关系似乎也在随着时间的推移而逐渐减弱。

更多来自台湾地区的高管人员和企业家都有强烈的动机与中国大陆建立业务联系。这种转变体现在越来越多的中国大陆人士选择参加由中国台湾人士成立的协会上，反之亦然。

印度模式

在建设协会方面，不同的移民群体选择的发展道路也并不完全相同。硅谷的印度移民要比他们的中国同行晚行动了十年，因为他们在硅谷的规模达到临界点的时间较晚。等他们组织起来后，他们创建了新的协会，如硅谷印度专业人士协会，而不是加入现有的团体，如亚裔美国制造商协会。原因无疑是他们与其他印度人相处得更自在，尽管他们通常来自印度的不同地区，说着不同的方言。（事实上，这些工程师中有相当一部分是在非洲长大的，甚至从未在印度生活过。）

随着当地印度社区的不断扩大，硅谷的两个印度专业协会——印度企业家协会和硅谷印度专业人士协会也在不断发展壮大。这些团体为原本分散的印度人创造了共同的身份认同；历史上，不同地区的印度人之间存在深刻分歧，他们彼此之间通常会因地区和语言差异而相互隔离（孟加拉人、旁遮普人、泰米尔人、古吉拉特人等等都有自己的身份认同）。然而在硅谷，印度人的集体身份认同似乎超越了这些地区差异。正如奈保尔（V. S. Naipaul）在描述自己在特立尼达岛的成长经历时写道："在海外的特殊环境下，印度人形成了在印度从未有过的归属感：对印度社区的归属感。这种社区归属感可以超越宗教和种姓差异。”① 当然，不同地区人士之间的熟悉度和信任度各不相同，但移民的共同经历似乎让他们拥有了比在国内更强的民族认同感。

随着时间的推移与经验的积累，种族差异的重要性会逐渐降低，就像美国移民的同化过程一样。频繁的社交或工作场所互动可以重新定义一个人的身份认同和世界观。例如，在硅谷，出生在中国大陆与台湾地区的中国人之间已经从最初的不够信任发展到了逐步相互合作的阶段。正如移民经历有助于在海外的印度社区当中形成新的集体身份认同一样，共同开发中国市场的愿景也让硅谷的华人移民克服了先前的分歧。

本地族裔网络的好处

虽然移民网络究竟能够带来多大的经济效益这一点无法得到确切的证明，但硅谷这些属于某个民族的专业协会的发展与华裔和印度裔企业影响力的日益增长是同步实现的。企业家通常认为，这些组织帮助第一代移民克服了孤独感。宏碁公司的庄人川表示：“一个人要想在硅谷感到自在，就需要有属于自己的社会关系。你需要了解的所有技术、你需要认识的所有人都聚集在这里，社交网络的存在让你感觉自己站在科技浪潮的前

① Naipaul 1992.

沿地带，不会被抛在后面或孤立无援。”① 在 1999 年玉山科技协会（美西分会）的年度报告中，协会主席指出：“玉山科技协会将保持成员之间的联系作为其使命的一部分，这样我们就能通过相互支持和合作，共同乘风破浪，应对变革。”麦顿投资（Maton Ventures）的总经理陈劲初也指出：

> 与玉山科技协会合作的好处在于能够实现相互学习。我们经常面临相似的问题和挑战，因此可以互相帮助。当我还是经理时，我曾经犯了一个错误，并独自承担了后果。现在，我成了一名风险投资家，我想投资一些新的公司并培养首席执行官。我不会参与日常管理决策，但会帮助他们避免犯下我曾犯过的错误，并和他们分享我的经验与教训。②

这些社交和职业网络的存在也有助于企业家建立起承担风险所需的信心。施乐公司内部风险投资公司 inXight 的首席执行官莫汉·特里卡（Mohan Trika）就曾表示：

> 印度企业家协会这样的组织能够在社区中帮助企业家建立自信。这种自信非常重要……它能为你提供一张安全

---

① Interview with Ronald Chwang，March 25，1997.

② Interview with Jesse Chen，June 7，1997.

网，让你意识到自己可以向别人寻求帮助。这一点与风险管理的关系十分密切。这些网络可以提高你的风险管理能力。如果没有榜样、没有信心来源，人们就不会愿意冒险。这就是我们所说的："跟我来吧，我会帮助你。"这个过程很快就会实现自我强化——你首先培养出了5～10个企业家，而这些人又会培养出另外10个企业家。

他说，人脉关系也能创造出真正的商业价值：

我可以联系到湾区的任何一家公司，找到两三个联系人……通过印度企业家协会的网络，我能够结识甲骨文的某某……因为我们是一家销售下一代用户界面的技术公司，而且每家大型软件公司，或者说任何一家软件公司都至少有两三个印度或中国员工……正因为有他们的存在，我和我的技术官员很容易就能与他们建立起联系，我只需要拿起电话说：斯瓦米纳坦，你能帮我吗？你能告诉我发生了什么吗？……他会说最好不要引用我的话，但公司之所以会做出这个决定，是因为这个、这个和这个。基于此，你可以重新制定你的战略，修改定价或报价……这种联系对于初创公司而言至关重要。①

① Interview with Mohan Trika，June 3，1997.

亚杰商会（AAMA）前主席进一步论述了族裔网络的优点："做生意就是建立关系，就是建立人与人之间的信任，你肯定希望自己能够信任与你打交道的人。很多信任是通过友谊和专业网络建立起来的，例如校友关系、商业协会和行业关系。"① 对此，林杰屏也持类似的观点："如果我认识某个人……如果我们之间有一些共同的商业利益，那么交易就可以很快达成。如果我们认识了多年，并且已经建立起了某种程度的相互信任，那么接下来的合作就容易多了……所以我认为这些关系对商业活动的成功起到了非常重要的作用。"②

对于新移民来说，这些族裔网络也是他们寻找榜样和导师的重要渠道。与四位来自中国台湾地区的友人共同创立骑士技术公司（Knights Technology）的刘冠贤回忆道："在考虑创业时，我先去拜访了几位资深的华裔商人，向他们寻求建议。我联系了李大卫、林杰屏和陈颖行，我还打电话给徐大麟。他们都不认识我，但还是接听了我的电话。我去了他们的办公室或家中拜访，他们耐心地告诉我应该做什么、不应该做什么。"③

有一些好处是十分具体且可量化的。印度企业家协会最独特的贡献在于其跨代投资与指导模式。由于早先在商业上取得的成功，印度企业家协会的创始一代能够为年轻一代的印度企

① Interview with Albert Y. C. Yu，March 5，1997.
② Interview with David Lam，January 24，1997.
③ Interview with Gerry Liu，January 22，1997.

业家提供启动资金、商业与财务建议以及专业方面的人脉。这些工程师认为，他们自身发展的最大障碍就是主流金融机构对他们的偏见。对于非本地申请人而言，要想筹集到足够的风险投资，需要面临的困难相当多。与硅谷的华裔一样，他们感觉自己是主流风险投资圈子（主要由本地白人组成）的局外人。

印度企业家协会的成员经常在印度人的初创公司中担任导师、顾问、董事会成员和天使投资人。纳伦·巴克什（Naren Bakshi）就是印度企业家协会早期资助的受益者之一，他于1995年提交了一份名为“视觉软件”（Vision Software）的商业计划。在几个月的时间里，印度企业家协会的成员就为巴克什的公司筹集了170万美元。到2000年，视觉软件公司已有60名员工，并筹集到了更多的资金——事实上，巴克什表示，向他寻求合作的风险投资家比他需要的还多。这很符合印度企业家协会创始人的愿景，即为那些“未打磨的钻石”提供支持，并鼓励他们通过多元化的融资渠道以及融入主流技术社区来扩大自身的规模。

印度企业家协会成员还会向那些有前途的新人开放自己的网络。欧德思公司（Exodus Corporation）的创始人钱德拉·谢卡尔（Chandra Shekar）表示，印度企业家协会为他提供的帮助不仅限于提供资金与担任董事会成员，还包括结交那些“值得信赖的朋友”，甚至是“推动公司发展至今的重要人物”。这些经验丰富的企业家和高管所能提供的最重要的贡献在于帮助公司接触那些潜在的客户或商业联盟。对此，谢卡尔解释说：“印度人的人脉网络非常有效，尤其是像太阳微系统、甲骨文和惠普这样的大公司中都有很多印度人……通过与印度企业家协会成员展开合作，你可以获得足够的信誉……例如，如果惠普想与你做生意，它需要先确认你是一个值得信赖的合作伙伴。这一点非常重要。”①

太阳微系统的联合创始人、风险投资公司科莱勒·帕金斯（Kleiner Perkins）的合伙人维诺德·科斯拉如是总结道：“在这里，族裔网络显然发挥了作用：人们经常互相交流，检验彼此的想法，并推荐他们认识的、可能属于同一族裔的人。由于语言和文化背景非常相似，他们更加信任彼此。”②

在这些社区当中，声誉和个人间的信任仍然至关重要，这一点尤其体现在早期的初创公司当中。当印度企业家协会的帕蒂尔和雷基等成功企业家决定投资一家公司时，他们给这家公司带来的背书足以使其获得该地区更成熟的风险投资基金的青睐。雷基经常收到有抱负的印度企业家制订的商业计划。他强调，除非自己理解并完全信任一项商业计划，否则他绝对不会将其推荐给投资者。他认识到，为了更好地帮助那些真正有潜力的印度企业家，他有必要在金融界悉心维护自己的声誉。

凌云逻辑公司的萨蒂什·古普塔也指出：“整个网络都建立在彼此信任的基础之上……信任所需的要素不是人们能够以任

① Interview with Chandra Shekar, April 8, 1997.

② Interview with Vinod Khosla, January 14, 1997.

何制度化的方式培养出来的……信任与某个人的可信度、肢体语言、举止、行动、文化背景有关……所有这些因素都对建立信任至关重要……种姓可能会起到一定作用，经济状况也可能会起到一定作用。”不过，他补充道，尽管像印度企业家协会这样的组织在建立信任方面发挥了重要作用，但它们同时也要求其成员承担必要的责任，并在犯错时承担代价：“如果你不履行义务，你就可能被驱逐出这个社区……压力会很大，你最好不要这么做，因为我会在寺庙里看到你，或者和你坐在印度企业家协会会议的同一张咖啡桌上……而且，我知道你还得和另外五个家伙合作，所以你最好别做错事。”① 华裔投资家陈晓平认为自己所处的社区是硅谷清华毕业生的网络。他就曾指出：“要想获得别人的信任，就需要积累自己公平竞争的声誉。如果你不守规矩，你就会被踢出局。”②

基于族裔的社区总会面临自我封闭的风险。在 20 世纪 90 年代，有人认为印度企业家协会的网络仍然相当封闭，以至于阻碍了局外人参与合作的机会。印度企业家协会的一位创始成员表示，该组织对外界几乎不感兴趣：“这个网络与主流社会没有什么联系。印度企业家协会的社交聚会上都是印度人。这没什么不好……但我认为，如果不主动融入主流社会，就无法充分利用其优势。”美国人对移民的负面态度可能会加剧这种孤立现

① Interview with Satish Gupta，May 29，1997.

② Interview with Shelby Chen，May 24，2001.

象。例如，2001 年的一项调查发现，约 25%的受访者对亚裔美国人持负面印象。[①] 硅谷移民企业家面临的挑战是，他们需要在依赖族裔网络和融入主流科技社区之间不断进行平衡。

硅谷的新移民企业家

在人们通常的印象中，企业家是独自前行的先驱者，但这与硅谷的实际情况相去甚远。创办一家新技术公司需要获得各种人力、财务、技术和专业资源，同时还需要企业家有承担专业风险和经济风险的信心。正如我们所看到的那样，硅谷的移民工程师与主流工程师一样，非常依赖各种非正式和正式网络，这些网络能够帮助他们获取信息与专业知识、筹集资金、招募人才并获得反馈。

颇具讽刺意味的是，硅谷商业模式的许多独特之处都是在 20 世纪 60—70 年代由工程师们创造出来的，在当时，他们还认为自己不属于东海岸的主流商业圈子。该地区最初的行业协会（例如美国电子协会）试图在硅谷新兴生产商仍被排除在外的商业世界中占据一席之地。这些协会为企业家提供了可资参考的榜样与资源支持，类似于现在的移民社区为创业者提供的支持。创业的决定在很大程度上会受到自身与榜样、导师、朋友和同

① Committee of 100 White Paper，2001.

事的关系的影响，任何一个社区内首批引人注目的成功都会为之后那些具有相同背景的企业家提供激励。由硅谷首批创业者启动的这一进程目前仍在向前发展，因为还有很多族群仍将自己视为未被主流接纳的群体。

硅谷的第一代移民不仅会进行社交活动，还会与背景相同的人一起创办公司。例如，印度裔和华裔移民与其他印度裔和华裔移民（他们通常是同学或前同事关系）一起创办公司的可能性要远远高于与其他移民一起创办公司的可能性。2001 年，在硅谷接受调查的出生在外国的创业者中有一半都表示，他们公司中有两位或两位以上的创始人来自同一国家。① 这反映出，在第一代移民中，共同的语言、历史和教育背景对于建立职业认同至关重要——毕竟，创办公司需要对自己的联合创始人有着高度的信任。不过，虽然移民在创办公司时非常依赖和自己来自同一国家的朋友和同事，但同样重要的是，随着公司的发展，这种特定族裔的主导地位也在逐渐减弱。2001 年接受调查的雇员数量不足 100 人的公司中，约有三分之一的公司指出，大多数员工来自创始人出生的国家；但在雇员人数达到或超过 1 000 人的公司中，这一比例下降到不足 10%。② （有关这一调查的更多详情，请参阅附录 2。）

硅谷的技术移民很快就热衷于创业了。不过，遗憾的是，

① Saxenian 2002.

② See Saxenian 2002，Figure 5. 4.

我们很难准确估计技术行业中特定族裔的创业情况。衡量移民创业的标准方法是查看美国人口普查数据中的“自雇”类别。[①]虽然这种方法可以很好地估算传统行业中的独立经营公司，但几乎可以肯定的是，仅仅依靠这一数据会严重低估技术行业中的此类情况，因为许多公司都是由天使投资人或风险投资基金资助的，因此并非完全为创始企业家所有。我们还可以利用邓白氏有关技术公司的数据库，通过识别自1980年之后首席执行官姓氏属于中国人、印度人或韩国人的公司，就可以更准确地估算硅谷特定族裔的企业家数量。[②] 这些公司的合计销售额超过了250亿美元，创造了近10万个就业岗位。

与出生在美国的同行一样，大多数高技能移民都渴望成为企业家，硅谷开放的劳动力市场让他们在创业之前就能积累一系列有关企业管理和创业的经验。到2001年，硅谷超过一半出生在外国的专业人士表示，他们曾在初创公司兼职或全职工作过，62%的人表示他们计划全职创业——相比之下，出生在美国的专业人士的这一比例仅为46%。[③] 尽管如此，技术移民和在美国出生的同行在创办科技公司方面几乎没有什么区别。他们大多在美国注册公司；几乎所有人都从个人储蓄或天使投资人

---

① Light and Roach 1996.

② 邓白氏基于姓氏的搜索可能仍然低估了该地区的移民企业家数量，因为那些由非亚裔首席执行官领导、由移民创办的公司并未被计算在内。相关采访表明，这种情况在20世纪70—80年代的硅谷很常见，当时风险投资融资往往要求公司雇用非亚裔高管，这算得上是某种偏见。

③ Saxenian 2002.

那里筹集到了初始资金，随后从风险投资公司那里进一步筹集资金；他们筹集到的资金数额也大致相当。这两类人都将“接触投资者”视为在为初创公司筹集资金时面临的最大障碍。他们所创办的公司在上市速度方面也没有太大的差别。①

20 世纪 90 年代，在硅谷，华裔和印度裔成功企业家与高管的知名度不断提高，这也改变了他们在主流社区中的形象。如今，该地区的大多数亚洲人表示，尽管传统行业或大型老牌科技公司可能依然存在“玻璃天花板”现象，但在硅谷，这个问题已经得到了极大的缓解。事实上，到了 20 世纪 90 年代末，该地区占主导地位的主流风险投资公司争相聘请亚裔美国人作为合伙人，以免丧失潜在的高利润交易。职业发展受限的技术移民现在有了许多选择，包括创办自己的公司或回国。

简而言之，在 20 世纪末至 21 世纪初的这段时间里，硅谷技术移民创办科技公司的速度与美国本土的同行不相上下。出生在外国的工程师和科学家很快就学会了硅谷的创业模式，并成功地将他们的技术能力与风险投资、高增长商业模式相结合，这种模式是美国科技行业的特色。而基于特定族裔的专业协会与社交网络则让他们能够调动足够多的资源，帮助工程师转行成为创业者，同时进一步融入更广泛的技术社区。

① Saxenian 2002.

第三章

创建跨区域社区

硅谷银行成立二十年来，一直致力于满足新兴科技初创企业的需求，并出资赞助了三次备受瞩目的国际考察活动，其目的地分别是印度、以色列和中国。2003 年，该银行带领着由二十多名硅谷风险投资家组成的代表团前往班加罗尔和孟买，与当地投资者、企业家、商界代表和政府官员进行了为期一周的会谈。六个月后，硅谷银行再次组织了相关活动，前往特拉维夫、上海和北京开展类似的教育和交流访问。与此同时，该银行还宣布了要在上述地区开设国际办事处的计划。

硅谷银行认为其职责是帮助世界上的其他地区建立与硅谷类似的本地化经济生态系统。虽然该银行多年来一直在印度、中国和以色列非正式地发展业务，但这些代表团标志着其在国际层面正式建立关系的第一步，也预示着该银行决定在上述地区提供金融服务。硅谷银行的官方网站明确表达了这一行动背后的意图：

> 如果您的公司希望在全球范围内扩张业务，那么您的首要需求之一就是建立关系网络——风险投资商和服务供应商——这些人能够帮助您建立所需的联系，从而降低全球扩张的难度。从硅谷到上海，从东京到特拉维夫，从波士顿到班加罗尔，我们认识全球各大技术中心的人。我们了解您面临的独特挑战，并掌握您成功所需的各类资源、专业知识和关系。①

先前，硅谷的风险投资界对亚洲市场的兴趣不大。20 世纪 90 年代，沙丘路（美国风险投资行业的代名词）有一个略显夸张但真实的说法，那就是他们只投资“距离办公室 20 英里以内的项目”。时至今日，许多风险投资基金仍将自己所掌握的大部分资金投在旧金山湾区。但这一时期，一些由华人、印度人和以色列人创立的风险投资公司开始关注国际市场。虽然这些移民企业家在硅谷取得了越来越多的成功，但即使那些拥有华裔或印度裔合伙人的主流公司也仍然受制于狭隘的地域观念。

---

① Silicon Valley Bank Web site：www. svb. com/services/intlnetworks. asp；access date：August 20，2004.

硅谷风险投资家和银行家向亚洲市场的扩张，促使硅谷移民早些年搭建起来的非正式网络得以制度化。硅谷那些出生在外国的企业家、经理和投资者开始与硅谷本地的同行以及自己国内的同行建立起专业和商业层面上的联系。经过这一系列的努力，他们将单向的人才流失转化为复杂的双向人才循环，并随着时间的推移，将硅谷创业体系的核心要素转移到了全球其他地区。

这些跨区域工程师和企业家群体在本国同行的支持下，开始选择回国投资创业，而随着时间的推移，这一连串投资逐步改变了母国的商业环境。由移民组成的协会以及专业服务供应商能够促进人员、信息和专有技术的流动，为当地创业友好型环境的建设和跨区域合作奠定了基础。到 21 世纪初，在美国接受教育的外国工程师、企业家、投资者和经理人组成的网络极大地提高了信息和专有技术的流动速度，也使得这些先前处于孤立状态的经济体中的特定区域获得了新的技术投资，同时与美国的技术同行保持着密切联系。

在本章中，我将简要概述硅谷体系是如何传播的，而后详细探讨以色列的经验；在接下来的几章当中，我会分别重点关注中国台湾地区、中国和印度的案例。当然，这些案例并非孤例。例如，在 20 世纪 90 年代，爱尔兰也经历了类似的进程（不过其规模要小得多），当时该国技术人才外流趋势的逆转以及本地风险投资行业的发展尤为引人注目。[①] 俄罗斯也出现了类似的迹象，而且该国拥有世界上规模最大的相对较少开发的技术人才库。

我在本书中研究的四个案例有力地证明了新时代的阿尔戈英雄在创造区域优势方面所发挥的作用。在以色列和中国台湾地区这两个较小的经济体中，这些阿尔戈英雄的优势已经很明显了，而在中国和印度（硅谷最大的技术移民人口来源地），从长远来看，他们带来的影响可能会是最为深远的。

逆转潮流

20 世纪 80 年代，以色列和中国台湾地区的工程师开始逐渐选择离开美国、回家乡创业，因为在他们看来，相对开放的小规模经济体对自己更为友好，且能提供更多的职业发展机会。在 80 年代，这些人把自己在硅谷学习到的体制与市场知识带回到了特拉维夫和新竹地区，为日后当地充满活力的创业创新中

① 1980—1995 年，超过 2 万名技术精湛的爱尔兰工人移居美国——实际上，这个拥有 350 万人口的国家中受教育程度最高的那一批年轻人中有相当大一部分都去了美国。20 世纪 90 年代中期，这一趋势发生了逆转，都柏林市区因科技创业的不断发展而发生了翻天覆地的变化。到 90 年代末，爱尔兰成了世界第二大套装软件出口国，当地软件公司雇用了超过 1 万名员工，获得了欧洲科技领域最高比例的风险投资。（O'Riain 2002；International Venture Capital Association 2002.）爱尔兰-美国商会网站在 2003 年报道称："爱尔兰和美国公司之间的互动每年都在增加。从硅谷开始，美国工业界和爱尔兰之间的协同效应是显而易见的。"（www. irishlinx. com；access date：August 27，2004.）

心的崛起奠定了基础。

虽然他们所代表的群体规模要大得多，但在这一时期，几乎没有印度和中国工程师选择归乡，主要原因大概在于本地区缺乏足够的专业机会，且生活水平较低。在20世纪90年代，在美国接受教育、来自中国与印度的理工科博士毕业生打算归乡的人数比例持续下降。1998—2001年，只有3.8%的中国毕业生和6%的印度毕业生计划归乡，相比之下，同一时期有31.2%的中国台湾地区毕业生和36.7%的以色列毕业生计划归乡。而在1990—1993年，尚有6.5%的中国毕业生和14.4%的印度毕业生计划归乡。①

在20世纪90年代末，信息科技进入大繁荣时期，美国技术人才空前短缺，因此，华裔与印度裔工程师企业家开始有动力选择回国创业并开展相关业务。此外，中国与印度的市场化以及两地区经济的大幅增长也起到了同样的作用。硅谷的工程师薪资水平位居全球前列，因此，为了在一定程度上降低成本，硅谷的企业管理层开始寻找其他替代性的技术中心。自20世纪70年代以来，硅谷当地的公司在美国境内外的多个地区建立了产品设计开发、相对低层次的（第二代或第三代）技术研发以及IT行业辅助性服务的基础设施基地。这一时期，企业家所选定的替代性地区通常位于以色列、爱尔兰和新加坡等通用英语

① National Science Board 2004，Appendix Table 2 - 31.

的国家，或加拿大、德国、英格兰和苏格兰等其他发达国家。虽然进入上述国家的难度不大，但当地的劳动力供应十分有限，成本也较高。

在这一大背景之下，硅谷那些来自印度和中国的企业家与管理人员开始认识到，在他们自己的家乡还有着大量未得到充分利用的技术人才，因此，他们开始主动承担风险，在这两个此前与世界经济接触有限的地区开展业务。20 世纪 90 年代末，中国大学每年授予 328 124 个理工科学士学位，几乎与美国授予的 384 674 个学位数量相当；同一时期，印度大学每年授予 176 036 个理工科学士学位，成为继美国、日本、中国和俄罗斯之后，世界第五大理工科学士学位授予国。①

在这种环境下，主要的制约因素不是技术人才或资本，而是对当地语言技能、制度和文化知识的熟悉程度，以及与外国经济体建立的联系。尽管在 20 世纪 90 年代，硅谷与印度和中国之间的商业和专业联系仍然较为有限，但在接下来的十年当中，硅谷和这两个地区的跨区域交流数量激增。2001 年的股市调整以及硅谷历史上最严重的一次科技衰退迫使成百上千名移民工程师在失业的情况下回国。同样重要的是，中国和印度经济的

① 见 National Science Board 2002。在 20 世纪 90 年代末，中国大学每年授予的理工科博士学位超过 6 000 个；印度大学每年授予的博士学位超过 4 000 个，但几乎全部集中在自然科学和农业领域，而非工程领域。“Science & Engineering Indicators — 2002,” www. nsf. gov/sbe/seind02；access date：May 2，2002. First university degrees in S&E：Appendix Table 2 - 18；doctoral S&E degrees：Appendix Table 2 - 42.

强劲增长态势也让这两个地区成为极具吸引力的目的地，为这些技术人才提供了比美国更好的职业机会。

硅谷与中国和印度之间的联系并非一蹴而就。在20世纪90年代，硅谷的科技公司为了加快技术研发过程，越来越多地在印度和中国设立离岸研发中心。据新思科技（Synopsys，一家总部位于硅谷的电子设计自动化公司，在班加罗尔、海得拉巴以及台湾、北京和上海设有研发中心）首席技术官介绍，“这些研发中心大多成立于20世纪90年代末，当时我们急需人才，也愿意去任何地方寻找人才”①。这种趋势的一个表现是，美国公司在中国与以色列的海外子公司的研发支出（以当前美元计算）分别从1994年的700万美元、9 600万美元增长到了2000年的5.06亿美元、5.27亿美元。②

跨区域联系的建立

我在第二章中讨论的移民专业技术协会为硅谷体系走向全球化铺平了道路。在20世纪80年代，这些协会还只专注于硅谷当地的创业和技术发展活动，但在十年之后，它们就开始计划与自己的母国建立联系了。在此期间，校友会也发挥了类似的作用，即通过加深母国与硅谷之间的社会联系来支持跨区域合作。随着时间的推移，中印等国的经济发展成

① Goering 2004.

② U. S. Bureau of Economic Analysis，n. d.

果得到了广泛认可——回到母国工作的吸引力越来越大，因此，越来越多的专业人士（包括专业服务供应商以及企业家）选择回国工作。

1990年，硅谷最成功的一批海外华人高管联手成立了第一个跨区域协会——玉山科技协会，旨在“为太平洋两岸技术、管理和投资机会的交流与信息流动搭建一座桥梁”[①]。在一定程度上，跨区域创业活动的飞速发展得益于始于1998年的年度玉山投资会议，该会议旨在将来自亚洲和美国的华人企业家、投资者聚集在一起，共同商议投资计划。该协会的委员会还会为初创公司提供必要的支持；其中一位高管负责与中国台湾地区的证券交易所建立联系，帮助硅谷公司在股市上获得融资。到2000年时，该协会的成员包括中国台湾地区大多数占据领先地位的技术公司以及几乎所有在硅谷经营的台湾公司。

在最初的五年里，印度企业家协会的创始人团体对与印度建立联系一事持谨慎态度，因为许多人在尝试在印度开展业务时都遭遇了挫折。这种情况在20世纪90年代末突然发生了变化，因为当时的商业领袖开始意识到，印度的创业环境正在发生变革。印度企业家协会的联合创始人坎瓦尔·雷基在1999年和2000年每年都要前往印度出差十几次，在班加罗尔、海得拉巴和孟买建立了印度企业家协会首批在美国之外的分支机构。

---

① Chwang 1997.

之后，该协会发展迅速：到 2003 年，印度企业家协会在印度的十个城市和巴基斯坦的两个城市设立了分会。一年后，印度企业家协会在全球拥有 38 个分会，其中 12 个在印度。①

中国大陆企业家在硅谷取得的成功要比台湾地区企业家晚十年左右。许多中国大陆企业家都是通过清华大学或北京大学等理工科院校的校友网络结识的，他们于 1997 年成立了非正式的企业家俱乐部（E-Club）。两年后，企业家俱乐部更名为华源科技协会，该组织的目标就包括与中国大陆建立跨境商业和技术联系。（其协会宗旨和名称似乎都效仿了台湾地区的玉山科技协会。）当时的背景是，包括 GRIC 和 Internet Image 在内的几家中国大陆初创企业在纳斯达克实现上市或被收购后，人们的信心不断增强。华源科技协会立即在北京设立了办事处，开始与中国监管机构和企业高管建立合作关系，并为海归企业家提供必要的协助。2002 年的华源科技协会年会以“机遇与挑战：乘中国之浪”为主题，吸引了超过一千名与会者。

2000 年之后，许多其他国家的移民协会也不再局限于关注硅谷本地的创业活动，而是开始与自己的母国建立远程合作关系。这些协会包括韩国信息技术网络、美国俄罗斯侨民协会

① 印度企业家协会目前在欧洲和亚洲各地都设有分支机构，其当前的使命宣言并未提及南亚，内容如下：“印度企业家协会是一个全球性的非营利性企业家和专业人士网络，致力于促进企业家精神的发展”；其网站称印度企业家协会代表“人才、创意和企业”。然而，印度企业家协会的领导层——董事、董事会和创始成员——都是印度（或南亚）裔，出席会议的人绝大多数都是印度裔。

（AmBAR）和亚美尼亚硅谷协会（ArmenTech）等。硅谷同样也存在一批对回国兴趣不大的移民（这些人通常是政治难民），但他们仍然致力于建立属于本族裔的技术网络。例如，“硅谷伊朗”就希望自己能成为全球范围内伊朗高科技人士的信息交流中心。2001 年，越南硅谷网络（VSVN）将本组织的宗旨确立为“打造全球范围内的越南高科技商业社区，支持创业公司的发展”。然而，过去的经验表明，像越南人这样的群体仍然愿意在适当的情况下返回祖国。

对祖国的渴望

到 2002 年，中国和印度对那些在硅谷工作的本国工程师产生了巨大的吸引力。选择离开微软回北京创业的陆春玮就用下面这一段话很好地诠释了当时的情况：“现在这股潮流十分强劲，人们都想回到中国。就像淘金热一样。他们在美国取得了成功，但内心深处仍觉得自己是外人。他们在中国受到了极大的欢迎……而美国已经没有多少新机会了。”① 2002 年，北美华人半导体协会举办了为期两天、名为“中国遇见硅谷：高科技博览会”的展览、交流和招聘活动，此次展览共吸引了约 5 000 人参加，其中包括来自 20 个高科技园区和公司的代表以及来自中国各地的政府官员。

① Chugani 2002.

硅谷和印度之间的交流起初发展较为缓慢，这也许是因为两地距离较远（从加利福尼亚飞往班加罗尔需要 24 个小时，而飞往北京只需要 12 个小时），或者印度的基础设施相对薄弱。然而，在早些时候，两地之间的交流基础就已形成。例如，在线杂志《硅印度》（*Siliconindia*）于 20 世纪 90 年代末创办，其编辑委员会由来自美国和印度的知名印度裔企业家和高管组成，该杂志迅速吸引了数万名读者订阅。[①]《硅印度》会发表一些有关印度和美国的技术、创业以及相关政策、制度与服务（从移民法到风险投资再到招聘）的文章。《硅印度》每年在硅谷举办的“职业工厂”活动会将印度领先科技企业的经理和招聘人员与计划返回印度工作的硅谷印度人汇聚到一起，促进彼此之间的交流。

20 世纪 90 年代，只有少数在美国接受教育的工程师会选择返回印度。然而，由于硅谷科技泡沫的破裂以及印度本地机会的日益增多，人们的态度发生了巨大变化。年轻一代移民在硅谷面临着劳动力市场紧张以及生活成本高昂等问题，他们是最有可能回到印度的，甚至在不久之后，连老一辈的印度人也会回国。一个在美国英特尔工作了 16 年并于 2004 年回到印度的印度人表示：“我之所以选择（回国），是因为……印度正日益参与到全球化热潮之中。”[②]

① www. siliconindia. com.

② Krishnadas 2004，p. 70.

曾在 IBM 工作，后来接受了位于班加罗尔的 Insilica 公司（一家由维诺德·达姆——一位非常成功的印度工程师，曾参与英特尔奔腾芯片的设计工作——参与创立的半导体初创公司）工作邀请的维诺德·戈皮纳斯（Vinod Gopinath）指出："当你想要乘风破浪、大干一场时，没有哪个地方比自己的家乡更好了。这是一个非常好的选择，让人更有自豪感，挑战也更大。之前，你可能会（在另一个国家）花一生的时间来证明自己。而现在，你不仅有机会向全世界证明自己，还能证明自己的国家。"①

专业服务供应商所扮演的角色

正如上述硅谷银行的案例所示，专业服务供应商很早就开始积极参与跨区域的联络活动。随着时间的推移，它们逐渐在海外协助创造了创业友好型营商环境。硅谷的移民律师、风险投资家、会计师、猎头和顾问经常参加这些基于特定族裔的专业协会会议并发言，而专业服务供应商恰恰是此类协会最大的赞助者之一。

硅谷银行在 20 世纪 90 年代末开始加强与印度的关系，它与印度企业家协会建立起了合作伙伴关系，同时聘请了一位印度裔美国人担任美国-印度技术和风险投资网络的总监，该组织专

① Krishnadas 2004，p. 70.

注于在印度和东南亚建立商业联盟。这位新任总监指出："我们必须在国际层面建立商业联盟，因为我们的客户正在走向全球。"硅谷银行前董事长、总裁兼首席执行官约翰·迪恩（John Dean）在 2000 年的一次采访中说道："即使是在七年前我刚刚加入硅谷银行的时候，我们……也没有与全球范围内的客户建立起什么联系——我们只是一家位于北加利福尼亚的公司。"然而，他接着说道，如今"世界各地都存在初创科技公司，我们需要了解这些正在发生的变化，以便参与其中，并从中受益。这意味着我们不仅需要在新兴市场开设办事处，还需要在当地寻找战略合作伙伴，并与这些地区的技术企业家建立联系，因为我们越来越意识到资本、技术、制造、分销、包装和许可方面的流动是一种全球现象。只有这样，我们才能更好地让我们的客户走向全球，并为希望在硅谷开展业务的非美国公司提供帮助"①。迪恩还指出，先前，硅谷银行所关注的技术重心仅限于半导体和计算机，后来逐步扩展到生物技术、软件和互联网，变化之快令人惊叹。

硅谷银行的副董事长小哈里·凯洛格（Harry Kellogg Jr.）强调了社交网络的重要性："我们的许多合作伙伴关系都是非正式的——我们之间没有签过什么书面协议或谅解备忘录——是基于多年来与硅谷以及世界各地的投资者或金融机构、风险投

① "Like Company Like Bank," 2000.

资公司、律师事务所、会计师事务所等机构建立起的私人关系。因此，当一位企业家找到我们，说‘帮我介绍一些天使投资人’或‘哪家律师事务所能帮到我’时，我们就能通过人脉关系为其提供帮助。”① 硅谷银行太平洋集团高级副总裁丹尼尔·昆（Daniel Quon）解释说，他非常依赖这些关系网，“我在硅谷工作的这十多年来，从未打过一个陌生人的电话。我所做的一切都是基于人脉，尤其是华人网络”②。

那些擅长处理知识产权和首次公开募股（IPO）等科技公司商业问题的律师事务所已经建立起了遍及各地的国际关系网，以便服务新兴地区的客户，抓住新的机遇。威尔逊·桑西尼·古奇·罗沙迪律师事务所（Wilson Sonsini Goodrich & Rosati）是硅谷一家处于领先地位的律师事务所，其合伙人卡曼·常（Carmen Chang）出生于中国台湾地区，在美国接受教育，自 20 世纪 90 年代开始就为硅谷的台湾企业家和小型公司提供服务。她之所以能接到第一批业务，是因为其中一些工程师在中国台湾时就认识她的父亲，而且她会说普通话。在成功完成几笔交易之后，她成功吸引了大批客户，其中既有寻求在美国和中国上市或进行投资的台湾地区公司，也有越来越多希望进入美国市场或在中国进行创业的人士，还有寻求在中国进行投资的美国投资银行、股权基金和风险基金。常律师表示，在被中国本地

① “Like Company Like Bank，” 2000.

② Interview with Daniel Quon，July 1，1997.

网络接纳并成为其中一员之后，她很快就发现自己一个人根本无法承担数量如此巨大的业务。①

像常律师这样的律师，以及参与这些跨区域网络的其他专业人士，也经常需要为海外客户提供服务，并就海外政策和监管活动等问题提供专业建议。他们需要频繁往返于这些经济体之间，以至大部分时间都是在空中度过的——中国人称之为“宇航员”般的生活。常律师于2001年受聘领导中芯国际集成电路制造（上海）有限公司的法律团队，负责该公司在上海的铸造厂投资事宜。此项交易金额超过20亿美元，涉及美国和中国的几大主要投资商。她还帮助硅谷3Com公司和中国华为公司成立了合资企业，并担任中国证券监督管理委员会顾问，协助其筹划在深圳建立类似纳斯达克的股票市场。

走向全球的风险投资

新一代移民风险投资家也在积极地促成跨区域合作。与主流的硅谷同行一样，许多移民风险投资家也都拥有工科研究生学位以及技术行业的从业经验。然而，与老一代风险投资家不同，他们的私人社交网络以及投资对象往往都与自己的母国关系密切。在这些移民风险投资家看来，他们的功能就是连接那些地理上距离遥远的科技中心。在硅谷工作超过20年、目前经

① Interview with Carmen Chang, April 26, 2001.

营中经合创业投资公司（WI Harper）的华裔金融家刘宇环如是说：

> 中经合与沙丘路的其他同行的不同之处在于，我们与亚洲的主要管理层之间有着私人和业务上的往来……在亚洲，局外人是很难获得可靠信息的，而我们则能够凭借已经建立起来的人脉网络，为我们投资的公司提供很好的帮助……我们将自己视为硅谷和亚洲之间的桥梁。[①]

这不仅需要深入了解硅谷本地的商业文化、社区与组织机构，还需要深入了解亚洲多个彼此之间高度差异化的国家和地区。可以说，亚洲各地区的组织机构、语言和文化之间差异显著，而且，在印度和中国这样的地方，地区之间的差异也很明显。不同的地区往往有着独特的方言甚至是另外一种语言，此外还有着不同的社会结构模式、市场规则、基础设施情况、法律法规等。所有这些都需要有熟知当地情况的人参与。在某些情况下，还需要采取不同的商业模式以应对当地独特的挑战。

20世纪90年代，中国台湾地区风险投资公司VentureStar的合伙人赫伯特·常（Herbert Chang）每年都要横跨太平洋10～12次。他说："我们是硅谷和台湾地区之间的媒人。我们为

① Hellman 1998，p. 2.

双方提供彼此所需的市场信息。我们为中国台湾地区的公司提供硅谷的情报，因为我们每年都要筛选上千家美国初创公司。它们知道我们拥有良好的业绩和声誉，知道我们会为它们带来好东西。我们也为硅谷公司提供它们所需的联系人和信息，因为我们对它们的潜在客户和供应商非常了解，所以在建立合作关系之前，我们不需要查看什么财务报表或是进行冗长的尽职调查。"① 当然，这种牵线搭桥的活动在长时间且基于信任的关系中最为有效。在此类关系中，合作方之间拥有共同的背景和世界观，这是硅谷移民技术社区的一大特点。

绝大多数由移民经营的风险投资公司仍然专注于本国市场，因为在当地投资需要足够的本地人脉、流利的语言能力以及对当地制度极深的了解。然而，少数公司已经成功地走向了国际，它们主要依靠在相关国家选择有能力、多文化背景的专业人士以及高素质的合作伙伴，同时以最少的层级结构展开工作，并给予当地办事处充分的自主权。例如，华登国际投资集团（WIIG）由出生于新加坡的美籍华人陈立武在 1987 年创立。通过早期在中国台湾地区和新加坡的投资，WIIG 成功地将美国的风险投资理念引入亚洲地区，并成为该领域的领军公司。2005 年，WIIG 投入的资金规模超过 16 亿美元，还在中国、新加坡、马来西亚、印度以及旧金山湾区均设有办事处。在硅谷，还有十几家公司

① Interview with Herbert Chang，July 22，1997.

主要或专门投资亚洲科技项目。① 这些公司与天使投资人、企业风险投资基金（如英特尔资本）、国内风险投资公司以及高盛（亚洲）等后期投资者有着密切的合作。

随着律师、风险投资家、投资银行家、企业家、经理和其他专业人士在各地区之间穿梭往来，他们极大地推动了技术与制度知识以及人脉、资本、商业机会和市场信息的流动。由于在不同社区内社交网络密集、成员间的身份认同和信任度都很高，因此信息能够在遥远地区之间快速流动。用一位中国台湾地区的工程师在 1996 年的话来说就是："先前，如果你住在美国，那么你很难了解中国台湾地区发生的事情；如果你住在中国台湾地区，同样也很难了解美国发生的事情。现在，人们频繁往返于硅谷和新竹之间，几乎可以立即了解两地的新公司和新机会。"②

关于新公司成功（或失败）的消息在移民社交网络中传播得特别快。当一家公司迅速发展、上市或被收购，其成功经验就会成为后来人的榜样，并进一步鼓励人们尝试回国创业或投资。在适当的情况下，这些事件甚至可能成为某个转折点，就像 20 世纪

---

① 至少从 20 世纪 90 年代开始，以下硅谷风险投资公司就在亚洲积极投资：Asia-Tech Ventures、Crimson Venture、Crystal Internet Ventures、H&Q Asia Pacific、IDG Ventures 和中经合创业投资公司。2001 年之后，大量主流风险投资公司开始在中国投资，市场十分繁荣，让人联想到美国 20 世纪 90 年代末期的景象。2002 年，在中国运营的风险投资公司只有 38 家，一年后，这个数字增加到了 172 家。见 Mark Marshall, "Venture Capitalists across Silicon Valley Are Falling for China," The San Jose Mercury News, October 10, 2004。虽然这一趋势才刚刚兴起，但硅谷的几家风险投资公司已将目光投向印度，其中包括 Jumpstartup、New Path Ventures 和 Westbridge Capital。

② Interview with C. B. Liaw, August 28, 1996.

90 年代中国台湾地区和以色列的专业人员越来越多地选择返回家乡，以及十年之后在中国其他地区与印度发生的情况一样。

除了那些选择永久归乡的人员外，还有不少移民专业人士选择在两地工作，每月往返硅谷与自己的家乡一到两次。这虽然建立在交通与通信技术的极大进步之上，但并不意味着这些人是无根的。他们在硅谷和家乡的人脉关系以及对当地机构的了解程度对于实现两个地区个人和公司之间的合作至关重要。

跨境合作与区域经济

归国企业家及其搭建起来的社区将硅谷商业模式的诸多要素引入了自己的母国，包括风险资本融资、利基市场（即细分市场或小众市场）专业化、专业管理、层级扁平化、择优竞争以及对外部合作伙伴的依赖。在绝大多数情况下，这些要素都与新兴经济体中既有的商业模式大相径庭。在这些经济体中占主导地位的要么是大型、多元化的家族企业，要么是国有企业。海归企业家与投资者在创建新的地方化创业模式时，明确拒绝采用家族企业或国有企业的模式。

硅谷与新兴科技地区之间日益紧密的联系不仅刺激了当地的创业活动，还为远距离合作创造了越来越多的机会。在 20 世纪 80—90 年代，这一进程推动了中国台湾地区和以色列的创业型经济增长，如今，这一模式也在印度和中国的部分其他地区得到了复制。

私募股权投资和融资数据清楚地表明了这一趋势。尽管以色列人口较少，但其拥有规模仅次于美国的风险投资行业。1999—2002年，以色列的风险投资占GDP的比重位居世界第一，远远领先于排名第二和第三的美国与加拿大。① 中国台湾地区在20世纪90年代末的风险投资也超过了10亿美元，在亚洲私募股权投资中排名第一。到2003年，中国的私募股权投资总额达到了13亿美元，印度则达到了8亿美元。② 2004年，中国台湾地区证券交易所的总市值超过3 500亿美元，成为全球最大的新兴股票市场。2004年，印度和中国股票市场的市值分别约为2 500亿美元和1 900亿美元，并且还在快速增长。③

不适合弱者的游戏

当然，在这些新兴科技地区当中不仅有初创企业和中小型企业。到2000年，以色列和中国台湾地区拥有数千家科技企业，

① 1999—2002年，以色列的风险投资占GDP的0.6%，而美国和加拿大的这一数字分别为0.4%和0.33%。(OECD Venture Capital database, cited in Global Insight 2004.)

② *Asia Venture Capital Journal and Financial Express* (China Business Review, July-August 2004).

③ *The Economist* 2004, p. 98. 尽管中国台湾地区在20世纪90年代引领了亚洲私募股权投资，但近年来这些投资已经转移到了海峡两岸。2003年，中国在私募股权融资方面领先于亚洲其他经济体，占总额的35%，其次是韩国(24%)、印度(12%)和中国台湾地区(11%)。这些经济体包括澳大利亚、中国、印度、印度尼西亚、新西兰、菲律宾、马来西亚、新加坡、韩国、中国台湾地区、泰国和越南。(Thomson Venture Economics 2004.)

它们基本上都是在 1980 年之后成立的。其中最成功的初创企业得到了迅速发展，并像硅谷成立初期的惠普和仙童半导体公司一样，成为当地企业管理、技术培训以及创业分拆的重要来源。中国台湾地区的宏碁、以色列的捷邦（Checkpoint Software）和印度的威普罗（Wipro）都在当地经济中扮演了类似的角色。公司里的高级管理人员或工程师会离开公司加入当地初创企业或创办新企业，这一进程有助于推动当地对硅谷先进经验的学习，也有助于区域经济的多元化发展。

这些地区也是美国和其他外国科技企业的所在地——它们通常会在当地设立研发实验室、企业风险投资部门，或是进行制造与研发活动。这些企业与当地经济的关系不同于早期纵向整合的现代大型企业，后者拥有内部劳动力市场，并致力于实行严格的企业内保密制度与自给自足。这并不是有关企业规模的问题，而是有关组织与战略的问题。当今技术市场上最成功的竞争者已经认识到，创新几乎可以发生在任何一个地方。这些新企业并不打算通过控制供应端或市场来实现发展，而是通过专业化并与其他专业生产商进行本地或远程合作，以及不断调整具体的合作方式与合作内容来实现发展。

在这些跨国商业活动中，国内外的大型企业作为风险投资家也在发挥着核心作用。英特尔资本、宏碁科技创投、摩托罗拉和台积电都在十分积极地投资初创企业，这既是为了追求技术突破，也是为了获得财务上的回报。然而，要想在距离自己十分遥远的新兴科技地区进行明智的投资，就需要掌握当地最新的情况，因此，有必要深度融入当地和跨区域网络。

芯成半导体公司是硅谷最早的跨境初创企业之一。出生于中国台湾地区的李健民于20世纪70年代末在得克萨斯理工大学获得电气工程硕士学位，在硅谷半导体行业工作了十多年后，他与自己在台湾大学的同学韩光宇共同创立了芯成半导体公司。他们用自己的积蓄以及从台湾同事那里募集到的资金为这家初创企业提供了启动资金，随后又从由海外华人管理的风险投资基金（其中就包括华登国际和汉鼎亚太）中筹集到了超过900万美元的资金。

在创立芯成半导体公司的过程中，李健民和韩光宇利用了硅谷和台湾两地的资源。他们招募了自己先前的同事与同学到圣克拉拉的研发中心设计高性能CMOS存储芯片，并与新成立的台积电建立了生产合作关系。他们还在台湾新竹科学园区成立了子公司，负责监督组装、包装和测试业务。韩光宇每个月都会飞去台湾地区监督公司的生产运营工作，但他很快就意识到，需要在台湾地区扩大公司的业务规模。于是，他决定将家人接回台湾，并专心负责运营台湾地区的芯成半导体公司。而李健民则继续留在硅谷担任首席执行官和董事长。

20世纪90年代初，芯成半导体公司得到了迅速发展，其主营业务是向台湾地区的主板公司销售高速静态随机存取存储器芯片。李健民和韩光宇两人不仅具备在台湾地区推销产品所需的语言技能和文化知识，而且他们的许多台湾大学同学也都在当地工业界担任领导职务，这为他们带来了巨大的好处。1995年，芯成半导体公司在纳斯达克上市，成为最早在美国上市的由海外华人创办的硅谷公司之一。几年后，李健民和韩光宇将台湾芯成半导体公司剥离出来，成立了一家独立公司——矽成积体电路股份有限公司，使其能够在台湾证券交易所上市。

这种专业化、去中心化的模式是当今全球经济中正在逐渐兴起的松散耦合网络的特点。芯成半导体公司仍然持有矽成积体电路的少量股份，且两家公司并不存在竞争关系。矽成积体电路专注于为个人电脑和外围设备市场设计半导体，而芯成半导体公司则转向生产用于网络、电信、互联网、无线和手持设备的高性能集成电路，这些设备要求足够的便携性、连接性和更高的带宽。芯成半导体公司还投资了硅谷与台湾地区其他不少有前途的公司：该公司持有美国闪存公司（NexFlash Technology）14%的股份；持有负责提供供应链管理解决方案的服务商 GetSilicon 17%的股份；以及持有位于台湾地区的无晶圆厂半导体公司（即外包芯片生产的公司）飞虹积体电路股份有限公司 26%的股份。

芯成半导体公司的规模不算大，只有 260 名员工，销售额为 1 亿美元，但它正在迅速与中国建立联系。2001 年，该公司向中芯国际（一家位于上海的初创半导体公司）投资了 4 000 万美元，以确保自己能够获得足够的低成本先进工艺晶圆产能，同时打入中国市场。芯成半导体公司的原始投资者——汉鼎亚太和华登国际——也是中芯国际的主要投资者。此外，芯成半导体公司最近还在上海中芯国际附近设立了子公司，负责设计、物流和销售或营销工作。芯成半导体公司显然不打算仅凭低成本劳动力来进行竞争。该公司拥有自己的知识产权（超过 70 项美国专利），并且生产力很高（2003 年，每名员工创造的收入为 346 000 美元）。

像李健民和韩光宇这样的跨区域企业家在回到家乡后也并没有放弃硅谷，而是继续利用硅谷的独特优势，同时利用其他地区的技能和资源（对他们来说，最好的选择就是中国）。芯成半导体公司在加利福尼亚设有基地，以利用当地世界一流的设计能力，并为其芯片产品打入前沿市场创造机会（芯成半导体公司一半以上的客户都位于美国）。然而，他们也需要依靠台湾地区先进的制造能力和中国大陆低成本的工程技术。到 2003 年，芯成半导体公司在硅谷有 170 名员工，在中国大陆有 60 名员工，而在台湾地区只有 30 名员工。

这绝非弱者能胜任的任务。海归企业家经常会面临各种挑战，包括不透明的官僚主义法规、不完善的基础设施以及当地腐败的官员。20 世纪 90 年代末，第一批希望从美国的公开市场上筹集资金的中国公司就因监管机构坚持执行大量烦琐且无关紧要的报告程序而耽搁了数月。本土工程师也会对海归工程师所获得的更高地位与更优经济条件感到不满。文化差异也会造成问题。韩光宇曾描述过 20 世纪 90 年代初他在中国台湾成立芯成半导体公司时的经历：

> 中国台湾地区与美国文化之间的差异可能会带来很大的问题。在半导体行业，我们需要非常快速地展开行动，产品周期只有6～9个月，因此我们无法承受沟通上的误解所带来的延误。我有一个很大的优势，那就是我在美国生活和工作过很长时间，因此能够理解美国员工的思维和理念，而且我在这里长大，所以也理解中国台湾员工的想法。美国员工更积极、更直接，而中国台湾员工则更保守、更被动。所以，如果美国员工以一种非常直接的方式讨论工程问题，那么中国台湾员工很可能会觉得是在针对他个人。①

即使员工都说同一种语言，有时也会出现沟通问题。台湾地区的管理人员在中国大陆建立工厂时也会发现，尽管双方都讲普通话，仍然会经常性地发生误解。同样，在团队内部，习惯于等级管理风格的印度工程师与接受过美国教育的同行之间也经常发生冲突，因为后者的工作方式更具对抗性。当双方的合作是远距离进行的时候，此类冲突会更加严重，也更加频繁。

像芯成半导体公司这样的公司通常会通过在美国设立分支

① Interview with K. Y. Han, May 13, 1997.

机构的方式来弥补本土存在的制度问题，他们希望能够利用美国法律和金融机构的稳定性与成熟性，同时将制造和研发工作都留在本土进行（不过他们仍然会在硅谷保留总部或研发办公室）。许多公司依旧会从美国招聘管理和技术人才、投资初创公司，或与硅谷的公司建立伙伴关系和企业联盟，以紧跟技术和市场发展的步伐。有些公司，如芯成半导体公司，还会利用美国的资本市场，在纳斯达克上市。

尽管中国台湾地区和以色列的新兴技术中心效仿了硅谷的管理与创业模式，但它们并没有成为硅谷的复制品。相反，这些经济体通过与硅谷以及其他地区不同专业生产商的多样化合作实现了共同进步。这些经济体中多样化的社会结构、文化与制度以各种意想不到的方式塑造了当地生产商的模式以及区域经济的发展轨迹。例如，文化差异可以成为竞争优势的一大来源。中国台湾地区的公司大大缩短了产品上市时间，部分原因在于小规模、彼此联系紧密的技术社区内强大的社交网络和私人关系促进了公司之间的信息共享与合作。

如今，台湾地区的公司也在利用自身的优势，在中国大陆开展业务。这不仅涉及语言和文化的相似性，还涉及对如何完成工作的理解。用一家处于领先地位的网络设备制造商的首席执行官的话来说就是："西方人倾向于线性思维。利用 X、Y、Z 能得到既定的结果。而我们认为，中国社会仍然遵循'万事艰难，但一切皆有可能'的原则。我们知道如何将一份文件递交给数十名官员，以及如何与政府官员建立联系。”①

脚踏实地地发展

跨区域社区可能会以十分惊人的速度出现在人们面前，但在此之前通常需要经历一段漫长的关系建立期，而社区以外的人对此可能并不了解。在早期阶段，只有少数第一代移民选择回国创业，在母国开设美国企业的分支机构，或提供风险投资和其他服务，以期利用他们与母国之间的关系获利。随着时间的推移，他们的经验能够为硅谷与母国企业之间的合作搭建桥梁。在如以色列这样的小经济体中，这无疑是十分容易的，而在印度和中国，这一情况也十分明显。

技术社区内部的关系有助于更快地确定有潜力的投资方或合作伙伴。跨区域企业家最初可能只想利用当地相对低成本的人力资源，或打入当地市场，但他们很快就意识到差异化的重要性，并不得不深化自己与当地合作伙伴的关系，更积极地参与当地治理。归国的企业家和管理人员通常会与政策制定者展开合作，以期消除官僚主义阻碍、扩大高等教育规模，或重新设计当地培训项目的课程。随着时间的推移，这些工作都有助于进一步加强当地的优势，让当地的专业人士成为更具竞争力的合作伙伴，并迫使竞争对手变得更专业化以提升自身能力。

---

① Tony Sitathan，“The Five Hot Shots：Right Place，Right Time，” *Electronic Business Asia*，December 1998. www. eb-asia. com；access date：January 26，2000.

新兴经济体中劳动力技能的不断提高，反映在这些地区公司在全球质量基准上的表现情况上。在卡内基梅隆大学软件工程学院开发的能力成熟度模型（CMM）排名中，印度的核心软件服务公司一直都领先于美国同行：几乎所有的印度公司都达到了第五级，即最高的专业水平，而大多数美国公司则处于第二级或第三级。中国的制造商在ISO 9000标准中也取得了类似的最高排名。虽然这些经济体可能不具备开发前沿技术或应用的条件，但它们在生产中通过“干中学”取得了卓越成就。

中国台湾地区和印度的公司在生产流程和解决问题方面取得了重大改进，如今，它们已具备独特的竞争优势。上述排名不仅仅是对特定公司生产能力的衡量与认可，还向境外潜在的合作伙伴展示了该公司的卓越实力。新的跨国初创公司越来越善于利用遥远地区的技术和工艺能力、硅谷的技术与市场优势以及美国的法律体系和资本市场。

硅谷与以色列的联系：军事层面的基础

以色列民用技术部门的发展得益于其数十年来对高等教育和研究领域的大规模投资、悠久的应用研究和开发传统以及大型军工企业的大力支持。到1980年，以色列在电子、光学、通信及相关领域积累起了雄厚的知识与技能基础。[①] 然而，以色列

① IMD International 2004；Trajtenberg 2001.

人普遍缺乏将这些技术商业化所需的管理和市场知识。20 世纪 90 年代，以色列经济经历了翻天覆地的变化，它成为世界领先的高科技创业与创新中心之一。

以色列的阿尔戈英雄扬帆起航

大多数关于以色列技术发展的解释都遵循了经典模式，重点关注军工企业在研发方面的投资以及政府为促进技术产业发展而采取的各种政策措施：税收优惠、政府拨款和研发资助、培训补助、初创企业孵化器以及风险投资支持。[①] 但这些政策与其他地区的政策并无太大区别。传统的解释路径都无法解释为什么以色列在 20 世纪 90 年代实现了腾飞，也无法解释为什么其他拥有发达技术教育和研究能力的先进工业化国家，如德国和法国，并未能像以色列一样建成一个新的、充满活力的创业中心。对教育和研发的长期投资是一个重要且必要的先决条件，但仅仅关注国内政治与经济背景并不足以解释以色列的卓越表现。

先前的解释中缺失的关键变量是与美国技术中心之间的联系。在 20 世纪 70—80 年代，与亚洲多国的人士一样，成千上万的以色列人才来到美国接受工科的研究生教育。国内经济不景气、缺乏专业发展机会等情况迫使这些高技能人才在毕业后大

① Trajtenberg 2001；Breznitz 2000；Teubal et al. 2000.

多选择留在美国工作。1978—2000 年，超过 14 000 名专业与技术人才从以色列移民到了美国——对于一个只有 640 万人口的国家来说，这是一个相当大的比例。①

以色列的人才流失现象导致在美国形成了一个与以色列关系异常紧密的以色列工程师和科学家网络。20 世纪 70—80 年代，以色列工程师开始往返于美国的技术中心和特拉维夫或海法之间。强烈的共同身份认同和对以色列生存问题的关注促使许多在美国接受教育的以色列工程师返回家园，并促使美国的犹太人开始思考如何帮助以色列发展经济。如今，大约有 50 万以色列人居住在美国，其中大部分都定居在加利福尼亚州。② 美国著名风险投资家弗雷德·阿德勒（Fred Adler）表示，他之所以热衷于帮助以色列发展经济，是因为 20 世纪 70 年代初他的首次以色列之行，当时他目睹了以色列十分严重的贫困状况，并对此深感震惊。虽然他此前从未涉足以色列或美国的犹太人活动，但阿德勒还是决定投入时间和资源来帮助以色列建设高科技产业。

以色列获得的首批外国技术投资也与这些选择重返家乡的以色列人有关。英特尔和美国国家半导体公司于 20 世纪 70 年代在以色列设立了集成电路设计中心，以挽留那些选择回国的高价值工程师。IBM 和库力索法（Kulicke & Soffa）半导体设备

① Cohen and Haberfeld 2001；Paltiel 2001.

② deFontenay and Carmel 2004；Mahroum 1998.

公司也在当地建立了研发中心。20 世纪 80 年代至 90 年代初，包括摩托罗拉、美国数字设备公司、KLA-Tencor 和微软在内的软件与半导体行业跨国公司在以色列相继建立了研发中心。这些公司之所以选择落地以色列，主要是因为这里有大量高素质的技术人才；以色列的市场较小，而且对于这些研发工作来说，劳动力成本问题并不重要（尽管这些成本相对低的新技术促使许多公司在 20 世纪 80 年代选择从研发领域转向制造领域）。调查结果显示，在 20 世纪 70—80 年代，大多数在以色列建立研发中心的美国公司之所以如此行事，主要是因为公司内部不少优秀的以色列员工选择归国。① 在大多数情况下，这些部门都取得了长足的发展：IBM 和英特尔现在都在海法拥有规模最大的美国海外研究实验室。英特尔在以色列拥有 5 000 名员工，摩托罗拉拥有 4 000 名员工。这些部门负责公司内部的关键技术和产品研发工作。

在以色列，这些公司同样面临着团队间协调方面的挑战，因为成员之间的沟通方式大相径庭——这在其他地区也是一个大问题。英特尔的以色列微处理器部门经理就曾表示："团队内部的文化差异巨大。在希伯来文化中，你可以直说'你错了'，但在美国就不行……同样，我们的文化也不像美国文化那么强调必须遵守规则。如果你对一个以色列人说'做这个'，他会问

① Autler 2000，p. 49.

‘为什么’。”[1] 尽管拥有先进的软件工具与办公流程，但文化方面的这些差异仍然是跨区域合作所面临的主要挑战。

以色列的风险投资和高科技产业都深受美国的影响。[2] 弗雷德·阿德勒投资了一家名为 Elscint 的以色列医疗成像公司，该公司由丹·托尔科夫斯基（Dan Tolkowsky）和乌齐亚·加利尔（Uzia Galil）于 20 世纪 70 年代初创立。Elscint 随后在纳斯达克上市，成为第一家在纳斯达克上市的以色列公司，其取得的这一成绩也在很大程度上得益于阿德勒在美国金融界的声誉。1985 年，阿德勒、托尔科夫斯基和他的儿子吉迪恩（他在沃顿商学院获得了 MBA 学位）创立了以色列第一家美国式风险投资基金 Athena，试图推动以色列高科技行业的发展。

在 20 世纪 60—70 年代，以色列主要与美国东海岸地区保持着联系，这主要是因为波士顿 128 号公路地区是美国当时的主要技术中心。然而，到了 20 世纪 80 年代，这一情况发生了变化，硅谷扮演的角色越来越重要。[3] Athena 的公司章程要求将其一半资本投资于以色列，另一半投资于美国；这包括在美国的以色列企业以及从美国归国的以色列人。弗雷德·阿德勒指出：“转折点出现在 20 世纪 70—80 年代，当时，忠诚的以色列工程师开始往返于美国和以色列之间，他们先是从东部地区出发，

① Tania Hershman，“Tech’s New Promised Land，” Wired，January 17，2000.

② Rock 2001；Autler 2000.

③ Autler 2000.

后来则是从硅谷出发……这些互动非常宝贵，因为他们给以色列带来了企业家精神和管理技能。Scitex 等公司的例子为其他以色列人树立了榜样，并产生了示范效应。”①

20 世纪 70 年代，以色列最早一批归国企业家阿里耶·芬戈尔德（Aryeh Finegold）就曾在硅谷的英特尔工作，之后，他与弗雷德·阿德勒共同创办了计算机辅助工程公司戴斯系统（Daisy Systems）。阿德勒成为该公司的主要投资者，同时担任董事会主席。20 世纪 80 年代，在戴斯系统公司倒闭后，芬戈尔德回到了以色列。在 Athena 公司的资助下，他创办了美科利公司（Mercury Interactive），这是一家互联网软件测试与监控公司。芬戈尔德并不是一个人在战斗，他招募了自己原先在戴斯系统公司的同事阿姆农·兰丹（Amnon Landan）回到以色列，加入创始团队。目前，兰丹是该公司的首席执行官，并于 2003 年被《福布斯》杂志评为“年度企业家”。

美科利公司是一家典型的跨区域企业。其起源、领导层和几乎所有员工都是以色列人，但公司总部设在硅谷，在特拉华州注册成立，并于 1993 年完成公开募股，在纳斯达克上市。截至 2002 年，其市值超过 40 亿美元。爱德华·洛克（Edward B. Rock）称其为“一家美国公司”，尽管其创始人和高层领导都是以色列人，但“从外观、声音和感觉上看，它都像是一家纯

① Interview with Fred Adler，February 9，1999.

正的美国公司”。[①]

为创业提供支持

绕过特拉维夫证券交易所直接到美国资本市场进行融资的做法已成为以色列初创公司遵循的标准模式。[②] 这种做法起源于弗雷德·阿德勒和 Athena 公司，又因美国风险投资家和投资银行家的广泛参与而得以延续，当然，部分原因还在于以色列独特的经济结构，即少数主要家族控制着特拉维夫证券交易所一半以上的资本。这与中国台湾地区的情况形成鲜明对比，中国台湾地区的创业投资模式也是由海外华人从硅谷引进的，但绝大多数本土公司都选择在台湾证券交易所上市。

20 世纪 90 年代，与美国之间的紧密联系以及本土风险投资行业的逐步发展为以色列的技术创业浪潮提供了必要的支持。1991 年，以色列只有一家风险投资公司；到 2000 年，活跃的风险投资公司已超过百家，每年向初创公司投资超过 10 亿美元。2003 年，以色列的风险投资比例恢复到了衰退前的水平。这一时期，以色列成为仅次于硅谷和波士顿 128 号公路地区的全球第三大风险投资目标地。

20 世纪 90 年代，美科利公司等成功公司在以色列大量涌现，专业服务供应商搭建起来的基础设施也得到扩展，不仅风

① Rock 2001.

② Ibid.

险投资机构数量激增，律师、会计师、投资银行家和顾问的数量也大幅增加。政府机构也通过 Yozma 等公共风险投资基金为企业家提供支持。柏林墙倒塌后，来自苏联的约 10 万名科学家和工程师移民到了以色列，大大提高了以色列的技术水平。这种大规模移民现象导致以色列工程师的工资水平一度比美国高出约 30%，但到了 20 世纪 90 年代末，以色列与硅谷一样面临着劳动力短缺的问题。[①] 这些新移民通常缺乏市场导向，甚至没有现代技术方面的相关经验，因此很少有人成为企业家。

以色列公司与美国之间的联系也日益紧密。20 世纪 90 年代，硅谷的光速创投（Lightspeed Venture Partners）、红杉资本（Sequoia Capital）和标杆资本（Benchmark Capital）等公司开始投资以色列初创公司。2000—2003 年，仅英特尔资本就对以色列公司进行了 35 笔投资，而自 2000 年以来，以色列公司筹集的风险投资中有一半以上来自外国投资者。[②] 总部位于旧金山的风险投资公司布隆伯格资本（Blumberg Capital）为希望在硅谷开设办事处的以色列公司提供了不少帮助。此外，该公司还会为这两个地区的初创 IT 公司提供资金。以色列驻旧金山湾区经济领事馆通过为企业家和公司牵线搭桥，极大地促进了美国和以色列之间的交流。

辛迪艾公司（CDI Systems）首席执行官、以色列国防军退

① Khavul 2003.

② IVC Research Center 2004.

役中校伊扎克·莱维特（Itzhak Levit）描述了这种相互促进的结果："为什么在20世纪90年代，以色列会有这么多企业家？我大学毕业班中有四分之一的人去了美国，然后留在硅谷从事高科技工作。之后，他们开始回国创业……他们知道如何聘请美国的市场营销人员和商业开发人员。"①

关键转折点

当本地初创企业通过盈利获得的资本被重新投资于新一代初创企业时，以色列的创业体系就会发生关键性的转折。从此之后，以色列的创业体系获得了自我维持的潜力：本土化的知识开始逐渐积累，经验教训在企业之间和代际得以流动，重复创业变得司空见惯且为人所接受。2004年，当地观察家估计，有多达30%的以色列科技初创企业是由经验丰富的企业家领导的。②

人们可能会认为，1998年，曾开发过ICQ聊天软件的Mirabilis公司被美国在线公司（America Online）以4.07亿美元收购一事标志着以色列创业体系发展的一大转折点。在这之后，掌握该公司21%股份的联合创始人亚伊尔·戈德芬格（Yair Goldfinger）继续投资了一系列本地科技初创企业。虽然团队缺乏丰富的美国经验，但他们还是搬到了圣何塞，以进一步开发

① Interview with Itzhak Levit，May 12，2003.

② Stub 2003，p. 16.

公司的产品；这一点也许影响了他们赠送 ICQ 聊天软件的决定，此举成功开创了一种新的病毒式营销（利用网络外部的口碑进行营销）模式。戈德芬格活跃于多家初创企业，他每周都会与公司创始人进行交谈，或是线下拜访公司，并为其提供业务和技术上的指导。他还担任自己协助创立的一家初创企业的首席技术官。Mirabilis 公司的成功案例为年轻一代的以色列软件工程师与程序员树立了重要的榜样，激励他们成为企业家。戈德芬格表示："Mirabilis 公司帮助改变了高科技行业，为整个系统注入了新的活力。这非常鼓舞人心。许多孩子看到我们的成就，于是下定决心要打造下一个 Mirabilis。"① 对以色列高科技领域的一项研究证实了 20 世纪 90 年代本土企业家精神的兴起：

> 以色列早期的高科技企业家几乎都曾在美国工作过……对于这些潜在的企业家来说，亲身体验美国的高科技环境对于了解可能成功的模式、建立人脉关系以及熟悉市场知识都极为重要……直到 20 世纪 90 年代，那些没有海外或跨国公司工作经验的人才开始大量创办公司。②

以色列科技体系内部活力不断增强的另一个表现在于，20

① Blackburn 2003，p. 12.

② Autler 2000，p. 43.

世纪 90 年代，以色列人移民美国的数量急剧下降。[①]（同一时期，中国台湾技术型毕业生移民美国的数量也出现了类似的急剧下降。这表明，这些经济体内部的就业机会已经非常具有吸引力，以至十年前会去美国留学的年轻人现在越来越倾向于留在本土。）但这并不意味着以色列与美国之间的联系已经消失。以色列公司仍然非常依赖硅谷。早期与美国之间紧密的联系让以色列企业家将目光投向了这个世界上最先进的技术市场，而非地理位置上更近的欧洲市场。互联网软件公司 BackWeb Technologies 的首席执行官埃里·巴卡特（Eli Barkat）解释说，在美国保持存在对于快速进入美国市场至关重要。巴卡特在以色列创立了公司，但他随后意识到自己需要足够接近客户，于是便在纽约设立了办事处。然而，纽约还是不够近，“我发现我每周都要飞一次硅谷……然后我开始在那里待两天睡一晚。后来我发现，我一周当中的大部分时间都在这里，然后才会飞回纽约睡觉”[②]。最后，他把公司在美国的办事处搬到了圣何塞。该公司现在分设在硅谷和以色列两地，销售和市场营销员工在硅谷办公，工程师则在以色列从事产品开发工作。

美国签证方面的数据为这一现象提供了证明。数据显示，虽然以色列的永久移民数量有所下降，但在 20 世纪 90 年代，高技能人才的短期流动仍然十分频繁，甚至还有所增加。另一家

---

① Paltiel 2001，Figure 6.

② Angwin 1997.

以色列公司 VDONet 的董事长解释说："从理论上讲，互联网是全球性的，你可以在任何地方销售任何东西。但是，要想与核心客户建立起密切的关系，还是得采用老办法，在早餐、午餐或晚餐时与他们聊天。互联网并没有改变这一点。"商务层公司（Business Layers）的市场营销副总裁大卫·拉文达（David Lavenda）则简单地指出："我一半时间在美国，一半时间在以色列，剩下的时间则在往返于两地的飞机上。"①

工程师和企业家穿梭于硅谷和以色列之间，传递着大量的信息和知识，但这一过程并没有得到充分的制度化。与大型等级制公司内部的信息交换机制不同，这些信息是通过风险投资家、服务供应商、顾问和制造商共同创建的去中心化非正式网络传播的。

拥有军事背景的自组织

与中国人和印度人组建的硅谷科技社区不同，当地的以色列社区是在几乎没有正式组织的情况下蓬勃发展的。20 世纪 90 年代，硅谷的以色列投资者和高管建立起了一个非正式社交网络，与此同时，以色列驻旧金山领事馆也在努力与当地人士建立联系。1998 年，以色列理工学院在当地成立了校友会，名为卡梅尔·达利亚组织（Carmel Dalia Organization）；2002 年，

① Paltiel 2001，p. 14；Angwin 1997；Zoellner 2000，p. B6.

SIVAN 集团成立，为以色列高管搭建了一个“与同行交流、相互学习、协助以色列和硅谷深化合作的高科技社区”平台。SIVAN 既是一个希伯来语单词，也是“硅谷以色列人美国人网络”（Silicon Israeli Valley American Networking）的首字母缩写。

长期以来，这个群体的核心凝聚力基于在以色列国防军中服过役而形成的共同身份以及牢固的社会纽带，特别是在空军、计算机中心或情报部门等提供计算机和通信等先进技术培训的精英军事部门的服役经历。据以色列技术人员称，在这些精英军事部门服役四到五年的成员就会自动形成一个紧密团结的群体，因此不需要其他更正式的机构来将人组织起来。除了社交活动之外，以色列的家庭成员之间也会共享信息，在招聘和融资方面互相帮助，并共同创办公司。一位观察家将其比作兄弟会。

以色列企业家中有相当一部分来自这些精英军事部门，在同一单位服役的工程师经常共同创办公司。以色列伞兵部队前少校，同时也是 BRM 科技联合创始人的尼尔·巴卡特（Nir Barkat）曾指出：“先前，我们的榜样是那些勇武的士兵……现在则是企业家。”① 退役中校伊扎克·莱维特如是说：“军队中10%的精英成了 IT 行业的经理与企业家；三分之二的以色列企业家拥有军事背景，这一经历为他们提供了战略思考、在不确

① Autler 2000；Gillmor 1998.

定条件下展开工作以及利用有限资源进行运作的必要知识与经验。在此期间，他们学会了如何承担风险、如何快速解决问题。”①

军队中形成的牢固社会纽带也为解决问题和交流信息提供了必要的网络。一位曾在精英军事部门服役的专业人士表示：“我不怕接受任何咨询工作，因为我知道，在任何软件相关的问题上，我最多只需拨通四个电话，就能联系到世界顶级的专家。”②

军队在其他许多方面也为以色列的技术发展做出了贡献，包括提供先进的技术培训、培养团队合作和领导能力、充当成熟的市场、向民用部门传播技术和专业知识等等。激光测量设备和光学领域的全球领导者 Ophir Optronics 公司的联合创始人雅科夫·泽雷姆（Yaacov Zerem）表示：

> 正是军方的高要求促使我们开发出了完整的产品线，并转而在民用领域销售。军方推动我们开发出了最先进的设备，迫使我们提高研发和生产标准。我们能够与以色列国防军合作——他们会及时告知我们即将开展的项目，以便我们开发未来所需的光学设备……我相信，这就是国防机构成为推动高科技发展的重要动力源的核心原因。③

---

① Interview with Itzhak Levit，May 12，2003.

② Breznitz 2000.

③ Stub 2003，p. 16.

寻找利基市场

目前，以色列拥有约 4 500 家科技公司和 300 多家风险投资基金与投资公司。该国的科技领域存在明显的专业化、细分市场模式。许多公司专注于互联网软件开发工作，特别是与安全和通信相关的软件——鉴于以色列科技公司对军事需求的重点关注，这并不奇怪。其中就包括了捷邦（主攻互联网和网络安全软件领域）和 Mirabilis（开发了 ICQ 即时通信软件）等知名公司，以及商务层公司（专注于企业软件）和虚拟统治（Virtual Domination，开发虚拟工作室）等不太知名的公司。

以色列科技公司的专业化、细分市场模式表明，以色列和硅谷之间并非纯粹的竞争关系（当然，个别公司之间可能存在激烈竞争），而是互补关系。两者结合在一起，比任何一方都更具创新性。同样，我们也不能仅仅从跨国公司的内部结构来解释区域间的联系，因为在以色列和硅谷之间还存在许多其他层面的商业与社会联系，而这些联系决定了双方未来发展的可能方向。[①]

国家政策和跨区域创业

正如我们所看到的那样，移民技术社区加速了现有信息、

① Autler 2002，p. 11.

商业模式与技术知识的跨区域流通。虽然归国企业家和投资者可以将与技术创业相关的技术和组织知识以及他们的关系网络带回国内，但他们对母国经济的影响既取决于国内的相关机构与资源，也取决于他们自己的专业知识和人脉。尽管这些新兴的技术中心与硅谷都有着个人层面的联系，并拥有去中心化工业体系所需要的诸多要素，但它们也都在发展自身独特的专长与能力。不同区域发展轨迹的不同可归因于经济体自身的规模、人口、历史、地缘政治环境以及政治和经济体制的差异。

以色列和中国台湾地区都是相对较小的开放经济体，且与美国有着密切的政治和经济联系。这两个地区都受益于第二次世界大战后与美国的紧密联系以及由此带来的技术转让，而且，对于这两个地区的高级官员和工程师来说，美国一直都是接受高等教育的首选目的地。两地的当局都大力投资高等教育与研发工作，这是他们取得成功的重要前提。然而，将研究成果转化为商业上可行的创新成果，需要足够的市场知识和人脉，以及技术和技能。在这两个地区，靠着自下而上的创业实验，以及移民工程师、企业家、投资者和管理人员网络与硅谷的远程联系，上述目标才得以实现。

在中国台湾地区和以色列，由于经济规模较小，海外技术社区能够与当地政策制定者以及教育工作者、研究人员、企业家、管理人员和投资者展开密切合作，重塑当地机构。与硅谷一样，这些群体之间的密切沟通有助于制定那些支持技术实验与创业主导型增长的政策。因此，这两个地区的科技产业都是在公共政策与私人活动的复杂相互作用之下发展起来的；两者都并非由当局主导的计划型产物。[①] 为了调动海外技术社区的资源为本地经济发展服务，政府和海归人士需要建立及时沟通的平台，以便识别并克服创业主导型经济所面临的诸多障碍。尽管以色列和中国台湾地区都拥有大量高技能劳动力以及运作良好的物质与通信基础设施，但它们也必须建设相关的机构来支持风险资本融资，并提供可行的流动性方案、培养新一代人才、促进大学研究人员与私营企业家的合作，以及确保对外国投资和贸易的足够开放。

这些经济体都严重依赖出口市场，跨区域社区在帮助初创公司识别快速变化的技术和市场趋势、建立与核心客户的联系方面发挥了核心作用。在20世纪90年代，中国台湾地区和以色列的技术企业家重新定义并开拓了新的细分市场，而非在美国生产商已经占据主导地位的市场上展开正面竞争。他们在硅谷的工作经验让他们有能力发现并进入新的细分市场、识别这些新兴市场需要遵循的标准，以及确定哪些细分市场适合初创企业。

中国台湾地区和以色列还为其产品开发了规模庞大的本土市场，在与当地客户的不断互动之下，科技公司的创新能力也得到了提高。例如，中国台湾的个人电脑和系统公司是当地半

① Khavul 2003，p. 24.

导体行业及其众多零部件制造商的重要客户。以色列军方也是一个对技术要求很高的客户，同时是高科技研发的主要推手。这两个案例都表明，在去中心化和创业型工业体系中能够实现本土化的技术升级，以及与全球市场和技术趋势接轨能给一个新兴经济体带来巨大优势。

以色列和中国台湾地区的创新能力进步是有据可查的。特拉杰伯格（Trajtenberg）的研究表明，1970—1998年，两地人均美国专利申请量增速远超处于类似发展水平的其他经济体，例如爱尔兰、西班牙、新西兰以及新加坡、中国香港地区和韩国。① 到1998年，两地的人均专利申请量甚至超过了法国、意大利和英国等更富裕的经济体。这些专利集中在电子、计算机和通信等前沿技术领域。20世纪80—90年代，当地企业和机构获得的专利比例迅速增长。在此期间，中国台湾地区和以色列分别只有5%和17%的专利发给了外资企业和机构，而新加坡（56%）和爱尔兰（44%）等经济体的这一比例则更高。

在20世纪70—80年代，中国台湾地区在科技产业方面采取的发展战略与东亚其他经济体截然不同。当局政策支持创业投资，对科技领域的投资绝大部分来自私营部门（约83%），只有5%来自当局、12%来自境外投资者（其中许多出生在台湾）。相比之下，在韩国和日本，政府与少数大型多元化企业集团联

① Trajtenberg 2000.

手主导了经济发展。资本市场结构有利于大型国有企业，例如韩国的财阀和日本的经连会，从而挤压了创业型或小型的竞争对手。这些国家最有才华的年轻人都渴望在政府机构或核心企业当中谋取高级职位，而不是进行创业。新加坡的情况与之类似，政府严格控制经济，国有企业及其关联企业创造了 60%的 GDP；然而，新加坡对外国投资者持开放态度，新加坡制造业投资的 80%以上来自跨国公司。①

这些案例表明，经济体和大型企业需要适应——而不是定义或控制——一个由企业家、工程师、金融家和其他服务供应商组成的去中心化网络，只有如此，才能迅速调动资源以应对不可预测的市场和技术发展。以色列的特拉维夫-耶路撒冷地区和中国台湾地区的新竹-台北走廊在技术创业方面明显实现了本土化，这也凸显了高度专业化的技能和能力相结合的重要性，这是创新能力和竞争优势的持久源泉。

2002 年，爱尔兰、中国台湾地区和以色列分别位列经济体财富三角指数的第一、第二和第三名，这表明区域规模对于信息交流的重要性。该指数由一家非营利性发展组织制定，综合了经济体社会环境、信息交流和经济环境的 63 项指标。这三个经济体在信息交流方面名列前茅，在信息识别能力（识字率、

---

① 新加坡吸引的外国直接投资人均值远远高于亚洲其他主要经济体。本段数据均取自 Ben Dolven, “Taiwan's Trump,” *Far Eastern Economic Review*, August 6, 1998, pp. 12 - 15。

高等教育普及率等)、信息基础设施和信息传播的发展等领域取得了非常优秀的成绩，从而在70个经济体中脱颖而出。在囊括了经济表现、经济国际化和商业环境在内的标准衡量指标中，爱尔兰、中国台湾地区和以色列的经济环境分别位列第一、第二和第八名。

印度和中国都是规模非常大的发展中经济体，在过去二十年里，它们向全球经济开放了市场，但发展轨迹仍然并不清晰。这两个经济体的政治和经济环境复杂、层次较多且存在地区间差异。它们都凭借着低成本、高技术熟练度的劳动力吸引了外国投资。与硅谷海外社区有关的人才流动是推动它们的科技创业发展的重要因素。这两个经济体的政策制定者都与硅谷的大型技术社区建立了联系，政府也在激烈争夺技术中心地位。尽管成本迅速上升，但中国和印度的技术投资和创业活动仍然集中在少数几个城市中心地带。

如今，印度领先的科技公司专注于向美国和欧洲公司出口软件服务，并集中在印度南部几个大型城市中心，如班加罗尔和海得拉巴。中国领先的IT公司则专注于为本土市场制造产品，并集中在东部的主要大都市地区，尤其是北京、上海和广州三地。中国大陆与台湾地区企业之间的关系日益紧密，二者都从中受益。这些地区目前正在进行各种跨区域投资，有望提高自身作为成熟市场的竞争力或开拓新的大市场。然而，目前这一过程仍处于早期阶段：中国和印度都没有经历完整的创业成功与再投资周期。

一部分差异可以追溯到制度因素上。在中国，各级政府都投入了大量资金用于发展城市基础设施和扩大国内市场。政府将 IT 产业作为国家优先发展的一大产业，这也促进了针对研发与技术教育的投资，鼓励公共机构和私营部门主动采用信息技术，同时政府也出面建设了一大批科技园区。

相比之下，印度将扩大出口收入作为其首要任务，以期改善自身的国际收支状况。当时，对官僚干预的不信任（主要源于战后“许可证制度”的失败）导致人们逐渐接受自由化方案，并对工业发展采取基本放任的态度。尽管如此，监管障碍仍然十分严重，改善国内实体和电信基础设施的进展相对缓慢。

印度和中国在全球经济中扮演着越来越重要的角色，特别是在科技产业当中。然而，关于它们的发展轨迹，仍然有许多问题尚未得到解答。在这两个经济体中，科技在整个经济活动中所占的比例还较小，而且仍然高度集中在某些地区。不过，从长远来看，这一进程可能会产生超乎寻常的巨大影响。正如以色列和中国台湾地区的经验所表明的那样，对于中国和印度而言，这在很大程度上取决于本土政治和商业领袖是否愿意与归国的工程师和企业家展开合作，共同推动经济发展——包括制定新的战略、消除创业可能面临的体制和政治障碍，并确保投资能够用于提升国内技术基础设施与相关技能。

第四章

作为硅谷兄弟的中国台湾地区

庄人川是中国台湾地区最早的跨区域企业家之一。他出生于中国大陆，在台湾地区长大，1975 年获得了南加利福尼亚大学电子工程学博士学位。1983 年之前，他一直都在北美的科技公司工作，之后从英特尔离任，成为台湾地区最早的半导体公司之一——Quasel 公司的首席工程师。在 Quasel 公司任职期间，他推动建立了硅谷研发中心，以服务于公司在台湾地区的制造业务。20 世纪 80 年代初，由于台湾地区的经济仍然非常落后，很少有海外华人工程师愿意返回台湾。用庄人川的话说就是，这意味着“当我在 Quasel 公司的美国分部工作时，我需要频繁往返于硅谷和台湾地区之间。我在飞机上消耗了大量的时间”。

Quasel 公司于 1986 年倒闭，不过，宏碁公司首席执行官施振荣——宏碁公司曾是 Quasel 公司的投资方，因此施振荣认识庄人川——随即聘请庄人川负责管理位于台北的宏碁研发实验室，庄人川在台北工作了五年，而后返回硅谷。1991 年，庄人川接管了宏碁公司在圣何塞建立的子公司，即后来的宏碁美国公司。作为总裁兼首席执行官，他将该公司打造成了一家先进的个人电脑制造中心，并定期返回台湾参加董事会会议。与此同时，庄人川还积极参与中国工程师协会当地分会的工作，并参与组建了玉山科技协会。

1997 年，庄人川成为新成立的宏碁科技创业投资公司（简称“宏碁创投”）的董事长兼总裁。宏碁创投在太平洋两岸大力投资初创科技公司，并“寻求与企业家建立合作伙伴关系，将宏碁集团广泛的人脉和资本资源与企业管理、市场营销和技术经验相结合，为年轻的初创科技公司提供必要的帮助”。宏碁创投在圣何塞、台北、上海和北京设有办事处，其大部分投资都投到了硅谷或台湾地区（需要指出的是，给予中国初创科技公司的投资数额正在飞速增加）。其投资的大多数公司都有华人担任创始人或高级管理人员。

在硅谷，庄人川的职业发展轨迹并不罕见。他在初创公司和成熟技术公司当中都有从业经验，担任过工程师、经理、高管和风险投资家，涉足半导体、个人电脑、外围设备和服务器等多个行业。随着职位的变动，他逐步扩大了自己的职业网络并提高了声誉，还向其他公司和业务部门传授了自己所掌握的技能和专业知识。

然而，庄人川的职业生涯也是与众不同的，因为他连接起了两个相距遥远的区域经济体。他拥有相应的语言技能以及体制和文化知识，能够在中国台湾地区和美国的商业环境中游刃有余，同时与硅谷和台湾地区的工程师和企业家保持联系（此外，他与中国大陆的联系也日益紧密）。然而，他的职业生涯与那些传统的跨国经理人也有着很大的不同。庄人川在台湾地区最大的 IT 公司工作了十多年，但他的活动范围远远超出了宏碁集团的企业边界。宏碁集团开放的“蜂窝式”结构鼓励他融入中国台湾地区和美国的科技专业网络；他有能力做到这一点，从而为宏碁集团做出了更大的贡献，包括与供应商和客户建立伙伴关系、与其他投资者展开合作、在初创公司或上市公司的董事会任职、为中国台湾地区的政策制定者提供建议，以及指导硅谷华人社区中的企业家。简而言之，庄人川的职业生涯表明，即使是大型公司的经理，也可以从硅谷和新竹的本地工业基础设施与社区网络中获益。

中国台湾地区的网络

庄人川本人也是技术社区的一名成员，而正是这个社区将中国台湾地区从一个专门生产玩具、雨伞和鞋类的贫穷岛屿转变为全球电子系统的设计、制造与物流中心。20 世纪 70 年代末，美国和日本的消费电子品和半导体公司纷纷将目光投向中国台湾地区，以寻求低成本劳动力。由此带来的外资投资使得中国台湾地区本土生产商的数量在 20 世纪 70—80 年代大幅增加，其中许多生产商都开始出口个人电脑零部件。基础设施的发展、多元化和日益改善，以及集成电路制造能力的提升，使得中国台湾制造商在20世纪90年代在全球IT制造业中获得了越来越多的份额，进而占领了原本属于新加坡、马来西亚和韩国等其他亚洲竞争对手的市场。到20世纪90年代末，中国台湾地区以超过200亿美元的产值成为世界第三大IT硬件生产中心，仅次于美国和日本。在短短十多年内，IT出口额就占了中国台湾总出口额的近一半，也让该地区的人均收入翻了一番——从1988年的6 333美元增至1999年的13 235美元。①

要想直观地了解中国台湾地区技术能力的增长情况，只需看看其在美国专利获得者国际排名当中的变化：1980年，中国台湾地区排名第21；1990年就已升至第11位；1995年时排名第7。如图4-1所示，自20世纪80年代中期以来，中国台湾地区的人均专利数量就已经大大超过了亚洲其他新兴工业经济体，其中就包括韩国、新加坡和中国香港地区。目前，中国台湾地区与以色列一道，领先于除美国和日本以外的其他所有七国集团成员国。② 其他能够体现中国台湾地区技术能力大幅提升的指标，例如在主要工程期刊上发表论文的数量，也说明了类似的情况。根据台湾交通大学网站的数据，在20世纪90年代末，台

① Taipei 2000.

② Trajtenberg 2000。中国台湾地区经济事务主管部门报告称，2003年，中国台湾地区在美国注册的发明专利总数位居全球第4，每百万人中专利注册数量位居全球第3，专利密度位居全球第4。这些专利主要集中在半导体生产工艺设备和液晶显示技术领域。

湾交通大学向顶级电气电子工程师学会（IEEE）期刊供稿的数量超过了斯坦福大学、麻省理工学院和 IBM 等美国顶尖技术机构。此外，台湾大学的排名也很高。

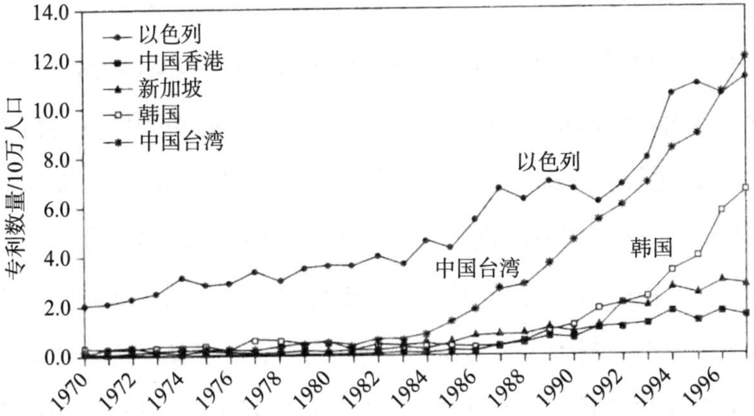

图 4-1　中国台湾地区、以色列和新兴工业化经济体的人均专利数量

（每 10 万人口所拥有的专利数）

资料来源：Trajtenberg 2000.

一个人口只有 2 400 万的小岛是如何在技术竞争中超越其他亚洲经济体以及那些更发达的经济体的？在中国台湾地区工业加速升级的过程中，扮演核心角色但鲜为人知的是那些在美国接受教育的华人工程师和企业家。例如庄人川，他就搭建起了一座连接硅谷和台湾地区的社会与经济的桥梁。这些曾经的同学和同事有着相同的教育背景、职业和文化认同，相比于台湾当局和大公司等更广为人知的成功因素，这些人才是真正至关重要的。

经典模式的问题

关于台湾地区在第二次世界大战后经济奇迹的主流观点主要关注当局在引导化工、纺织和电子机械等传统产业发展方面所发挥的作用。[①] 那些研究台湾地区个人电脑和集成电路产业的学者认为，台湾地区在科技领域的成功应当归功于发展型机构的制度优势，例如由当局资助的研发机构工业技术研究院（ITRI）及其附属机构电子研究和服务组织（ERSO）。[②] 阿姆斯登（Amsden）及其合著者认为，正是这些机构的存在使得先进技术能够及时转移到本土企业，从而支持大规模生产，同时为工业多元化发展、进入新的生产领域提供资金。[③] 从这个角度来看，台湾当局支持大型成熟企业的产业升级，因为这些企业能够快速提升成熟产品线、实现规模经济，进而不断降低成本。

这种利用解释其他地区后发工业化进程的理论来解读中国台湾经验的做法，忽略了该地区独特的生产组织形式，而这种生产组织形式在市场波动和技术发展不确定的环境中为该地区提供了竞争优势。与日韩两国那些与政府密切合作主导 IT 产业的巨型多元化企业不同，中国台湾地区的 IT 产业由大约 1 万家高度专业化的生产商组成，其中主要是聚集在台北和新竹科学

① Wade 1990.

② Mathews 1997.

③ Amsden and Chu 2003.

园区之间的新竹地区（方圆 50 英里）的中小型企业。台湾当局积极支持这一科技产业，不过，其方式通常是鼓励新竞争者的进入，而不是支持龙头企业。

近段时间以来，学者们认识到了台湾地区融入全球供应链（由发展中经济体的独立生产商网络组成，为发达经济体的品牌零售商生产零部件）的重要性。[①] IT 行业生产的去中心化促进了制造业向低成本地区的转移。例如，台湾地区就通过为个人电脑零售商制造原始设备，从而进入全球技术市场。所谓的原始设备制造，是指客户提供详细的技术蓝图和组件，承包商负责生产产品，最后以客户的品牌进行销售——俗称贴牌代工生产。

然而，这种观点将原始设备制造关系描述成内部等级森严且由“全球旗舰生产商”主导，这一论述忽视了台湾地区供应链各个层面持续进行的工程改进和工艺创新。虽然在 20 世纪 80 年代，原始设备制造活动无疑是台湾生产商获得技术和专有知识的一大来源，但在随后的几十年里，原始设备制造活动也促进了台湾本地能力的提升，使其不再单纯处于代工生产的地位。

如今的新竹与硅谷有着惊人的相似之处：生产商集中在狭小的地理区域内，新创企业和倒闭企业的比例都很高。新竹的数千家专业零部件生产商共同构成了一个高度发达且反应迅速的个人电脑、手机、数码相机及相关电子设备与系统的设计和

① Ernst 2000；Dedrick and Kraemer 1998.

制造供应链。

这个工业系统的竞争力在于本地生产商能够持续快速地提高产品质量和性能，同时降低成本。这意味着，不能从单一企业的层面来理解当地经济的活力。即使企业不断发展壮大，它们也仍然依赖于本地和全球其他地区的专业生产商，并从供应链各个层面广泛存在的渐进式改进中获益。本地的工业领导者早已认识到，在快节奏且充满不确定性的行业中，完善的零部件供应基础设施是其拥有的关键优势。正如神达集团（Mitac Group）总裁何继武在1993年所说：

> 对于大规模生产来说，时间是至关重要的。在成本方面，中国台湾地区的公司确实要比美国公司具有一些优势，但真正关键的地方在于，我们能够快速展开行动。全套的零部件生产体系是实现快速提升的关键。无论零部件多么微小，倘若缺少了某一个零部件，就无法制造机器……（在中国台湾地区）有很多公司从事不同的业务，也有很多公司从事同样的业务。这形成了良性且激烈的竞争循环，提升了生产速度，也推动了创新进程。①

从历史上看，台湾地区的生产商一直依赖外部供应商提供

---

① Quotation from Callon 1995.

高端微处理器、硬盘驱动器和一些存储芯片，而且大多数供应商缺乏分销和营销能力，无法成功开发自己的品牌产品。然而，这并没有削弱它们继续推出新的差异化组件和终端产品的能力。台湾地区的企业不断提升自己的技术和运营能力；如今，它们已经有能力设计并生产尖端电子系统了，从戴尔笔记本电脑和索尼游戏机到苹果 iPod、摩托罗拉手机和 Palm 掌上电脑，所有这些产品当中都有台湾企业的贡献。

基于本地网络的灵活性

台湾地区的工业体系使得本地生产商能够通过低成本的工程和制造活动整合新技术，并转向新产品的开发。到 20 世纪 90 年代末，台湾公司已经能够为汽车设备、电信、工业计算机和消费电子品等多元化市场供应产品。

在 20 世纪 80 年代后期，台湾地区逐渐丧失了相对于亚洲其他地区的劳动力成本优势，但其科技产业的发展却进一步加速了。20 世纪 90 年代，从原始设备制造模式到原始设计制造模式的转变——在新模式中，制造方面的合作伙伴负责设计以及工程、生产（包括组件采购）、库存管理和物流等工作——凸显了本地能力的日益成熟以及本地生产商的日益自主化。现在，新竹地区不仅拥有世界一流的集成电路代工厂和超高效的个人电脑制造商，还拥有世界上最先进的供应商，负责生产那些电子设备所需的部件，如电脑显示屏、主板、连接器、键盘、扫描仪、调制解调器、电源和显示器。

目前，台湾地区有超过20家主板生产公司，涵盖了从生产小众市场所需主板的小型公司到富士康（注册商标为鸿海精密工业）这样的顶级制造商。2004年，这些公司生产了全球79%的主板。[①]同年，中国台湾地区的广达电脑、仁宝电子科技以及另外十几家公司生产了全球70%的笔记本电脑（数量在3 500万～4 000万台），主要供应美国和日本的主要供应商。其中许多公司还生产掌上电脑（占全球出货量的55%）、袖珍电脑、手机和智能手机。台湾公司如友达光电、奇美电子和冠捷科技生产的液晶显示器占全球总产量的65%以上；其他公司，包括建碁、行为科技公司、明基和光宝科技，则控制了全球45%的光盘驱动器业务；而仅仅以生产扫描仪起家的全友公司一家就生产了全球40%的数码相机。

上述这些公司以及其他成百上千家相对不知名的公司，是台积电、宏碁和广达电脑等知名公司的杰出合作伙伴。这些公司通过与客户和供应商合作开发新产品或改进现有产品，极大地提升了自己的能力。即使老牌生产商不断壮大并实现多元化，其他公司也会在新的细分市场中不断涌现，并推动创新，从而促进分工的日益深化和产业体系的多元化。

---

① 像大众电脑公司这样的公司通常没有被包括在内，因为它们的主营业务是带有完整系统的主板。如果将销售带有主板的系统（从裸机到成品）的生产商包括在内，那么台湾地区的市场份额将远远超过80%。

学者们通常只关注中国台湾地区的成本优势、当局角色、大型公司以及全球生产网络，却忽视了这种去中心化的生产组织方式是如何帮助中国台湾地区生产商超越东南亚和东亚其他竞争对手的。本地生产商从硅谷和世界其他地区以及本地的研究机构和大学中汲取了相当多的技术资源和人才。这种与本地和遥远地区在专业知识上的联系对于提升整个区域系统的技术能力至关重要。

扶植龙头企业与产业去中心化

20 世纪 90 年代初，列维（Levy）等学者将中国台湾地区那些小规模、从事个人电脑相关业务的企业所遵循的“响应式”战略及其创新倾向与韩国财阀的高产量组装战略进行了比较。① 他们得出的结论是，中国台湾地区去中心化的基础设施推动了源源不断的创新。相比之下，韩国公司未能跟上产品生命周期日益缩短的趋势，越来越被迫从中国台湾地区购买主板等关键部件。② 2004 年，中国台湾地区厂商成为世界领先的平板显示器生产商——尽管这种技术先进且资本密集型的制造工艺一度被视为韩国和日本那些资金雄厚的工业巨头的专属领域。③

台湾冠捷科技的首席执行官宣建生认为，该公司之所以能

① Levy and Kuo 1991.

② Chung 2000.

③ Phred Dvorak and Evan Ramstad, “Flat-Panel Consolidation,” *Wall Street Journal*, February 8, 2005.

够超越三星电子成为全球领先的液晶显示器供应商，是因为其专注于显示器生产领域，与面板供应商关系密切，且拥有多元化的客户群，从而能够降低风险，及时了解市场动向和产品改进趋势，同时公司强大的研发团队能够确保其高质量完成任务。毫无疑问，该公司还因较早就布局中国大陆市场而受益匪浅。1990年时，该公司就在中国大陆设立了销售办事处，1992年在中国大陆设立了制造工厂。① 目前，该公司正大力投资等离子电视显示器技术。

尽管日本的IT生产商拥有领先的技术和人才队伍，但其在电子系统甚至消费电子品领域的市场份额仍在不断减少，难以对抗中国台湾地区和美国的竞争。② 尽管日本率先完善了电子元件的高效大规模生产技术，实现了高质量、低成本生产，但附属元件供应商仍主要依赖于传统的经连会体系。这种体系不仅限制了它们的自主性，还削弱了它们提高效率与响应的能力及降低成本的动力。

东南亚的生产商也是中国台湾地区潜在的竞争对手。在20世纪60—70年代，新加坡和马来西亚与中国台湾地区一样，都是美国半导体和消费电子品生产商寻求廉价劳动力的首选目的

① Carrie Yu，"Interview with TPV Technology，World's Number One LCD Monitor Supplier，" *DigiTimes*，September 10，2004. unvw. DigiTimes. com；access date：November 15，2004.

② 2003年，宏碁超越索尼，成为全球第六大笔记本电脑供应商，而日本笔记本电脑的市场份额从2002年的36%下降到26%。（Tzeng 2003.）

地。20世纪80年代，三地的发展轨迹开始出现分化，新加坡积极吸引高附加值的外商投资，成了美国磁盘驱动器公司和其他高附加值个人电脑零部件制造商的制造中心。马来西亚则效仿新加坡的战略，以更低的价格成功吸引了原本准备投向新加坡的投资。然而，这两个经济体的IT产业都由政府和跨国公司控制，它们对资本密集型制造分厂的投资限制了本地中小企业的发展，扼杀了本土创业精神。① 目前，马来西亚最成熟、技术也最先进的槟城仍然缺乏独立创业或创新的重要能力。②

中国台湾地区对创业精神的系统性支持、本土中小型企业的成长以及本地能力的逐步累积，与新加坡和马来西亚形成了鲜明对比。③ 1994年，一家新加坡个人电脑公司的经理曾指出，中国台湾地区在主板设计方面拥有卓越的专业知识：

> 如果我能自己做的话，我一定会亲自上阵。但我们远远落后于中国台湾地区的生产商……事实上，它们的设计能力甚至超过了美国。它们可以在当天下午就把设计传真给你。多年来，它们一直在建立设计单元，因此当它们需要新的设计时，它们可以将合适的单元凑在一起，再做一些小的改动，然后就形成了新的设计。④

① Hobday 2001；Best 2001；McKendrick et al. 2000.
② Rasiah 2002，2001.
③ Callon 1995.
④ Ibid.，p. 8.

与台湾当局建立起的伙伴关系

台湾地区的政策制定者在技术和产业升级的整个过程当中并不占据主导地位，工业技术研究院与电子研究和服务组织等机构对当地产业创新的步伐和方向也仅有有限的掌控权。不过，台湾当局在工业体系的管理中同样发挥了关键作用。从 20 世纪 70 年代开始，当地的决策者就与海外华人工程师展开了密切的合作，达成了政策上的共识，既不同于基于出口加工中心的现有战略，也不同于当时亚洲普遍采用的为大型生产商或龙头企业提供公共融资的做法。他们转而试图通过增加对高等教育、研究和培训活动的投资，制定基准以及促进工程师之间的持续交流，为技术相关行业的竞争和创新打造一个有利的环境。早在 1961—1964 年的经济计划中，台湾地区的政策规划就明确强调了创业精神。该规划指出：“台湾地区确实缺乏充足的资本，但最需要的是企业家及其创业精神。”① 值得注意的是，在制定财政激励和补贴政策时，决策者旨在鼓励新成员进入某个行业，而不是帮助现有生产商。他们还制定了鼓励风险投资的法律，并改革了资本市场，以支持小型专业化公司的创建和发展。

20 世纪 70—80 年代，硅谷和台湾地区的中国工程师同时成立了当地协会，并向台湾地区的高级官员和决策者提供政策建

① Wade 1990，p. 88.

议。这些工程师和其他专业人士之间的对话促进了太平洋两岸集体认同感的形成，并促使这些去中心化的技术社区致力于共同的项目开发。他们中的大多数人都毕业于台湾地区四所顶尖的工程大学（台湾大学、台湾交通大学、台湾清华大学和台湾成功大学）。在美国工作的华人工程师为 IT 生产组织变革提供了许多宝贵的建议，特别是关于如何在动荡且不确定的市场环境中发挥专业化的优势。与此同时，中国台湾地区的政策制定者决定利用现有的公共资源，支持产业去中心化。

二战后，中国台湾地区的决策者绝大多数都是技术官僚，他们拥有美国和日本大学工程相关领域的研究生学位。他们接触过世界上规模最大、发展最快的经济体的行业领袖与主导公司。这些决策者积极推行各种计划和制度，以期发展中国台湾地区的技术能力。他们最初的工作重点是提高这个当时还很贫穷的地区的技能基础以及与技术相关的基础设施。1962 年，中国台湾地区人均生产总值为 170 美元，与扎伊尔和刚果相当。①决策者对 20 世纪 60 年代以来严重的人才外流现象深表不满，当时，成千上万的工程师决定离开中国台湾，前往美国留学，回乡者寥寥无几。事实上，在 20 世纪 80 年代，中国台湾地区向美国输送的工程学博士候选人比其他任何地区都要多，该地区最顶尖的工程类大学的毕业生往往都选择赴美留学。他们被美国

① Wade 1990.

大学提供的丰厚奖学金所吸引，同时，中国台湾本地缺乏专业机会的现状也促使他们选择移民。毕业后，他们中的大多数人都留在了美国，因为他们意识到中国台湾地区并不存在适合他们的岗位。

然而，中国台湾地区的决策者实施了支持市场竞争的政策，创造了一个鼓励境外工程师返回中国台湾进行创业的环境。斯坦福大学毕业生、在惠普工作了将近二十年的王先生就选择回到台湾创办了一家公司。他如是描述自己的角色："在 20 世纪 70 年代到 80 年代初，我们以顾问的身份，以各种正式或非正式的方式向官员提供有关台湾地区发展战略的建议。随着时间的推移，我们形成了共同的战略愿景，这进一步促使境外的工程师选择返回台湾进行创业。"① 在普林斯顿大学获得电子工程学博士学位、在硅谷半导体公司工作了二十年、于 1996 年返回台湾担任电子研究和服务组织总干事的胡正大也提到了这两个相距遥远的工业体系中的工程师之间"杂交"与"相互学习"的过程给台湾地区带来的好处。②

在网络中进行锚定

跨区域技术社区的发展改变了硅谷和新竹之间的关系。在 20 世纪 60—70 年代，美国和日本的资本和技术逐渐进入中国台

① Interview with Patrick Wang，May 21，1997.

② Interview with Genda Hu，May 13，1997.

湾地区，其背后的原因在于，跨国公司希望在当地寻找廉价劳动力。而到了20世纪90年代，这种核心—边缘关系逐渐被区域间技能、技术和资本的去中心化双向流动所取代。如今，在硅谷和新竹之间，太平洋两岸的投资者、企业家、中小型公司和大型公司部门之间有着无数正式和非正式的合作。如今，这两个地区各自具有优势——台湾地区仍然是世界上最高效、最灵活的IT制造中心，而硅谷则继续定义新的标准、产品和技术。两者之间互补的专业知识共同推动了区域间的互惠升级。

随着时间的推移，台湾地区的决策者开始将境外华人工程师视为提升台湾地区在世界经济体系中地位的宝贵资源。早在世界上大多数地区尚未听说过硅谷的时候，台湾当局官员就于20世纪60年代前往硅谷进行参观访问。他们研究了硅谷的经验，并向境外华人工程师征求了技术和政策方面的建议。在20世纪70—80年代，中国台湾的经济事务决策者与美国的顶尖技术专家保持着沟通与对话，为日后制定相关发展战略奠定了基础。而且，中国台湾地区的发展战略与东亚和东南亚大部分地区在此期间奉行的政策都截然不同。①

中国工程师协会是第一个由旅美华侨建立的技术协会，该组织为太平洋两岸的工程师提供了初步合作平台。1966年，台湾地区交通事务主管孙运璿博士组织了现代工程与技术研讨会

① 本节内容主要来自Meany（1994）。欲了解台湾地区科技产业发展战略的更多详情，见Liu 1993；Chang，Shih，and Hsu 1994；and Chang，Hsu，and Tsai 1999。

(METS)。该研讨会每两年举办一次，由中国工程师协会的美国分会与台湾分会共同负责。[①] 为期一周的研讨会旨在将顶尖工程师和科学家汇聚于台北，为当地工业发展提供最先进的专业知识。中国台湾地区的工业代表为即将举行的研讨会确定一系列引人注目的主题，而美国的中国工程师协会成员则会从工业界或学术界挑选合适的专家，前往中国台湾地区就选定的主题发表演讲。[②] 在早期，现代工程与技术研讨会不仅能将最新的技术引入中国台湾，还能帮助两地的工程师建立个人与职业上的关系。随着时间的推移，与科技相关的高级官员（其中许多是在美国接受过教育的工程师）也开始参加会议。财政事务主管李国鼎是现代工程与技术系列研讨会的常客，在许多人眼中，他就是中国台湾科技战略的制定者。

虽然在最初的时候，决策者将这个境外社区视为发展本地技术专长的一大推手，但他们越来越认识到其成员作为政策顾问的潜力。毫不奇怪，台湾地区的决策者很快就达成共识，认为有必要大力投资教育事业。台湾地区的高等教育毕业生人数从 1961 年的每年不到 1 万人增加到 1996 年的近 20 万人（占 25 岁以上人口的 18%），其中 40%获得了工科学位。工科学位比例

---

① 孙运璿在中国大陆接受了工程师培训，并于 20 世纪 40 年代在美国田纳西流域管理局学习。在台湾电力公司工作多年后，他于 1966—1969 年担任台湾地区交通事务主管，于 1969—1978 年担任经济事务主管，于 1978—1984 年担任台湾地区行政管理机构负责人。

② 现代工程与技术研讨会每两年在台北举行一次。2004 年第二十届会议的主题包括纳米技术和微机电系统技术、宽带通信和网络系统集成、资源再利用和循环利用、知识管理和数字技术、工业转型和过渡、平板显示器和光电子以及生物技术。

如此之高，反映出台湾地区家庭对实践教育的重视（包括印度在内的其他发展中经济体也十分重视实践教育）。战后几十年高等教育的发展对台湾地区 IT 产业的腾飞至关重要。这些毕业生很快就被本地产业吸纳了。

私营部门和公共机构也开发了专门的培训课程与项目，以满足相关产业的技能需求以及快速的技术变革。① 此外，教育部门还启动了在职硕士学位项目，让更多人有机会接受高等教育。其中规模最大的项目由非营利性的信息产业研究所负责。在 1980—1996 年，该项目主要采用为期六个月的全日制课程，共培训了超过 175 000 名专业人员。② 大学和当局机构也增设了不少高度专业化技术领域的非全日制培训项目，以满足员工的需求。到 20 世纪 90 年代，台湾地区许多生产商都面临着工程人才严重短缺和工资上涨的问题，为此，企业家开始为员工提供股票期权计划来吸引或留住那些顶尖人才。

这种对教育和培训的高度重视使得中国台湾地区有别于东南亚其他经济体。例如，当联华电子公司董事长宣明智在其他地方寻址建厂时，他得出结论："泰国每年培养的技术人才数量不足以满足晶圆工厂的需求。"③ 受过大学教育的技术工人数量有限这一点也制约了中国香港、马来西亚、菲律宾和印度尼西

① Chang and Hsu 2001，p. 290.

② Tzeng and Lee 2001，p. 311.

③ Ibid.，p. 319.

亚的IT产业发展。宏碁公司资深人士、风险投资家戴昆表达了中国台湾地区工业领袖们的共同心声：“中国台湾当局在过去三十年里做得最好的事情就是持续大力投资教育事业。”①

建立社区：相关的历史细节

作为经济事务主管，孙运璿博士（他于20世纪60年代发起了现代工程与技术研讨会）长期与旅美华人顾问合作，共同推进了台湾本土的半导体行业发展。在这一系列研讨会的基础上，1973年，台湾地区成立了工业技术研究院。该机构作为一家独立机构，致力于为台湾地区的中小企业提供联合研究、技术服务和咨询等协助。第二年，工业技术研究院的官员成立了电子研究和服务组织，这是一个致力于发展台湾本地半导体行业的下属组织。1976年，他们又聘请了另一位在美国接受过教育的电气工程师胡定华担任首任负责人。

这两个机构最初都是由台湾当局资助的，但孙运璿受到了在美华人顾问的影响，坚持要求增加私营部门的参与比例，以避免电子研究和服务组织发展成一个官僚机构。到1988年，工业技术研究院55%的资金来自公共部门，其余则来自私营部门；而电子研究和服务组织仅有25%的资金来自台湾当局，其余则来自私营公司支付的服务费。1987年，工业技术研究院的员工

① Interview with Ken Tai, May 16, 1997.

超过 1 700 人，预算约为 1 亿美元。[①]

1974 年，孙运璿邀请活跃于现代工程与技术研讨会和中国工程师协会美国分会的美国无线电公司工程师潘文渊博士参与制订一项计划，以提升当地工业，尤其是电子工业的发展水平。在与行业领袖和高层官员（包括蒋经国和其他成员）会面后，潘文渊建议台湾地区引进境外的半导体技术。他成立并领导了技术咨询委员会。这是一个由贝尔实验室和 IBM 等领先企业的高管以及美国顶尖大学研究人员组成的战略规划小组，负责指导和监督台湾地区集成电路产业的发展情况。

技术咨询委员会成员每周都在纽约开会，提出建议，并定期前往台湾地区，与工业技术研究院及电子研究和服务组织的人员合作。在这一系列会议上，他们提供了有关行业发展趋势的重要信息，以及美国研究人员对集成电路开发的不同思路（包括那些被证明是死胡同的努力）。这些委员会成员帮助台湾地区制订了从境外转移先进生产技术的计划，他们计划将重点放在制造定制芯片或专用集成电路上，而非资本密集型的大规模半导体制造业上。台湾地区通过确定自己主要发力的细分市场以及新兴技术（CMOS，即互补金属氧化物半导体），避免了与美国老牌行业领导者的直接竞争。此举让中国台湾地区的生产商有别于韩国和日本的生产商，后者仍在追求生产动态随机

① Wade 1990.

存取存储器等高容量产品，而前者则避免了半导体行业因全球产能过剩而陷入经济困境的局面。

最初，中国台湾当局和行业领导者强烈反对从美国转让集成电路技术的计划。在当时，这是一个雄心勃勃且成本高昂的项目，在1975—1979年需要花费1 200万美元。对此，宏碁的施振荣回忆道：

> 中国台湾地区发展半导体行业的想法始于20世纪70年代中期，当时几位专家从美国回来，试图推广大规模集成技术。我并不赞同。因为当时台湾地区并没有足够的资金，我们控制市场的能力也不足。此外，台湾地区在设计和制造能力方面还不够成熟。我个人认为，如果当局要分配预算进行研究，那还为时尚早，同样，私营部门进行如此巨额的投资也为时尚早。①

然而，支持技术转让的群体占了上风，这在很大程度上是因为境外顾问所拥有的超高地位和他们的远见，以及孙运璿对该项目的强力推动。台湾地区的科学委员会转而开始对本地集成电路研究和培训进行大量投资，建立了集成电路工艺实验室，并扩大了本地大学的相关培训和研究项目。

---

① Shih 1996，pp. 175 - 176.

在旅美顾问的大力帮助下，工业技术研究院选择了美国消费电子品公司美国无线电公司作为半导体技术转让的合作伙伴。1976 年，电子研究和服务组织与美国无线电公司签署了为期五年的技术转让协议。该协议的重点是培训和技术转让，因此，电子研究和服务组织派遣了一支由 37 名工程师组成的团队（成员来自中国台湾地区和美国）前往美国无线电公司在美国本土的工厂，接受为期一年的集成电路设计和制造方面的强化培训。该协议还规定，美国无线电公司将转让制造 CMOS 器件所需的所有先进技术以及设计和工艺改进，回购工厂生产的特定数量的晶圆，并提供产品应用信息。[①] 这个团队（现称为 RCA－37）在随后的几十年中成了中国台湾地区集成电路产业的核心领导组织。[②]

经过一年的培训，该团队返回台湾，负责运营电子研究和服务组织新建的集成电路试生产工厂。1977 年，他们开始为台湾地区的商业用户设计并生产小规模芯片。当时的计划是通过吸引私人投资，将实验室的技术转让给私营部门，同时提高产能和质量。然而，在当时人们的眼中，集成电路产业的风险仍然极高，因此很难找到私人投资者。1979 年，联华电子成为电子研究和服务组织第一个分拆出来的公司；其技术、设备和工程师都直接来自电子研究和服务组织，而资金则来自该组织和

① Hsu 1997.

② 例如，杨丁元成了华邦电子的总裁；史钦泰在工业技术研究院担任高级职务，并最终出任工业技术研究院的院长；张晨钟则担任工业技术研究院的总干事。

五家当地公司。最初，联华电子很难找到私人投资者，但公司很快就实现了盈利。到 1985 年上市时，台湾当局掌握了小部分股权（占 23%）。在接下来的十年里，联华电子成为台湾地区处于领先地位的公司之一。这一时期，电子研究和服务组织也分拆出了几家与半导体相关的其他公司。

1979 年，孙运璿出任台湾地区行政管理机构负责人。他成立了科学技术顾问小组（STAG）。这是一个由独立政策顾问组成的小规模高级别顾问组织，旨在进一步提高对高科技项目（尤其是半导体行业）的支持力度，并使其制度化。科学技术顾问小组由李国鼎担任组长，其任务是制订相关行动计划，加速台湾地区的科技发展。该小组直接向孙运璿本人及其团队汇报。李国鼎下属的全部 15 名顾问都是从美国招募而来的，团队成员包括来自贝尔实验室、IBM 和其他大型科技公司的杰出华人与非华人工程师和高管，此外还包括一部分技术顾问委员会的成员。

科学技术顾问小组的成员每年都会回到台湾参加发展研讨大会，并与当地工业和台湾当局的同行展开密切合作，了解新出现的问题，并达成政策共识。科学技术顾问小组成员在台湾地区被称为“洋和尚”——他们作为外国人，凭借其专家身份在当地社会赢得了特别的尊重。该组织在引导资源流向工程研究、教育和培训以及持续提升台湾当地技术基础设施方面颇具影响力。尽管当局内部存在强烈的反对意见，但该小组成员的支持使得科学委员会决心花费巨资与台湾本地大学展开合作，进行半导体方面的研究。

科学技术顾问小组认为，台湾地区需要积极开展技术开发活动，这一点遭到了台湾内部保守势力的强烈抵制。然而，该小组认为，如果台湾地区不发展最先进的技术，那么当地的中小型公司就很容易被大型、成熟的境外生产商收购。与最初决定投资发展集成电路技术一样，在20世纪80年代初期，投资超大规模集成电路（VLSI）技术和生产的提案也遭到了强烈反对。争论的焦点在于与超大规模集成电路技术相关的巨额成本（以及可能错失的机会）外加与其开发相关的重大技术挑战。（日本直到最近一段时间才开始推进超大规模集成电路计划，其他经济体也曾尝试过，但都以失败告终。）1984年，经过长达一年的争论，该提案最终获得批准，电子研究和服务组织开始投资台湾本地大学超大规模集成电路设计项目。

这些“洋和尚”还帮助台湾当地巩固了工业发展战略，限制了当局的直接干预，转而依靠私营部门和市场进行调节。马修等学者将这种非依赖性发展描述为依靠杠杆作用和学习，而不是依靠跨国公司或本土老牌公司进行的发展模式。[①] 曾在加利福尼亚大学伯克利分校获得博士学位，并在20世纪70年代在IBM研究实验室工作的科学技术顾问小组成员徐大麟指出：“我

---

① Mathews 1997.

们鼓励台湾地区培养人才，然后让他们出去创办自己的公司。”[①] 这种积极进取的态度让台湾地区以前所未有的速度发展了私营制造业——1985 年台积电的成立就是最好的证明。该公司由台湾当局（49%）、飞利浦（27%）和当地投资者（24%）合资组建，旨在发展超大规模集成电路技术。境外华人社区对于这家合资企业的成功至关重要。德州仪器前首席执行官、当时已返回台湾地区负责工业技术研究院的张忠谋在说服私人投资者（尤其是飞利浦）进行投资方面发挥了主导作用，他还从通用电气的芯片部门招募来了一名高管负责管理台积电。

在此期间，台湾当局向境内外电子企业提供了各种补助、低息贷款和补贴。这些激励措施促进了当地工业的发展，部分原因在于，这些措施普遍适用于特定行业的所有生产商。在欧洲和东亚其他经济体政府仍将资源偏向龙头企业时，中国台湾地区的政策制定者则通过支持同一行业全部企业的政策，不断向老牌企业施压，以实现企业的自由发展，从而创造出一个自由竞争的环境。[②] 虽然工业设计研究院在 20 世纪 80 年代组织了最初的集成电路技术转让活动，但该组织从未开展过大规模的行业-中国台湾当局合作研究项目，而此类项目恰恰是 20 世纪 70—80 年代日本和欧盟工业政策的主要特征。

20 世纪 80 年代初，工业设计研究院在硅谷设立了首个境外

---

① Interview with Ta-lin Hsu，June 11，1997.

② Linden 2000.

办事处；随后，台湾地区其他涉及科技政策的当局机构（包括新竹科学园区、科学委员会科学处和信息工业研究所）也纷纷效仿。这些机构迅速与硅谷当地的行业协会建立了联系，以便为台湾本地生产商监测最新的工业和技术发展趋势。他们还积极招募境外工程师返回台湾。为此，这些机构专门建立了在美华裔工程师和计算机科学家数据库，并与中国台湾企业的猎头分享这些数据，同时为考虑在中国台湾地区创办科技企业的境外华人提供必要的信息和支持。台湾当局在启动大型工程项目之前——从交通系统到发电站建设——都会咨询中国工程师协会美国分会。

台湾地区高度依赖在美华裔工程师的技术、管理专长以及他们提供的政策建议，从根本上讲，这决定了台湾地区科技发展的方向和步伐。此外，这一模式还在太平洋两岸不断扩大的工程师、企业家、高管和官僚圈子中建立起了密切的个人和专业关系，并促进了两地华裔工程师形成共同的世界观和集体认同。在过去三十年间，中国工程师协会美国分会的年度杰出服务奖和科学与工程成就奖获奖者名单，就像一本在美国和中国台湾地区工作的中国台湾地区技术专家“名人录”。[①] 简而言之，中国台湾外向型技术政策的一个意想不到的后果是，在中国台湾地区和美国之间创建了一个跨区域技术社区，共同致力于中

---

① Chinese Institute of Engineers USA 1999.

国台湾地区的经济发展。

支持创业

台湾地区效仿硅谷的一大尝试就是创建新竹科学园区以及发展本土风险投资行业。在考察了美国科技地区的发展经验后，台湾科学委员会提议建立本土的科学园区，以吸引外资到当地投资研究型企业。尽管私营组织和公共部门都对此兴趣寥寥，新竹科学园区还是作为出口加工园区的高科技版本于1980年成立了。此外，台湾当局还为来此投资建厂的研发密集型企业提供租金补贴和财政激励。例如，台湾当局所有的银行愿意在合资企业中持有高达49%的股份，园区管理局为符合条件的（研究密集型）公司提供慷慨的税收优惠，包括五年免税期，之后最高税率也仅为22%。新竹市之所以被选为园区所在地，是因为这里毗邻工业技术研究院总部以及台湾清华大学和台湾交通大学。电子研究和服务组织也将其实验室搬到了这里。

尽管台湾当局官员积极招揽人才（他们成功吸引来了一位霍尼韦尔的前高管），但科学园区未能实现最初吸引跨境投资的目标。颇具讽刺意味的是，美国不少电子公司当时正在东南亚各地积极投资建设组装车间和其他生产部门；中国台湾地区一度被马来西亚和新加坡取代。虽然园区管理部门未能成功吸引德州仪器等处于行业内领先地位的公司并不奇怪，但它们甚至未能吸引王安实验室和硅谷的威盛等中美合资公司。唯一的例外是美国电话电报公司，该公司在新竹园区建立了一家工厂，专门组装交换系统，因为这是赢得台湾当局电信合同的前提条件。[①] 八年后，新竹科学园区仍然相对落后——园区内共有 94 家公司，主要是台湾本地公司，包括联华电子和台积电等电子研究和服务组织的衍生公司，其总销售额不到 20 亿美元。

面对科学园区的缓慢发展，当地官员开始寻求其他发展战略。在 20 世纪 70 年代，李国鼎会定期前往硅谷会见当地的中国工程师，因此，他本人对美国风险投资行业印象极为深刻，并认为这是台湾地区经济发展所缺乏的关键一环。早在 20 世纪 80 年代早期，也就是在其他地区尚未流行风险投资的时候，他就说服了台湾财政事务主管部门，认为有必要为研究密集型行业提供资金支持，并促进公共资本市场的发展。台湾的决策者再次研究了美国的经验：他们咨询了投资专业人士，与美国大型银行展开合作，分享金融和管理方面的专业知识，并派团队前往硅谷接受风险投资公司的管理培训。台北创业投资协会主席苏拾忠将台湾地区的创业投资模式描述为“照搬”硅谷模式。

李国鼎率先推动了立法活动，创建并规范了风险投资行业，并为企业建立风险投资基金制定了框架。这是一项艰巨的任务，

---

① Addison 2001，p. 55.

因为对于台湾地区延续几个世纪的商业传统（由家族成员密切控制企业的所有财务事务）而言，风险投资是一个完全陌生的领域。在李国鼎的领导下，财政部制定了重要的税收优惠政策：对个人或公司投资者投资于战略性（技术密集型）企业的资本，其中20%可以免税。台湾当局认识到，从台湾本地那些厌恶风险的金融机构和工业界筹集资金是一件非常困难的事情，因此他们提供了大量配套资金。财政事务主管部门从行政机构发展基金中拿出8亿新台币①，成立了最初的“种子基金”。由于资金分配的速度很快，因此，台湾当局承诺为该项目提供第二笔资金，金额是原来的两倍。

1984年，宏碁公司与大陆工程集团共同成立了中国台湾第一家风险投资公司Multiventure Investment。同样重要的是，李国鼎邀请资深的在美华人金融家在台湾地区成立风险投资公司。自20世纪70年代以来，徐大麟一直是重要的资深政策顾问和科技顾问小组成员，并于1986年成立了汉鼎亚太。徐大麟表示，筹集最初的5 000万美元资金并不容易。李国鼎费尽周折，从远东纺织、统一企业和神达电脑等台湾主要工业集团那里筹集到了2 100万美元（51%）。其余资金（49%）则来自台湾当局。②

汉鼎亚太台北办事处首任总经理胡定华于20世纪70年代在

---

① 8亿新台币约等于2 400万美元。

② Interview with Ta-lin Hsu，June 1，1997.

普林斯顿大学获得工程学博士学位；作为电子研究和服务组织的首任负责人（之前曾担任工业技术研究院副院长和台湾交通大学教授），他在台湾地区半导体工业的发展中发挥了重要作用。他的职业生涯和关系网代表了台湾地区和美国大学、台湾当局和私营部门（金融界和工业界）之间的社会与职业网络。汉鼎亚太早期的投资包括宏碁、联华电子、全友和太元，这些投资的成功使得后续的融资变得更加容易了。

另外两位在美国接受过教育的海外华人工程师刘宇环和谭力博也响应了李国鼎的邀请。1987 年，他们成立了台湾本地第二家美国式风险投资基金——华登国际投资集团，它是总部位于旧金山的华登集团的分支机构。汉鼎亚太和华登国际投资集团（以及刘宇环分拆出来的公司中经合）仍然是台湾地区科技行业的领先投资者，并且也越来越多地前往中国大陆进行投资。在早期的投资获得回报之后，台湾当地的 IT 公司纷纷创建了自己的风险投资基金，包括台积电、联华电子、旺宏电子、华邦电子、宏碁、力捷、友讯、茂矽和矽品精密等。此后，传统行业中的老牌公司也开始投资 IT 相关业务。

风险投资的出现改变了科学园区最初作为出口加工园区的角色，使其成为本土科技公司寻求发展的开放式实验室。这在当时的亚洲也是一个十分独特的现象，因为当时只有与台湾当局或富裕家庭有联系的大公司才能获得资本。在 20 世纪 80 年代，台湾地区仍然是电子元件的低附加值生产商，但在 20 世纪 90 年代初，随着企业家精神的增长和生产经验的不断积累，当地企业开始以创新和高品质而非单纯的低成本来参与竞争。

逆转人才外流趋势

人才回流——数以千计在美国接受教育的工程师选择回到中国台湾，为台湾地区科技产业的发展做出贡献——这是台湾地区成功转型为高技能、高工资经济体的关键所在。20 世纪 80 年代，台湾当局积极招募境外华人工程师返回台湾，但每年都只能成功吸引一小部分人。转折点出现在 1987 年，当时，宏碁选择在中国台湾上市。1988 年，由四位从加利福尼亚归乡的留学生创办的扫描仪公司全友紧随其后。这些公司的出色表现向企业家表明，中国台湾地区的经济机会有可能比美国更好。虽然股市繁荣与中国台湾解除戒严同时发生，但大多数人都表示，他们决定归乡的主要原因是经济层面的。

回流的诱因

台湾当地的股市尤其具有吸引力，因为台湾地区对员工股票征税的依据是发行时的价格，而不是当前的市场价值。此外，台湾在 1990 年取消了资本利得税，因此出售股票时无须纳税。从其他司法管辖区带回股票期权或风险投资资本利得的回台人士也不必为这些资本利得缴税。[1]

20世纪90年代初期的科技衰退导致美国许多工程师失业，这成了另外一个刺激因素。1986—1996年，有超过4万名境外华人从美国返回中国台湾地区。图4-2显示，从20世纪80年代末开始，回到中国台湾地区的人数激增，并在1992—1995年达到顶峰，每年约有5 000人回到中国台湾。这些人迅速与自己在中国台湾地区读大学时的同学建立起了联系（其中许多人都在科技公司或机构担任重要职位），同时保持着自己在美国建立起的人脉。1983年回到中国台湾创办扫描仪公司的王申培强调，“斯坦福黑手党”的存在对于像他这样在斯坦福大学接受教育的中国台湾地区高管至关重要。[2] 到2000年，有364名斯坦福大学电子工程系毕业生在中国台湾地区工作；还有贝尔实验室和IBM前员工组成的非正式网络，他们定期在新竹聚会。

这些回台人士中，许多人都在美国工作了至少十年，他们不仅带来了技术，还带来了组织和管理知识、对前沿IT市场的深入了解以及在美国科技领域的关系网。用胡正大的话说就是：

---

① Howell et al. 2003，p. 35.

② 台湾地区一些领先企业（例如台积电、茂矽、钰创科技、矽统科技、中强光电和迈克尼斯）的创始人或总裁，都拥有斯坦福大学的研究生学位，主要是博士学位。神达的创始人、格瑞斯集团的董事长、大众电脑的董事长以及华登国际投资集团的总经理都是加利福尼亚大学伯克利分校的毕业生。而微电子科技联盟的创始人则在斯坦福大学和加利福尼亚大学伯克利分校都学习过。华邦电子创始人和工业技术研究院院长都是普林斯顿大学的毕业生。台积电总裁和华润上华董事长都拥有康奈尔大学的博士学位。威盛总裁兼首席执行官、中芯国际董事长、华晶科技总裁和华润上华副总裁都拥有美国其他大学的研究生学位。

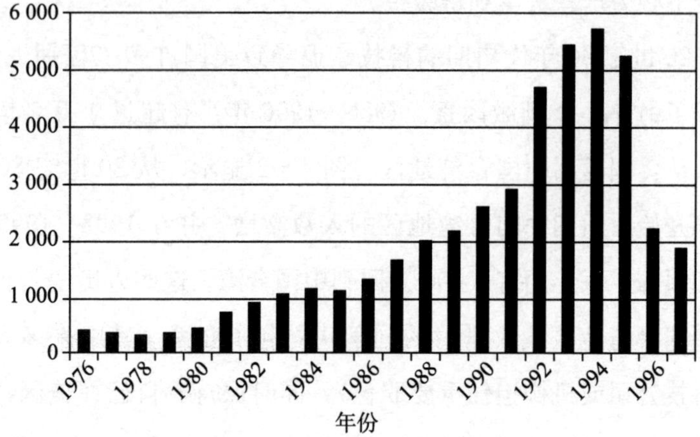

图 4-2　从美国回到中国台湾地区的人员数量，1976—1997 年

“在美国工作生活的经历对我们这一代人产生了巨大影响。我们接触到了世界级的研究人员和前沿技术。我们目睹了电子和计算机行业的飞速发展，以及商业模式和思维方式的转变。我们还对自己的知识和技能充满信心，并掌握了在中国台湾地区和美国进行交流的文化知识和语言技能。”① 归乡者们还把新的所有权模式带到了中国台湾地区。“新竹科学园区的所有权和管理模式对中国台湾地区来说具有革命性意义。这些公司不是当局或家族所有，而是归管理层所有并进行管理。这在亚洲是独一无二的，它促进了当地与美国公司的合作；当美国公司试图与亚洲其他地区的公司合作时，由于中国台湾当局或某些家族掌

① Interview with Genda Hu，May 13，1997.

握着所有权，它们遇到了很大的困难。”此外，归乡者们还逐渐推动了商业中透明度和绩效激励机制的发展。

如今，从美国归来的中国台湾人在中国台湾地区的高级管理层中占据了相当大的比例。张忠谋在斯坦福大学获得博士学位，在美国工作了二十年，然后回到中国台湾。他是台积电公司 16 名拥有美国研究生学位和工作经验的高级管理人员之一（该公司网站上列出的高级管理人员共有 19 名）。正如张忠谋在 1997 年所说的那样：“台积电雇用了六七十名从美国回来的人，其中大多数都担任了高级管理职位。他们最重要的贡献在于在管理惠普、英特尔和贝尔实验室等世界级公司方面的经验。他们带来了这些公司的严谨管理风格。他们在美国工作的能力和流利的英语也是至关重要的，因为我们三分之二的客户都在中国台湾地区以外。”① 联华电子的 9 名高层管理人员中有 5 名拥有美国的研究生学位。

境外归来人士成为企业家的可能性也特别高。例如，2000 年，在新竹科学园区的 289 家初创公司当中，有 121 家公司（占总数的 42%）的创始团队成员包括境外归来人士。② 这些企业家经常引进整个工程师团队来帮助运营他们迅速扩张的业务。财务激励措施非常可观，尤其是在半导体行业。到 20 世纪 90 年代中期，中国台湾地区高管人员的工资是美国相应岗位的 3～4 倍。

① Interview with Morris Chang，May 12，1997.

② Science Park Administration 2001.

许多公司还提供免税股票奖励。例如，在 20 世纪 90 年代后期，台积电的工程师们每年都能获得 40 万～50 万美元的收入（这要归因于丰厚的股票分红）。即使是看门人，每年也能获得 5 万美元的收入。①

滚雪球式的繁荣

20 世纪 90 年代中期，随着投资和企业销售额的不断增长，新竹科学园区的归台人员数量也大幅增加。到 2000 年，共有 4 108 名归台人员在科学园区工作，这一数字与同期在园区工作的 4 464 名工业技术研究院成员相当。② 当被问及有关园区的问题时，归台人员表示，园区内稀缺的高品质住房以及中国台湾地区唯一的中美合办学校（两者均位于园区内）的优先使用权是他们决定归台的重要因素，但有前景的就业机会才是他们选择归台的主要动机。事实上，在许多情况下，归台高管的妻子和孩子都会留在美国，而不是回到中国台湾。随着时间的推移，经济激励因素只会增加，因为本地个人电脑和集成电路公司的首席执行官都成了相当富有的人士。到 2000 年，新竹科学园区的员工人数已超过 10 万，产值达到 270 亿美元，台湾当局开始计划在南部再建一个新园区。

20 世纪 90 年代，台湾地区的风险投资行业也实现了长足的发

① Tanzer 1998.

② Luo and Wang 2001.

展，因为新晋富豪企业家和（之前不愿进行投资的）传统行业企业都被高回报的可能性所吸引。1990 年，台湾地区有 20 家风险投资公司。到 1999 年，这一数字已增至 153 家。这些公司的总投资额也大幅增加，达到 435 亿新台币（13 亿美元），分布在 1 800 多家公司当中。台湾地区著名风险投资家、惠普前高管柯文认为，这种情况与硅谷早先的情况十分类似，“这些富有经验的工程师将种子资金投入高科技领域，因为他们年轻，愿意承担风险。他们投资于自己最擅长的领域。这里有一种高科技淘金热的感觉。很少有地方有这么多人愿意把钱投入高风险的初创公司”①。

中国台湾地区目前拥有全球第三大风险投资产业（仅次于以色列和硅谷），本地资本市场充满活力。1997 年，中国台湾地区约有 30%的人口拥有股票，而日本的这一比例仅为 10%。台湾证券交易所的交易量为 1.3 万亿美元（仅次于纽约和伦敦，位居全球第三），上市电子公司的平均股本回报率高达 26%，令人印象深刻。②

来自美国的管理和创业人才，以及归台人士提供的境外技术和市场关系，对提升中国台湾地区制造业能力起到了决定性作用。甚至那些留在美国的中国台湾人也会经常选择为产品开发提供咨询和兼职服务，为中国台湾地区的公司提供市场情报以及与美国客户的联系和新技术的进展。作为一部分世界领先

---

① Tanzer 1998.

② Ibid.

的计算机和系统生产商的制造合作伙伴，台湾本地的生产商所发挥的作用日益重要。这些原始设备制造关系源于硅谷的海外华人公司的合同，它们为新竹地区的公司提供了生产信息、专业知识以及批量生产的经验，使得当地企业的能力逐步提高。随着合作关系的深入，台湾地区的公司承担了越来越多的设计责任，为区域工业体系的升级做出了贡献。

20 世纪 90 年代中国台湾地区科技行业的蓬勃发展最终减缓了人才外流趋势。本地就业机会的增加以及本地研究生项目的扩大意味着选择去美国读研究生的中国台湾的大学毕业生越来越少。在 20 世纪 90 年代早期，有超过 30％的工程师在美国完成学业后选择返回中国台湾，而在 20 世纪 60—70 年代，这一比例不到 10％。[①] 1999 年，在中国台湾地区获得理工科博士学位的人数首次超过了在美国获得理工科博士学位的人数，这反映出在美国获得理工科博士学位的中国台湾人数量迅速减少（1995 年时达到顶峰，为 1 300 人，2000 年时下降为 750 人），以及中国台湾理工科博士学位数量的同期增长。[②]

宏碁公司的行动：利用本土社区获得竞争优势

宏碁是台湾规模最大、最知名的技术公司，其对台湾经济

---

① National Youth Commission 2000.

② National Science Board 2002.

增长的贡献得到了广泛认可。[①]不过，鲜为人知的是，宏碁的成功从一开始就建立在与硅谷海外华人社区的紧密联系之上。1976年，施振荣和台湾交通大学的两名同学共同创立了这家公司（1987年之前该公司一直名为Multitech）。不久后，他们又招募了另外一名台湾交通大学的同学陈启泰，后者此前一直在为Mitac公司研发微处理器。与当时几乎所有台湾地区的初创公司一样，他们的初始资金来自创始人的个人储蓄（总计25 000美元）；该公司早期业务包括为硅谷半导体公司超威和齐格洛提供咨询、代理或分销服务。20世纪80年代初，该公司还成了印度公司威普罗的分销商。

宏碁的创始人很快就意识到，他们需要在美国设立办事处，以协调交易并收集有关新产品和新技术的信息。1977年，他们从硅谷的惠普公司招募了另一位台湾交通大学同学张宫辅，并成立了一家合资企业，其中张宫辅占60%的股份。这位合作伙伴会为他们及时提供信息，并帮助他们获得低成本的组件。施振荣将宏碁的发展历程描述为“合作的历史”。他认为，这家合资企业是他之后实行“本地化”和“在本地寻找大股东”战略的先驱。正如他所说：“在本地寻找合作伙伴不仅能够共同承担风险，而且他们更熟悉本地市场，更了解如何降低运营成本。更重要的是，在运营本地化之后，我们将能够吸引更多的本地

① Mathews 2002.

人才为宏碁做出贡献。”例如，当他们在台中和高雄设立新公司时，宏碁出资40%，而每个城市的三个当地股东共同出资60%。[①] 宏碁的联合创始人黄少华回忆道，在20世纪70年代，像张忠谋这样的华人工程师是不可能回到台湾的，但这些人对于在台湾的朋友和同学来说，是重要的知识和人脉来源。

宏碁的早期业务完全以贸易和咨询为主。虽然利润不高，但咨询业务为宏碁积累了大量经验。五年内，该公司就为台湾地区和境外的客户设计了40个基于微处理器的应用程序。1980年，Multitech的工程师设计出了视频终端，随后由亚德诺电子公司生产并出口；这是台湾地区出口的第一批大批量微处理器产品，也是利用合作伙伴的优势和将风险去中心化的典范。其收入主要源自特许权使用费（销售额），而非成本加利润。这反映了施振荣对合作的重视程度：

> 一家公司要实现长期、稳健的发展，就必须与合作伙伴和员工建立起相互信任和合作关系。台湾地区的企业家精神往往源自一群志同道合的朋友或同学之间的合作。在这样的结构之下，每个合作伙伴都必须专注于某些领域，做好本职工作，并达成共识。[②]

① Shih 1996，p. 94.

② Ibid.，pp. 19 - 20.

Multitech 公司通过从美国进口零部件、开发系统，开始开发自己基于微处理器的系列产品。在早期，该公司避开了计算机领域，专注于其他微处理器应用，因为竞争对手神达公司当时已经生产了英特尔计算机和 DEC 小型计算机。1981 年，Multitech 公司推出了第一款计算机产品——“小教授”学习套件，并成功在出口市场打出了自己的品牌。

该公司之所以能够在 20 世纪 80 年代及时推出一系列个人电脑机型，完全得益于与硅谷公司太阳科技（Suntek）的合作。出生于台湾的施兆昌（与施振荣无关）于 20 世纪 80 年代早期创立了太阳科技，并开发出了首批基于 UNIX 操作系统的工作站。施兆昌曾在 20 世纪 60 年代就读于加利福尼亚大学伯克利分校和麻省理工学院，之后在美国数字设备公司、美国国家半导体公司和齐洛格公司工作期间学习了微处理器的设计和开发。他无法从硅谷投资者那里筹集到足够的风险投资。然而，施振荣认识到了微处理器技术和知识对台湾地区的价值，并通过新成立的 Multiventure Investment 投资了太阳科技（大约在同一时间，该公司也投资了 Quasel）。

即使有了这种合作关系，想要将技术转移到台湾地区也不是一件容易的事情。Multitech 公司派遣了一支由六名工程师组成的团队前往太阳科技，负责技术转让和 16 位计算机工作站的开发工作，但该项目对他们来说过于复杂，最终以失败告终。两年后，同一团队重返硅谷，这次他们要开发 32 位计算机工作站，并于1986年成功推出了全球首批采用英特尔386处理器的个人电脑。[①] 这对Multitech来说是一项重大成就，但太阳科技却破产了（部分原因是美国国家半导体公司提起的诉讼）。1987年，施兆昌将相关的工作站设计方案出售给了宏碁。大约在同一时间，宏碁收购了总部位于圣何塞的UNIX多处理器计算机制造商Counterpoint。[②]

对Quasel、太阳科技和Counterpoint等公司的投资不仅让宏碁获得了尖端产品和技术，还扩大了其在硅谷的海外华人工程师网络中的影响力。这些关系促进了宏碁与领先芯片公司的合作，其中就包括Opti公司（一家由一群在美国接受过教育的中国台湾工程师于1989年创立的芯片设计公司，这些工程师曾在Chips & Technologies公司共事）和S3公司（C&T公司于1989年分拆出的一家公司，拥有一支设计芯片组和图形芯片的海外华人工程师团队）。这一系列合作确保了宏碁能够尽早获得最新的芯片组设计方案（从图形和多媒体到音频和调制解调器芯片），并将其快速整合到后续的个人电脑之中。

在20世纪80年代末，宏碁还在硅谷建立了自己的研发中心，负责开发原型机以及寻找战略合作伙伴。十年后，研发中心的一百多名工程师在创新研究方面赢得了不错的声誉，并与宏碁风险投资公司建立了密切的合作关系。最终，他们与当地

---

① Shih 1996.

② Lin 2000，p. 203.

公司成立了合资企业。到 1990 年，台湾大多数领先的个人电脑公司——宏碁、神达、大同、先进数据和美国研究公司——都在硅谷开展了研发活动。① 随着台湾地区和硅谷生产商之间的关系不断加深并实现多样化，台湾地区的技术领导者意识到他们完全有能力利用计算机开放系统的兴起这一新局面。用施振荣的话说就是：

> 硬件和软件的标准化使得系统集成工作相对容易。因此，计算机行业已经进入了新的 IT 时代。它带来的好处在于，一方面，在垂直分解结构下，风险大大降低。此外，在分解模式下，每个成员都能在各自的专业领域不断取得有效的突破，运营效率也得到提高……新 IT 时代的到来为计算机制造商带来了越来越多的细分市场创业机会。另一方面，残酷的竞争也使得那些无法成为各自领域顶尖企业的公司不得不被淘汰出局。②

宏碁的同行与竞争对手

随着台湾生产商越来越将自己视为专业组件的供应商，它们逐渐意识到，自己有必要继续留在硅谷，因为直到 20 世纪 80 年代末，硅谷仍是它们的主要市场。在随后的十年里，台湾公

---

① Lin 2000，p. 220.

② Shih 1996，p. 197.

司在本地甚至全球范围内建立了不少合作伙伴关系，以便随时了解并响应计算机行业日新月异的技术变革。

中国台湾地区第一批个人电脑公司是从当地电子游戏行业脱胎而来的——在1982年之前，中国台湾地区有数十家小公司会从日本那里抄袭产品设计，并进行生产，直到台湾当局出于“道德原因”禁止了电子游戏。从生产电子游戏机到生产个人电脑的转变相对容易，两者都算是生产较为简单的基于微处理器的电子产品。到1983年时，台湾地区有超过100家小型公司，其中包括Multitech和神达，这些公司都在复制早期的苹果和IBM个人电脑系统。虽然苹果最终取缔了苹果Ⅱ的盗版，但IBM架构的开放性以及台湾当局宽松的知识产权保护，促进了台北地区中小型个人电脑制造公司的蓬勃发展。IBM个人电脑中唯一没有广泛上市的部件是ROM-BIOS（用于连接和协调所有硬件组件与操作系统和应用软件的部分）。而这一时期，台湾地区的生产商尚未掌握设计BIOS的技术能力，因此它们要么通过非法模仿，要么在1985年之后从美国专业公司那里通过合法反向工程获得BIOS。

硅谷的海外华人社区为台湾地区提供了第一批个人电脑的原始设备制造合同。Qume公司是一家生产菊轮式打印机的公司，其华裔创始人李大卫于1982年前往台湾，寻找低成本的劳动力以及包括优惠贷款和税收优惠在内的金融支持政策。他向台湾地区的三家小公司Multitech、神达和华通电脑下了订单，并派遣 Qume 公司的工程师团队来教台湾工程师如何制造和测试 IBM 个人电脑。① 这些产品非常简单，对生产及设计技能的要求也极低。当时 Multitech 公司还只是在一间小公寓里办公，为了履行与 Qume 公司的合同，它租下了一家旧服装厂。神达当时只能接受价值 1 500 万美元的个人电脑合同，尽管 Qume 公司希望订购两倍于此的产品。

这些早期合同的成功交付促使越来越多的美国客户来到中国台湾地区，在当地生产从磁盘、打印机、终端、显示器、外围设备到完整个人电脑在内的所有产品。美国公司之所以要和中国台湾地区的公司签订原始设备制造订单，是因为该地区的劳动力成本非常低——1985 年，非熟练生产工人的平均时薪约为美国的 16%（中国台湾地区为 1.36 美元，而美国为 8.37 美元）。② 这些新公司依靠的是中国台湾地区早期通过计算器、袖珍收音机、电视机、印刷电路板和其他消费电子品生产领域的境外投资所建立起的供应商基础。20 世纪 80 年代后期，安培、斯普拉格、德州仪器和美国无线电公司等跨国公司因工资上涨而关闭了在中国台湾的工厂，从而使得大量技能和专业知识传播开来，进一步增强了当地公司的实力。③

随着时间的推移，这些中国台湾地区的小生产商逐渐找到

---

① 当时，Multitech 和神达正在仿制苹果Ⅱ，而华通仍在生产计算器，且缺乏电路板方面的经验。

② Chang et al. 1999.

③ Kishimoto 2003.

了利润丰厚的细分领域。面对大量涌入的低门槛行业竞争者，它们不得不稳步提升自身的能力。虽然最初它们是通过原始设备制造合同从美国公司那里获得专有技术的，但这一时期，一种非正式的技术学习过程逐渐占据了主导地位；工程师首先会熟悉制造工艺，然后通过模仿和修改电路设计进行实验，并逐步改进产品和批量生产所需的调试过程。① 通过这种方式，中国台湾地区的企业最终确立了自己低成本大规模制造商的地位。新竞争对手的加入也确保了公司需要持续不断地进行实验，并进一步深化分工，从而促进了当地的集体学习和产业升级。

最大的孵化器

宏碁通过支持公司分拆和内部创业，为本地个人电脑生产基础设施的去中心化做出了极大的贡献。台湾学者将宏碁描述为“超级孵化器”，因为它为众多分拆公司提供了资金、技术、人力资源和管理技能。② 风险投资家陈启泰对宏碁与硅谷的仙童半导体公司进行了比较，因为仙童半导体公司也培育了众多本地公司。例如，台湾地区的大部分主板公司都源自宏碁。华硕电脑公司（简称“华硕”）成立于 1989 年，由宏碁研发实验室的四名工程师创立，由宏碁的 Multitech 投资基金提供资金。该公司成了台湾个人电脑行业成熟专业公司的典范象征，其主板

① Lin 2000.

② Tzeng and Lee 2001，p. 334.

和显卡产品获得了多项国际大奖。2002 年，华硕获得了汤姆硬件指南（Tom's Hardware Guide）颁发的四项大奖，该网站是追踪全球硬件行业的专业独立网站，华硕在这一年获得了最佳主板、最佳主板制造商、最佳主流显卡和最佳显卡制造商四项大奖。华硕不断改进其设计和生产系统，以保持比竞争对手更快速、更优质、更高效的大批量生产模式。该公司还大量投资研发工作，以增加其主要产品核心技术的价值，而不是简单地扩大销售或市场份额。①

宏碁对员工流动的宽容态度也在台湾本地搭建起了一张公司间和行业间的社交网络，这让人联想到了硅谷开放的劳动力市场。宏碁的前员工在台湾地区的许多个人电脑及相关领域的公司中担任高级职位。正如联华电子的总经理所说，该行业的普遍态度是“人才的相互流动是十分正常的事情”②。公司的业务实践随着员工流动而向外传播。宏碁在成立初期就制订了员工股票购买计划（施振荣说，这是“为员工创造一个与公司共同发展的环境”），并坚定地致力于稳健的财务管理模式，摒弃传统的家族经营模式。施振荣回忆道：“在成立 Multitech 之后，我最重要的任务……就是保持家族企业所具备的优势，同时消除其缺点。”③

① www.tomshardware.com. Other prominent Ace spin-offs include Ben Q and AUOptronics.

② Chen and Wang 2001, p. 77.

③ Shih 1996, p. 11.

宏碁还通过早期的培训计划，在台湾个人电脑行业建立了独特的社交网络。从1978年开始，Multitech就为当地计算机工程师开设了培训课程，以打开公司产品的销售市场。施振荣如是说：

> 推广这类产品非常困难，因为公众根本不知道什么是微处理器机器……有些客户以为我们上门推销的是园艺机器。有些销售人员甚至打电话给我们，要求我们卖园艺类书籍……为了推广新概念，并培育潜在市场，我们便自称为“微处理器机器的园丁”。①

Multitech在台湾当地三个最大的城市建立了培训中心，教授工程师如何使用汇编语言控制基于微处理器的电路（用于交通信号灯等机器）。该公司还创办了一份名为《园丁之语》的月刊，向消费者介绍基于微处理器的机器的技术和相关应用。正如施振荣所说，“这些策略需要长期努力，但无须支出太多资金”，它们对行业产生了深远的影响。在培训课程开设后的前4年里，约有3 000名工程师完成了每人50小时的课程。在短时间内，大型官方和私营机构也对此类课程产生了需求，当地市场逐渐发展起来。《园丁之语》的最高发行量达到了2万份，这

① Shih 1996，p. 16.

让公司得以与客户保持联系。类似的计划一直持续到20世纪80年代。1986年，公司赞助了“千个电脑教室”活动，吸引了十万人亲身体验个人电脑。这些培训中心建立了一个由能够使用计算机的工程师组成的庞大网络，许多公司的讲师后来都成了宏碁的重要高管，他们能够利用由以前或现在的学生组成的庞大客户群，而且，这些学生还与他们有着共同的背景。

宏碁的经理们表示，当他们遇到（与工程、营销或制造相关的）业务问题时，他们更愿意联系以前的老师、同学或同事，而不是向私人咨询公司或机构求助。[①] 友讯的副总裁曾表示：

> 台湾IT界的大多数高层人士彼此之间都是很好的朋友。他们大多是高中或大学的同学，这种关系非常特殊。从专有技术的角度来看，这意味着我们能够彼此分享想法。我们没有足够的资源来实践自己的所有想法，因此我们可以共享人力资源或相互寻求投资。例如，我们可能想为小型家庭办公市场做一个项目，如综合业务数字网（ISDN）路由器。我们缺乏对方公司掌握的ISDN知识，而对方公司则缺乏我们所拥有的局域网（LAN）技术，因此，我们就可以共同开发产品。这种情况在台湾地区的合

① Ernst 2000.

作伙伴中很常见。[1]

当然，共享经验，特别是在高度本地化的社区中共享经验，也会加剧竞争。台积电的一位高管就曾表示，鉴于双方背景高度类似，“这样的工作团队显然会带来激烈的竞争！”[2]

---

① Interview with Eric Wang, May 15, 1997.

② Common Wealth 1996.

第五章

作为硅谷合作伙伴的中国台湾地区

中国台湾地区在技术模仿方面取得了不错的成绩，也日益成为硅谷重要的合作伙伴与协作方。此外，与20世纪80年代的日本不同，中国台湾地区在进行模仿之后还实现了差异化发展，而不是与硅谷展开直接竞争。新竹地区最初专注于制造专用集成电路和个人电脑专用组件，从而形成了与硅谷之间互补的能力（此时硅谷狭小的地理空间与制造方面的技能短缺情况使得本地制造业越来越缺乏竞争力）。

一群在美国接受过教育的中国台湾工程师在20世纪90年代开创了跨区域合作模式。例如，华邦电子的郑文宗就曾在硅谷工作过二十年，他同时也对台湾的技术社区十分了解，因为他每年都至少要去总部十次。虽然神达的副总裁何志武从未在美国学习或工作过，但他声称自己比大多数在硅谷工作的人更了解硅谷的中国人网络。他说："我在台湾大学读书时，班上有

100多人。我们当中只有15人选择留在中国台湾，除了2个人其余都去了美国。当我开始定期去美国出差的时候，我发现我们毕业班中大约有40人仍然住在硅谷……上周在硅谷，我一周内就见了30家不同公司的代表。”作为一名投资者，何志武非常重视信息的及时性：“我的人脉网络可以为我提供预警；一旦新闻上了报纸，那就太迟了。”①

陈启泰是Multitech的首批员工之一，也是促进跨区域合作的新一代投资者的典范。陈启泰在宏碁工作了17年，之后又在两家初创公司工作过。他于1996年创办了自己的风险投资公司InveStar。在运营的第一年里，该公司就向硅谷的公司投资了5 000万美元。陈启泰将InveStar描述为连接硅谷和台湾地区的中介机构：“当我们投资硅谷的初创公司时，我们也在帮助它们进入台湾市场。我们在双方之间建立关系……我们帮助它们与半导体代工厂建立高层之间的联系，并帮助它们了解个人电脑领域的战略机会。这不仅仅是供应商与客户的关系。我们能让合作变得十分顺畅。”②

培育产业生态系统

正如我们所看到的那样，20世纪80—90年代，台湾地区科

① Interview with C. S. Ho，May 15，1997.

② Interview with Ken Tai，May 16，1997.

技产业的蓬勃发展和多元化在很大程度上得益于本地生产商与硅谷生产商之间的紧密合作。从全友和友讯（一个涉足扫描仪行业，一个涉足网络行业）这两个案例中，我们能看到台湾地区专业化、细分化基础设施建设的整个过程。

中国台湾的扫描仪行业是从美国引进的。全友的创始团队是在美国接受过教育的华裔工程师，他们于20世纪70年代在施乐公司共同从事文件工程、激光打印机和扫描仪的研发工作。他们也是最早选择回到台湾的一批创业者。1980年，他们在新竹成立了全友国际公司，并在加利福尼亚州设立了联络处——全友实验室。全友的首批产品是电路仿真器，这款产品销量很不错，并于1981年在Wescom（计算机行业贸易展）上获得了最佳产品奖。创始团队很快就从施乐公司招募了更多归台人士，到1983年，产品线已经囊括了扫描仪等产品。1985年，全友生产出了世界上第一台300dpi黑白单张进纸扫描仪，并在整个20世纪90年代凭借其基于极具新意的设计和软件推出的平价扫描仪，始终处于行业领先地位。

最初，全友面临的最大挑战之一是台湾缺乏有能力制造扫描仪的供应商——这是一个尤为紧迫的问题，因为它的主要竞争对手是日本公司，而后者可以利用本国先进的基础设施。创始人谢志鸿和他的同事决定培育本地分包商与供应商。他们找到了一家生产低端透镜的本地公司，并帮助其提升技术能力。首先，全友设计出了一款新的透镜，然后它将技术转让给了该公司（全友的一位创始人拥有15项透镜设计专利）。随着时间的推移，他们帮助该公司成长为一家独立的世界级透镜制造商。同样，在20世纪80年代早期，台湾地区还没有高精度加工技术，因此全友的创始人与当地的机械加工厂密切合作，逐步提升它们的能力。谢志鸿表示，他们最初并没有办法达到美国的标准，但他们想出了共同开发公差更小但性能仍然很高的产品的方法。因此，全友成为台湾地区第一家获得ISO 9001认证的扫描仪公司。

1988年，全友成为台湾地区首批科技IPO的上市公司（仅次于宏碁），这一时期，全友已经帮助台湾地区建设了先进的扫描仪生产基础设施。唯一无法在当地采购到的部件是电荷耦合器件，但该领域存在大量竞争对手，这确保了台湾地区的生产商能够获得持续的供应。1989年，全友投资了友立资讯，这是一家位于台北的初创公司，主营图像处理和数字视频软件开发业务，由台湾地区信息工业研究所的三名同事共同创立（其中两人还是台湾交通大学的同学）。谢志鸿曾经指出全友在早期是如何帮助友立资讯的，两家公司共同从柯达公司购买电荷耦合器件，好让友立资讯（当时该公司对这一组件的需求量不大）能够享受大量采购带来的折扣（每件仅150美元，而如果友立资讯单独购买，则需要每件花费500美元）。这种合作关系让两家公司都受益匪浅，并促进了台湾组件基础设施的进一步升级。2001年，友立资讯成为台湾第一家公开上市的软件公司。该公司目前拥有450名员工，向全球各地销售图像编辑产品、视频编辑产品和3D产品。

1995年，台湾生产商占全球扫描仪市场的60%；到2000年，这一份额已增长到近90%。仅全友一家就占据了全球扫描仪市场20%以上的份额，并已涉足相关数字图像处理产品，如数码相机、LCD平板显示器、LCD投影仪和掌上电脑等。该公司十分重视技术研发工作，其专门设有两个研发实验室（一个位于加利福尼亚，另一个位于台湾），而且这两个实验室拥有大量光学设计、机械和电子工程、软件开发及产品质量方面的专用设施。全友的竞争优势不再仅仅是低廉的劳动力成本。如今，该公司在全球拥有100多项专利，而且仍在将20%以上的员工和10%以上的收入用于下一代数字成像的研发工作。

除了与中国台湾地区努力创新的合作伙伴建立关系外，全友还与美国多家公司保持着密切的联系。该公司于1995年在圣何塞建立了一个先进的研究实验室，以支持当地一位非常有才华的台湾工程师的工作。这个由30人组成的实验室团队与硅谷的大型客户密切合作，共同开发有前途的新技术和新产品。此外，全友还在俄勒冈州的希尔斯伯勒设立了一个部门，以便与英特尔的微处理器部门保持密切联系，好共同开发新一代的仿真器。

友讯是台湾最早也最为成功的数据网络设备公司之一，由7名台湾交通大学毕业生于1986年创立。该公司的首款产品是1Mbps网络接口卡（NIC）。该公司于1991年在新竹科学园区建立了自己的第一家工厂，并于1994年在台湾证券交易所上市。如今，友讯已成为消费者、小型办公室以及居家办公市场无线网络和以太网领域的全球领导者。该公司的主要竞争对手是Linksys（2003年被思科收购）和美国网件公司。而且，这两家公司都拥有以台湾地区为中心的供应商网络。

友讯的副总裁艾瑞克（Eric Wang）在美国获得了硕士学位，在加入友讯之前，他曾在硅谷工作过。他介绍说，在友讯成立后不久，公司就投资了台湾地区的两家集成电路设计公司——世纪民生科技和Tamarek公司，这两家公司现在都已成为友讯重要的技术供应商。友讯还投资了两家位于新竹的零部件制造公司，分别是友旺公司（一家生产个人计算机卡和传真调制解调器的公司）以及友劲公司（一家生产高端局域网产品的公司）。据他所说，友讯与这些供应商的关系非常密切："友旺或友劲可以很容易地成为友讯的一部分。虽然它们都是独立的公司，但我们持有这两家公司大约40%的股份，并且与它们有着非常紧密的联系。这在台湾非常普遍。宏碁的'蜂窝式'架构与我们的模式就很类似。"① 另外一个重要的合作伙伴是半导体代工厂联华电子。

与大多数台湾公司一样，友讯也在加利福尼亚州设有研发中心。这确保了公司能够获得台湾地区尚不能提供的最新技术

① Interview with Eric Wang，May 15，1997.

组件，从而快速设计出原型机。友讯还与美国的网络客户密切合作。这位副总裁表示，由于硅谷的许多大公司中都有台湾工程师从事硬件设计工作，因此，想要开展合作十分容易。他还描述了一位台湾芯片设计师的例子，该设计师先是离开了美国网络公司 Synoptics，在友讯工作了两年，负责开发新产品，然后他回到硅谷，创办了自己的公司。友讯投资了这家公司，该公司负责开发产品并向友讯和台湾地区其他网络公司授权技术。友讯还拥有一家风险投资公司，专门投资湾区网络行业的初创公司。这位副总裁说，他每年会去美国六次，对硅谷非常了解，开车都不用看地图。在像网络行业这样变化速度如此之快的行业中，想要及时获得最新的技术，就需要与硅谷有着密切的联系。①

2003 年，友讯将其代工业务剥离出来，成立了一家名为明泰科技的制造公司。明泰科技掌握了友讯在台湾地区和中国大陆南方的生产基地以及以太网技术，它还是友讯的主要供应商。友讯将专注于自有品牌的新产品开发工作。2004 年，友讯将明泰科技 17%的股份出售给广达电脑，标志着双方之间合作关系的进一步深化。明泰科技的董事长解释道："鉴于计算机行业和

---

① 1999 年，另一家台湾网络产品制造商智邦科技投资了硅谷的三家初创公司（Altima、美满科技和 Rapidstream），以开拓公司在收发器、防火墙、数字信号处理器和虚拟个人网络方面的技术。这解释了为什么智邦科技研发副总裁需要每月飞往硅谷两次。与友讯一样，智邦科技也投资了本地公司，包括从事集成电路设计的 ADM Tek 和主攻电缆调制解调器技术的 OLE。Interview with Jinn Yuh，August 19，1999.

网络通信行业的日益融合，我们与广达电脑的合作，无论是在产品、制造、成本控制还是全球物流方面，都是极其互补的。”① 在这一合作关系当中，广达电脑受益于明泰科技的合作商体系及其掌握的高速互联网知识；明泰科技则获得了广达电脑的计算机系统集成和制造能力。②

系统升级

台湾地区技术社区中的社交网络对于协调复杂且去中心化的生产供应链而言至关重要。例如，一台笔记本电脑的生产工作通常会涉及至少一百个不同的供应商。专业化的生产商之间竞争激烈，但也可能达成合作，至少在特定项目上可以合作。当上市时间和产量直接决定竞争成败时，当专业部件不断升级且能够重新组合成新的终端产品时，供应商和客户网络之间密切且不断变化的合作关系就显得至关重要了。

个人电脑企业之间的合作关系

尽管劳动力成本迅速上升，台湾地区还是靠着持续的技术

① “D-Link Corporation Announces [Transfer of] Alpha Networks’ Shares to Quanta Computer,” March 11, 2004, D-Link press release.

② 友劲是友讯最早期的合作伙伴之一，至今仍是其主要供应商之一。其他供应商包括提供网络安全解决方案的BroadWeb、Cipherium Systems和L－7 Networks；专注于IP语音（VOIP）技术的DrayTek；生产802.11 WLAN卡等WLAN模块的Z-Com；以及设计802.11 WLLAN芯片组的Atheros。

升级，在20世纪90年代保住了其在全球个人电脑行业当中的核心制造基地地位。[①] 当地的行业领导者还指出，台湾地区为IBM的个人电脑战胜苹果公司电脑做出了相当大的贡献。通过降低成本，并促进产品之间的快速迭代，台湾地区生产商加速了个人电脑市场的增长。对此，风险投资家陈启泰解释道：

> 我在宏碁时，曾与苹果公司进行接洽，希望能生产Mac电脑。当时它的生产量很大，但采用的是自上而下的僵化模式，谈判只限于一次性的合同。这让我们没有机会进行创新并提高价格。实际上，个人电脑行业的模式应当是自下而上的：通过允许众多供应商之间展开竞争，鼓励它们在质量和性能方面进行创新性改进。个人电脑行业所取得的优势不仅取决于英特尔和微软，还取决于台湾地区生产商的不断升级，最终能够以更低的成本提供与苹果公司电脑相当的性能。[②]

台湾地区工业体系的灵活性——不断有新企业进入、老企业退出，竞争激烈以及产品逐步升级——也有助于解释台湾地区为何比亚洲其他经济体更好地抵御了始于1997年的亚洲金融

① 早在1994年，中国台湾非熟练生产工人和工程师的平均时薪就翻了一番多，从1985年的15%增长到32%。中国台湾生产工人的工资与韩国和新加坡相当，是马来西亚和泰国的五倍。(Chang et al. 1999.)

② Interview with Ken Tai，May 16，1997.

危机。与亚洲其他经济体相比，台湾地区的法律体系使得破产相对容易，企业家们也习惯于在创业失败后重新开始。“他们倾向于在资本密集程度较低的行业中进行创业，并将许多零部件的生产分包出去。这意味着他们不需要在机器等固定资产上花费太多，而且一旦公司倒闭，这些机器也可以很容易地转卖给竞争对手。”①

台湾地区在20世纪90年代初就达到了个人电脑行业的技术前沿。通过承接越来越多的原始设备制造合同，本地公司逐渐掌握了主板快速设计以及整个个人电脑系统快速高效集成的技术。

台湾地区通过ISO 9000认证的公司数量从1990年的0家猛增至1999年的近1 600家，这表明，在台湾，除了灵活性和低成本外，质量和生产控制也日益受到重视。② 即使技术变革的步伐日益加快、利润率下降，导致一些本地生产商破产，另一些生产商转向中国大陆寻求低成本劳动力，台湾本地公司仍在继续转向高附加值产业。1 000美元以下个人电脑的出现代表了在日益商品化的市场中的激烈竞争。

台湾地区的领先公司逐渐超越了传统的原始设备制造关系，承担起了在新产品设计和开发方面的责任，从而保持了本地行业的竞争优势。在新的原始设计制造关系中，负责制造的合作

① “The Flexible Tiger,” 1998, p. 73.

② BSMI 2000.

伙伴控制着产品的整条供应链——从设计、工程制造、生产（包括零部件采购）到库存管理和物流。这不仅有助于台湾地区在物流和供应链管理方面不断提升能力，而且大大增加了台湾公司与客户互动和共同学习的机遇。

中国台湾地区的工程师专注于生产，从而发展出了深厚的制造工艺、设计和系统集成能力，而美国工程师则继续追求前沿技术开发工作。台湾地区的电子系统和个人电脑公司加快了新产品的上市速度，提高了产量和质量水平，同时也应用了大规模密集型制造系统。到 2001 年，台湾这个拥有 2 200 万人口的经济体每年生产 2 700 万台台式电脑，并主导着全球的笔记本电脑市场。

对 20 世纪 90 年代末台湾个人电脑行业的详细调查表明，随着境外买家对质量和生产控制的要求不断提高，公司花了极大的精力在新产品设计和开发方面。客户的苛刻要求迫使台湾公司加深了与本地供应商的伙伴关系，同时进一步推动了社区内部的集体学习与知识传播。[①] 这些合作是双向的，品牌方可能会提供技术路线图，例如高级别的产品和性能规格（屏幕尺寸、微处理器速度等），而台湾地区的合作伙伴则可能为客户提出新的设计或产品建议。因此，中国台湾地区领先的个人电脑供应商经常为美国名牌电脑公司完成超过 50％的设计工作。在这个

① Kishimoto 2003.

持续的合作过程中，合作伙伴可以在6～9个月内开发出新的产品。

硅谷私募股权公司Crimson Investment的创始人兼总经理认为，戴尔在个人电脑行业的成功得益于其与中国台湾地区厂商基于原始设计制造关系的长期合作。戴尔与广达电脑、仁宝和光宝等供应商密切合作，在产品生命周期内通过定期会议的方式共享技术和市场信息。这些互动使得戴尔与其供应商的专业知识实现不断整合，从而快速推动双方的技能提升，同时让戴尔超越了美国其他那些更老牌的生产商（例如IBM、惠普和康柏）以及日本的竞争对手。①

尽管台湾地区的生产商是技术上的模仿者，但它们在运营和工程方面的卓越表现以及快速整合与落实新设计方案的能力，使得它们能够在越来越庞大的个人电脑和电子系统市场上占据主导地位。这些生产商凭借在高端精密制造领域积累下来的经验，以及与客户和本地零部件制造商（包括集成电路设计商和制造商）的密切关系，能够快速设计并高效生产出成本更低、质量更高的产品。宏碁高级副总裁黄少华指出："在个人电脑行业，没有人能控制新产品发布的速度；企业必须非常迅速地跟上新的趋势和发展。新的组件、软件或设计可能来自任何地方，一旦落后，就会失去机会。在这个行业中，迅猛的势头和足够

① Shelley Neumeier, "Going to China Has Become a Competitive Imperative," *Corporate Board Member*, May /June 2004, pp. 24 - 29.

的灵活性至关重要。”[①] 台湾制造商大众电脑的执行副总裁许健指出：“有活力的企业联盟、供应链管理和物流之间需要相互依存，特别是在低成本个人电脑领域。”[②]

康柏的一位高管从消费者的角度描述了此类合作关系：

> 在 20 世纪 90 年代初，台湾地区在康柏的转型中发挥了关键作用。康柏诞生于 20 世纪 80 年代，当时的主营业务是仿制 IBM 的个人电脑。康柏作为“更优秀”的个人电脑制造商取得了巨大成功，其产品功能丰富，售价高于其他仿制的个人电脑。不过，到了 20 世纪 90 年代初，消费者不再愿意为这些附加功能支付更高的价格。此时，康柏新任首席执行官埃克哈德·普费弗（Eckhard Pfeiffer）上任。普费弗先生做出了关键的战略决策，即转向台湾地区寻找供应商，并将当地供应商指定为某一产品的唯一供应商。这种信任得到了丰厚的回报，在质量、可靠性和价格竞争力方面取得了非凡的成就。通过与台湾地区供应商的合作，康柏成为全球第一大个人电脑供应商。如今，康柏与 40 家台湾供应商深度合作，产品种类繁多，采购金额超过 70 亿美元，同时，康柏还与多达 5 000 家台湾次级供应商开展相

① Interview with George Huang, May 22, 1997.

② Hall 2000.

关业务。这是一次非常成功的合作。[1]

1999年，康柏推出了基于互联网的服务网络，以增加台湾地区供应商与原始设备制造合作伙伴之间的互动，并控制库存水平。到2000年，已有20多家台湾主要制造商加入了康柏的服务网络。

自2000年以来，美国计算机制造商也利用与台湾地区企业的合作关系打入新市场。惠普公司2003年从台湾地区采购了价值约162亿美元的IT产品，它不仅与台湾地区企业在笔记本电脑、台式机、显示器、打印机和服务器方面建立了原始设计制造关系，还在平板显示器、掌上电脑、小型手机、MP3播放器和数码相机方面建立了合作关系。[2] 例如，惠普与台湾Tekom公司在数码相机方面的合作帮助后者提高了设计与制造高性能相机的能力，同时加强了惠普在与日本领先相机公司进行竞争时的优势。[3]

集成电路制造领域的佼佼者

到20世纪90年代中期，中国台湾地区领先的集成电路代工厂台积电和联华电子已经与美国和日本的技术水平相当，同时仍然是世界范围内成本最低的集成电路制造商。新竹地区集成

---

① Ehrgood 2000.

② David Tzeng, "HP Praises Taiwan Partners," *DigiTimes*, October 19, 2004. www.digitimes.com; access date: November 15, 2004.

③ Hagel 2004.

电路制造技术的高度集中足以吸引那些集成电路的设计专家来到台湾地区。硅谷芯成半导体的联合创始人韩光宇表示：

> 我们之所以将生产业务转移到台湾地区，是出于物流方面的原因。我们每天都要与供应商打交道，现在要方便得多，因为到工厂只需十分钟车程，到装配厂也只需一个小时车程。如果我们使用的是老一代相对成熟的技术，距离远近就不那么重要了；但我们的新产品使用的是前沿技术，需要工程师团队持续不断地集中精力解决问题，以确保产品拥有尽可能高的质量和性能。我们的产品周期被缩短到了6～9个月，因此我们必须与合作伙伴密切合作。
>
> 台积电是我们的亲密合作伙伴，我们对它了如指掌。这不仅仅是客户与供应商的关系。这是一个共同开发新产品和新工艺的过程，需要非常深入地进行合作。台积电会与我们讨论需要共同开发哪些下一代产品和技术。例如，如果我们认为下一代产品需要满足低功耗、高通信能力和便携性的要求，那么我们就会与台积电展开合作，共同确定最佳工艺。我们的产品非常先进，因此台积电需要向我们了解市场的发展情况；我们则需要依靠台积电制造出高性能和高质量的产品。①

---

① Interview with K. Y. Han，May 13，1997.

近年来，无晶圆厂的集成电路设计公司与其代工厂之间的跨区域合作显著加深。硅谷可编程逻辑器件设计公司赛灵思与台湾联华电子的合作始于 1995 年。十年后，该公司有一支 100 人的工程师团队专门驻扎在联华电子，负责与其工程团队合作开发新产品。赛灵思将其在技术上持续“突破极限”的能力归功于与台湾厂商的合作关系。该公司是第一家推出基于 90 纳米工艺几何结构器件的公司，也是现场可编程门阵列领域的领先生产商，占据了 50%以上的市场份额。① 在所有器件当中，可编程器件需要最小的几何结构和最先进的工艺，因此，生产商除了面临成本压力和上市时间压力之外，还面临着生产过程中的能源管理与安全问题压力。

赛灵思的运营副总裁黄铭钧强调：“我们的合作伙伴必须认同我们的风险分摊观念。他们必须愿意与我们共同承担风险，并愿意尝试新事物。这是保持领先技术、实现真正创新的唯一途径。”产品技术副总裁汤立人补充道，赛灵思的合作伙伴必须是“技术上的领导者”。他解释道：“我们不能与那些在自身领域当中不处于领先地位的公司合作。三四年前，在制造方面，你还可以当甩手掌柜；但今天，我们必须与合作伙伴紧密合作、推动技术进步。我们有 80 多名工艺工程师，但我们甚至没有自己的晶圆厂。”②

---

① “Spirit of Partnership: Turning Industry Cliche into a Successful Business Model,” www. xilinx. com/company/about/partner; access date: April 23, 2005.

② Ibid.

台湾地区的集成电路代工厂也与硅谷的设备供应商密切合作。尽管台积电和应用材料公司之间的距离十分遥远，但两家公司高管的密切关系为台积电带来了明显的竞争优势，还提高了两家公司技术团队之间的沟通质量。台积电和应用材料公司的工程师之间保持着持续、高频率的交流，而且大部分情况下都是面对面的交流，因为前沿工艺还没有得到标准化，许多制造问题也没有得到明确界定。

在应用材料公司的工厂里总能看到台积电工程师团队的身影，他们正在接受最新一代制造设备的培训。同样，应用材料公司的工程师们也会定期前往台积电。这种持续不断的密切交流有助于台积电快速开发新的工艺技术，同时最大限度地减少引入新制造工艺时不可避免的技术问题。此外，这种交流还能让台积电及时了解设备设计的最新趋势和功能发展。①

应用材料公司执行副总裁王宁国总结了该公司与客户之间的合作模式：

> 客户能取得成功是我们的首要任务……如果客户开始建造300毫米的晶圆厂，那么我们也会雇用人员共同开发新设施。双方之间的共同努力为我们的客户带来了两个好处。一个好处是资产回报。为了尽快获得利润，快速提升产能

① Interview with Steve Tso，March 15，1999.

至关重要。作为合作伙伴，我们必须培训客户学会操作已安装的设备，并做好流程管理、产量管理和现场支持等服务。

另一个好处是上市时间短。如果客户开发了一款新的手机芯片，并希望在六个月内发货，那么我们就会与客户合作，帮助他们进行工艺整合。例如，铜鎏金工艺的步骤非常复杂，包括阻挡层金属沉积、铜籽层沉积、电镀、抛光、低介电常数材料沉积和诊断等等。如果客户试图独自完成如此复杂的工艺整合，可能需要长达六年的时间。然而，在合作过程中，客户只需帮助我们进行设备安装和备件管理就可以了。

十年前，客户最初会希望就设备价格进行讨价还价。但现在，他们首先想要讨论的是如何展开合作。①

台湾地区技术厂商的适应能力源于本地生产商之间的长期合作关系。新竹地区生产活动的去中心化和本地化是当地集成电路和个人电脑公司具备灵活、快速生产和创新性干中学等特征的关键。一家公司在给投资者的报告中如是描述了加入本地产业集群能给公司带来的优势：

---

① Interview, Dr. David Wang, "Global Chipmakers Gather in China," *Nikkei Electronics Asia*, March 2001. www.nikkeibp.asiabiztech.com/nea; access date: March 28, 2001.

半导体行业的增长是多种因素共同作用的结果。第一，台湾地区的半导体制造公司通常只专注于制造流程中的一两个阶段。因此，这些公司往往效率更高，能够更好地实现规模经济、提高产能利用率。第二，台湾地区掌握核心制造工艺的半导体制造公司彼此距离都很近，通常保持着密切的合作关系。这种紧密的网络对于希望外包多个阶段半导体制造活动的客户颇具吸引力。第三，台湾地区拥有大量受过良好教育的劳动力和不少从事半导体等尖端制造业的工程师。①

如图 5－1 所示，中国台湾地区拥有众多资深的集成电路专家，从日本观察者的角度来看，该地区就像是一个单一的大型企业，“台湾地区（2000 年时）有 130 家设计公司、5 家外包装制造公司、20 家晶圆制造公司和 100 家组装与测试公司。这些公司共同合作，就像一个内部垂直整合的公司。可以说，中国台湾地区是世界上规模最大的半导体生产基地，与美国硅谷类似。”② 然而，这种看法恰恰忽略了中国台湾地区工业体系比日本综合性公司更具活力和灵活性的特点：在集成电路生产的各个专业领域，生产商之间竞争激烈，它们有能力通过与本地和远程客户及供应商不断变化的合作关系来分摊风险、吸取经验。

① ASE Inc.，2002.

② Minamikawa 2000.

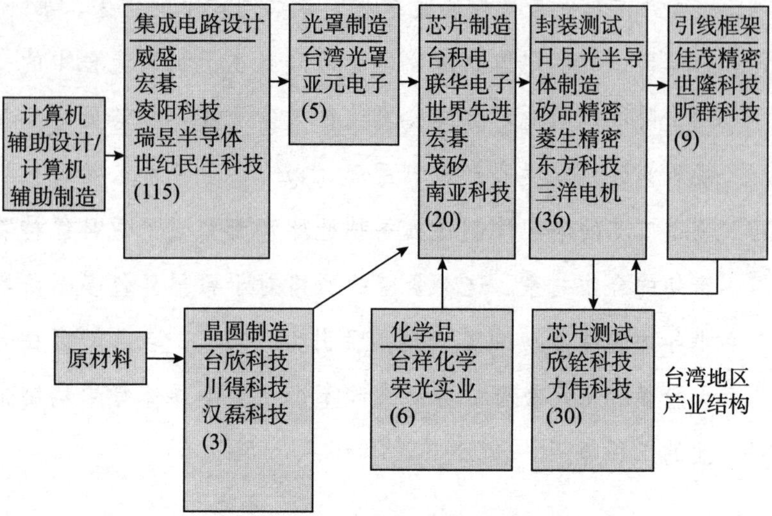

图 5-1　台湾地区集成电路产业的结构

注：括号中的数字是截至 1999 年各领域的公司数量。

资料来源：Electronics Research & Service Organization/Industrial Technology Research Institute，Hsin-Chu，Taiwan，1999.

随着新竹地区集成电路制造业的日益扩张与逐步成熟，它与台北个人电脑和零部件制造商的整合程度越来越高。在 20 世纪 90 年代，芯片设计人员开始与个人电脑和外围设备制造商更紧密地合作，为其产品设计专用芯片，而这些专用芯片则由当地的代工厂加以生产。到 2000 年，中国台湾地区已成为除硅谷以外规模最大、最先进的专业集成电路设计中心，拥有 130 多家公司，其中包括威盛、矽统科技、瑞昱半导体、凌阳科技和联发科技等高利润企业。（相比之下，日本和韩国的独立集成电路设计行业规模很小，发展也不成熟。）中国台湾地区的集成电路封装与组装公司，如日月光半导体制造（ASE）和矽品精密公司，也成了市场上的主导企业，占全球市场份额的30%以上。

那些设想出了新产品的企业家依靠过去的合作伙伴以及新的供应商与设计师来快速开发并制造这些产品。据斯坦福大学毕业生、集成电路公司矽统科技的联合创始人刘绍基所说："我们之所以能够率先进入市场，是因为我们做到了'在所有时刻都与他人合作'。我们不断地开展合作；从产品定义开始，我们在每个阶段都会与合作伙伴、客户以及供应商展开合作。"①

本地客户与供应商之间的多样化合作关系进一步增强了该集群的整体能力。跨太平洋集成电路供应链中的客户与供应商（包括半导体设备制造商、代工厂、集成电路设计商以及个人电脑和其他电子系统公司）不断合作，为台湾地区在全球集成电路产业份额的快速增长做出了贡献。1999 年，台积电和联华电子共同控制了总价值不到 30 亿美元的全球代工市场的 49%；到 2004 年，台湾代工厂在全球 180 多亿美元的纯代工市场中占据了 70%以上的份额（其余竞争对手仅占个位数份额）。②

---

① Stanford Alumni Conference 2000.

② 2004 年，全球范围内的代工厂收入超过 220 亿美元，其中纯代工厂收入超过 180 亿美元，其余部分来自集成设备制造商。代工厂既包括专注于提供代工厂服务的纯代工厂，也包括以提供代工厂服务为手段、利用前沿工艺技术延长工厂使用寿命的集成器件制造商。

供应链的深化与多元化

台湾地区的新兴公司和老牌公司仍在通过生产关键零部件以及不断创新来丰富本地供应基础。其中一些生产商专注于非常狭窄的领域。例如，电子元件公司华孚科技开发了一种用于制造笔记本电脑镁合金外壳的复杂工艺技术。其成品率高达90%～95%，远高于业内70%～80%的标准。另一家台湾专业公司 Silitech 在制造手机键盘所需的复杂塑料和橡胶复合材料方面积累了深厚的专业知识；该公司还汇集了不少机械工程师与化学工艺工程师，通过开发精密工具和多种制造工艺，不断努力设计出高性价比的键盘。[①] 与硅谷一样，专业化使得各家公司能够专注于创新，同时在更广泛的工业生态系统中重组这些专业组件，加速动态创新过程。

台湾集成电路设计公司凌阳科技与硅谷的矽映电子科技之间的合作就体现了这种相互提升的过程。通过合作，凌阳科技从一家低端消费电子芯片供应商升级成了高端 DVD 和 DSC 芯片设计商。例如，两家公司于 2003 年达成协议，共同开发多媒体集成电路。在这一合作当中，矽映电子科技为对方带来了先进的多媒体和存储系统知识产权，而凌阳科技则在开发竞争激烈的大众市场集成电路方面表现卓越。两家公司的工程师共同将

---

① Hagel 2004.

矽映电子科技的知识产权整合到了新产品中，并由两家公司共同销售；凌阳科技还将开发矽映电子科技现有芯片的低成本版本，以便在商品市场上展开竞争。该协议并非排他性的，矽映电子科技还将其知识产权授权给了另外两家台湾集成电路设计公司。此外，凌阳科技还与另一家硅谷公司橡树科技结盟，共同为中国大陆成像和数字电视市场开发低成本芯片，并专门成立了一家子公司，为个人电脑市场开发光存储集成电路。①

还有一个不断提升自身技术能力的领先制造商，那就是华硕。该公司每月生产超过 100 万块主板（该业务占其总利润的 18%～19%），并为索尼和苹果等高端品牌生产笔记本电脑。该公司的战略是专注于最新技术，并率先将采用最新设计方案的主板推向市场。据主板部门总监谢明杰称，只有与供应商和客户密切合作，才能做到这一点。谢明杰表示，他会定期派遣工程师团队与个人电脑制造商合作，共同进行质量控制和研发工作，其中一些供应商也在与华硕共同成长。该公司还与英特尔和台湾威盛等主要芯片供应商密切合作。作为它们的首选合作伙伴，华硕经常能在竞争对手之前获得新的芯片样品，从而抢先进入市场。②

像华硕这样的先进制造商拥有快速适应新市场所需的专注力和供应链合作伙伴关系。在 20 世纪 90 年代初，它们就是靠着这些优势从生产低利润的台式电脑升级到了生产利润更高的笔

① Luo and Wang 2003.

② Hall 1999.

记本电脑。在90年代后期，台湾率先进入了无线电话市场，这是其快速反应能力的又一力证，其最近转向数码相机生产的活动也是同理。图5－2展示了台湾地区在90年代后期为占领新兴的无线电话市场而打造的新的合作组合。

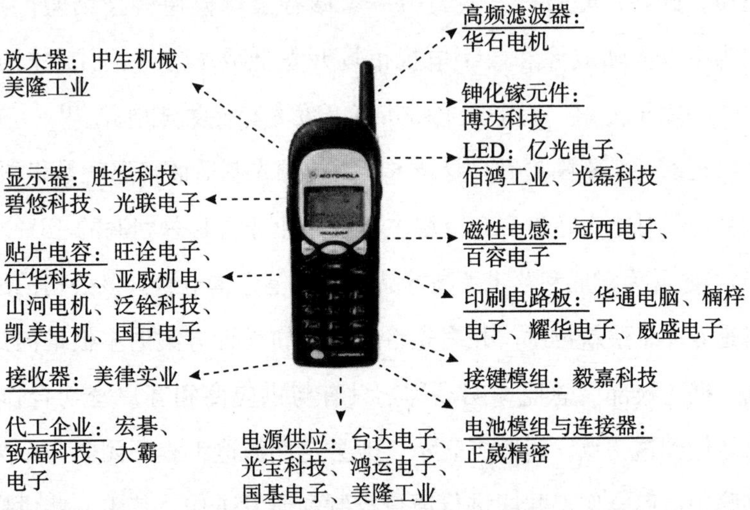

图5－2　台湾地区无线电话行业（所有公司都是上市公司）

资料来源：台湾万宝投资公司。

台湾地区快速模仿和适应的能力反映了其在技术实践方面的卓越性，而不是在技术或架构研究方面的开拓性。华硕等生产商在技术产品市场上占据着主导地位，其设计周期为3～6个月，产品生命周期最长为9个月，部分原因是其周期短、库存管理严格、供应链适应性强，还有部分原因是其能够优先获得美国的前沿技术、客户以及先进的研究与设计成果。随着时间的推移，台湾地区的集成电路和个人电脑公司也增加了研发方面的投资，提高了自身的技术能力。2001 年，新竹科学园区的公司平均将销售收入的 7.3%用于研发，而台湾地区制造业整体的研发投入仅占销售收入的 1.3%。①

中国台湾地区制造商相对于美国合同制造商或电子制造服务业的卓越表现凸显了去中心化生态系统所具有的优势。2004 年的一项分析估计，台湾前五大原始设计制造商——华硕、明基、仁宝、鸿海和广达电脑——的库存周转速度比前五大电子制造服务供应商（包括 Celestica、伟创力和旭电）快 35%，因为前者对采购和供应链管理负有全部责任。这反映在 2002 年台湾原始设计制造商的平均股本回报率为 18%，而合同制造商的平均股本回报率为－26%。同样，分析师预测原始设计制造商的年平均增长率为 34%，而电子制造服务供应商的年平均增长率为 3%。②

台湾中小型企业所具有的创业传统、合作精神、相互合作以及资源共享等特点，为硅谷管理模式的许多方面都提供了沃土③，但是其他一些传统，例如对家族关系的严重依赖，则已基本被摒弃。因此，台湾地区的企业通常比亚洲其他经济体的企业更愿意在硅谷设立分支机构。这并不意味着台湾地区是硅谷

① 集成电路制造和设计领域的研发投入高于成本导向的个人电脑组件行业。www.sipa.gov.tw/en/；access date：November 15，2004.

② Hagel 2004.

③ Hamilton 1997.

的翻版，而是台湾与加利福尼亚州实现了共同进化，将硅谷的风险投资和创业模式与台湾中小生产商共享资源和协作的古老传统相结合。

打造区域优势

台湾地区的经验似乎是一个典型的比较优势案例，该地区擅长集成电路和个人电脑制造，而硅谷则在更先进的集成电路设计与电子系统定义方面处于领先地位。然而，与跨区域合作和升级的动态过程相比，从专业化和贸易中获得的经济收益总归是有限的。因此，中国台湾地区的技术界人士——包括扎根于美国、中国台湾地区和经常往返于两地的工程师——在硅谷和新竹之间有效地传递着有关投资、合作机会以及市场变动和技术发展的信息。

虽然比较优势模型假设拥有要素禀赋的地区具有相对稳定的产业专业化，但硅谷和新竹在过去二十年中的角色一直在相互转化——其产业专业化程度和技术能力也在不断变化。得益于生产专业化、共同设计产品的合作关系以及快速重组所带来的新技术、新产品、新工艺与新产业，企业、产业甚至区域经济之间的界限正在变得越发模糊。随着生产商与那些地理上相隔甚远的合作伙伴不断推陈出新，这些地区不断发展，产业专业化程度也不断提高。

世纪之交的中国台湾地区

新竹地区的工业体系在20世纪80—90年代成功适应了竞争和技术变革，但在20世纪90年代末21世纪初之时，随着制造业向中国大陆的转移，该体系遭遇了最为严峻的挑战。在日益商品化的个人电脑业务中，激烈的竞争导致价格持续走低，毛利率不断缩水，这促使台湾企业开始在中国大陆建立生产车间。它们的目标是提高规模经济（和产能），同时降低生产成本，从而提高市场份额和盈利能力。然而，由于所有企业都采取了相同的策略，它们很快就面临产能过剩的问题。尽管笔记本电脑和其他电子系统制造商获得了市场份额，它们的利润率和利润总额却都在持续下降。

中国大陆：新的压力源

在20世纪90年代初期，台湾地区的个人电脑零部件制造商在成本压力加剧的驱动下，开始将劳动密集型程度最高的生产活动——电源、键盘和扫描仪的组装生产工作——转移到中国大陆，以期利用当地更低的劳动力和土地成本。它们效仿台湾地区鞋类、玩具和轻工业消费品制造商的早期发展道路，开始向中国大陆的南方地区转移。最初，只有少量劳动密集型制造业进行了转移，但这一趋势在十年间发展迅速，最终甚至影响了台湾地区最尖端的IT生产商。

早期与个人电脑相关的台商投资主要集中在位于珠三角地区深圳和广州之间的东莞。虽然广东省并不是台商投资的首选地，但这里足够靠近香港这一通信和交通枢纽。福建省在地理上距离台湾最近（与台湾隔海相望），在文化上也高度相似（从中国大陆移居台湾的人大多来自福建）。然而，台湾地区规定不允许直接跨越台湾海峡旅行，因此所有的商业往来都要经过香港或澳门，而投资通常需要通过香港进行，以规避台湾当局对中国大陆投资的限制。深圳作为中国第一个经济特区的地位使得当地工业迅速发展，但与东莞和惠州等周边地区相比，深圳作为制造业中心的吸引力就有所下降，因为上述地区的土地和劳动力成本要低得多。

世纪之交，东莞汇聚了约1 800家个人电脑生产企业，其中80%由台湾投资者建立，此外还有一部分大型跨国公司的生产线和少数中国大陆本土企业。这些企业生产了制造一台个人电脑所需的95%的零部件。然而，由于这些产品已经相当成熟，因此在中国大陆生产的零部件价值仅占个人电脑总成本的10%～15%。[①]例如，标准键盘每只售价约为4美元，其中一半是材料成本。

到2000年，台湾地区三分之一的IT产品是在中国大陆的工厂生产的。其中包括90%的电源、85%的扫描仪以及超过42%

① Tong and Wang 2000.

的数码相机、台式电脑、主板和显示器。① 来自台湾地区的投资者将东莞个人电脑制造基础设施的密度和复杂性与20世纪90年代初的新竹-台北走廊进行了比较，这是一个去中心化且灵活的低成本大规模制造系统，至少四分之三的产出用于出口。

世纪之交，台商在中国大陆的IT投资加速增长，并开始转向更高附加值的产品，包括主板、显卡和笔记本电脑。图5-3显示了台湾地区在20世纪80—90年代的IT产值增长情况，体

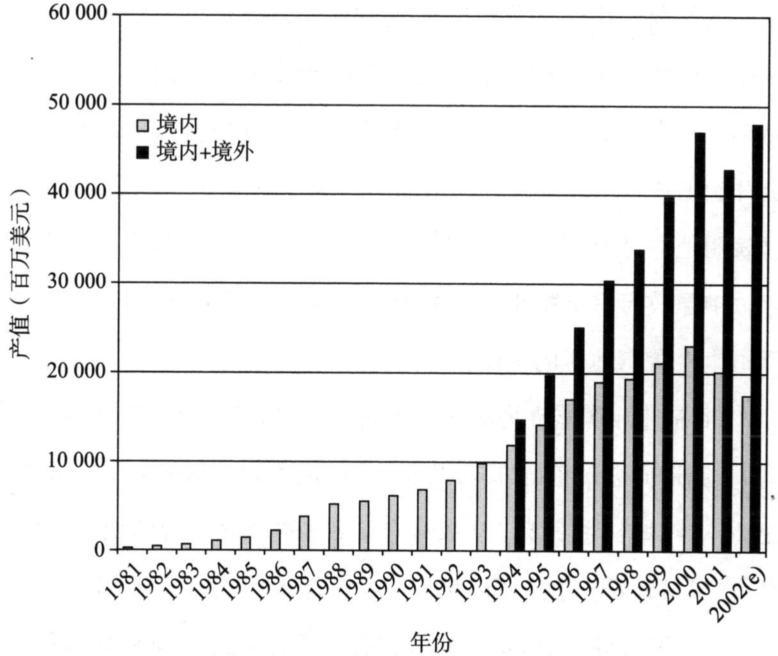

图5-3　台湾地区IT产业的年产值，1981—2002年

① Guan 2002；Landler 2001；Flannery 1999.

现了境外生产份额的快速增长，其中绝大部分来源于中国大陆。这些高附加值的台商投资越来越多地出现在上海和邻近的苏州、昆山、无锡和杭州等城市，而非集中于中国大陆南部地区。

这种投资向上海的转移说明台商已没有多大必要选择在靠近香港的地方开展业务；与此同时，地方政府对 IT 行业的大力推广也促成了这一转移。而且，上海拥有台商进入中国大陆市场的更便利途径，以及比广东规模更大、技术更为熟练的大学毕业生群体。随着笔记本电脑和类似产品需要的制造工艺越发复杂，对高技能人群的需求也在增加。大量来自台湾的管理人员开始前往这些新的生产中心，有时甚至是整个家庭定居当地，这表明他们计划更深入、更长久地在中国大陆开展业务。2000 年，中国政府官员指出，上海有 3 000 家台资公司，以及 20 多万出生在台湾地区的居民。

IT 制造业产能在海峡两岸的转移十分迅猛。到 2004 年，台湾 IT 制造商总产值的 85%以上（630 亿美元）都来自中国大陆，比 2003 年增长了 22%。（2004 年，8%的产值在台湾地区产生，7%在境外地区产生，而 2003 年，台湾地区占 21%，境外地区占 16%。）[①] 高附加值生产的转移有助于深化并丰富中国大陆的

---

① Adam Hwang, "Taiwan: China-based Manufacturing Accounted for 85.1 Percent of 2004 IT Hardware Production Value," *DigiTimes*, March 3, 2005. www.digitimes.com; access date: March 4, 2005.

IT 供应基地，因为台湾的主要生产商鼓励其零部件和子装配供应商靠近最终装配厂，从而在中国大陆复制台湾的地方性分包网络。

现在，几乎所有的台湾 IT 制造商都在中国大陆设有分支机构；许多公司已将大部分员工转移到了中国大陆。虽然台湾公司继续为全球领先公司提供原始设备制造或原始设计制造服务，但它们管理的供应商网络主要位于中国大陆。① 例如，华硕于 2000 年在苏州启用了一座占地 375 000 平方米的制造工厂，用于生产其全线产品，包括主板、笔记本电脑、光盘驱动器、掌上电脑和游戏机。该工厂与台湾桃园一座规模较小的工厂（占地 80 000 平方米）共同生产低附加值零部件和成熟产品。华硕在台北市北投区有一处非常小的工厂（占地 28 000 平方米），靠近其研发和技术支持部门，生产需要工程人员积极参与的新型复杂产品。该公司还在捷克、墨西哥和中国台湾其他地区设有小型组装工厂。②

官方数据大大低估了台湾在中国大陆的信息技术投资规模，因为台湾当局限制资本流入中国大陆（最初每个项目的投资上限为 5 000 万美元，2002 年时提高到了 1 亿美元，大型项目则根据具体情况进行审批）。高科技公司历来会通过在第三地（如维

---

① Ernst and Kim 2002.

② "Motherboard Industry Overview: Production and Capacity," *DigiTimes*, January 22, 2005. www. digitimes. com; access date: March 25, 2005.

尔京群岛）注册或通过香港进行投资来规避这一限制。然而，即使只看官方数据，我们也能发现投资规模的急剧增长，从1997年的8.75亿美元到2000年的15亿美元，再到2002年的69亿美元。大多数分析师估计，1989—2004年，台湾在中国大陆的投资总额约为800亿美元。①

台湾经济“空心化”的现象导致制造业和相关服务业岗位流失，再加上2001年以来全球电子行业的经济衰退，使得行业和政策领导者对台湾地区的经济发展进行了深刻反思。当整条供应链都可以迁移到中国大陆时，台湾的“快速追随者”（结合了快速响应、持续的工程改进以及削减成本等特点）战略的社会成本就变得日益明显。

台湾当局采取的行动

台湾当局正在通过开展互动式、分散式的对话来应对中国大陆带来的挑战，并确定未来的技术前景、研究重点和合作战略。这种政策对话非常普遍，该模式源于台湾中小型电子生产商为应对共同挑战而采取的临时性和渐进式沟通，并随着时间的推移形成了一系列协商和协调的正式机制。持续对话的参与者包括工业规划机构、官方的开发银行、私人风险投资公司、中国台湾地区领先的电子公司和境外公司的附属公司、初创公司、大学研究中

① Skanderup 2004.

心、公共研究组织以及美国和其他地区的华人商业团体。[1]

中国台湾地区的科技机构，特别是工业技术研究院下属的电子研究和服务组织，在20世纪70—80年代通过被当地工程师称为“反向研究并复制”的过程学习到了集成电路技术，并帮助在中国台湾本地建立了集成电路产业。到了90年代，这些机构的干预力度明显减弱。[2] 2002年，中国台湾研发支出占地区生产总值的2.3%，而新加坡为2.1%，法国为2.2%，美国为2.6%。[3] 自2000年以来，中国台湾地区经过多层次的研讨，最终形成了一套协调战略，以提升本地经济。该战略主要关注三个目标：

- 面对来自全球合同制造商的竞争，巩固台湾地区作为全球品牌公司原始设备制造商或原始设计制造商的地位。
- 提升集成电路设计能力，特别是片上系统设计能力，将计算机内存、图形、声音、网络和CPU整合到单个芯片上。
- 通过打造全球品牌、提升知识产权、建立事实上的行业标准来创造价值。

---

① 迪特尔·恩斯特（Dieter Ernst，2003）将这种产业政策对话描述为“多层次战略决策”，该模式从建立长期愿景共识到具体项目的实施和评估，共在四个层面上发挥作用。在恩斯特看来，这种制度创新“在动员多方参与者及其所掌握的资源，以及从台湾当局之外和台湾地区之外寻求支持方面，具有高度的灵活性和多样性”（第29页）。作为一个小经济体，台湾地区特别依赖这些外部联系。

② Lin 2000；Hsu 1997.

③ OECD 2002.

这三个目标中的每一个都涉及各种不同的参与者和机构的配合，包括向新产品市场（如数字视频和音频系统）的多元化发展、信息管理和工艺技术方面的改进、对面向片上系统设计的专门培训和研究的投资，以及全球范围内片上系统设计和服务园区的建立。①

一些观察家认为，工业技术研究院最重要的遗产是它作为一个高级培训中心所发挥的作用。1973—1998 年，大约有 1 万名工业技术研究院研究人员离开该机构加入了私营部门，他们带走了在先进研究实验室工作所积累下来的技能、知识和技术能力。该机构还声称，其前研究人员中有 50 多人现在是上市公司的首席执行官。②

总之，台湾当局计划利用技术官僚来应对中国大陆方面带来的挑战，主要关注教育、研究和发展问题。工业技术研究院适应了台湾地区与中国大陆不断发展的关系，专注于激发创造力和技术创新，提升台湾在集成电路设计和全球物流等领域的能力，并促进国际研究合作，包括与中国大陆机构的合作。③ 例如，电子研究和服务组织投资开发了平板显示器领域的尖端技术，例如碳纳米管场发射显示器（CNT-FED），这一新技术有望提供比目前主流的薄膜晶体管液晶显示器更好的性能以及更低

① Ernst 2003.

② Mike Clendenin, "Creative Play All in a Day's Work at ITRI," *Electronic Engineering Times*, August 16, 2004, pp. 18 - 24.

③ Clendenin 2004.

的成本。这其中涉及与当地材料公司、大学和研究机构以及知名光电公司展开的广泛合作。

对于台湾地区而言，这些发展标志着其摆脱了技术追随者的角色。据工业技术研究院平板显示器研发中心副主任李承宗博士介绍："我们在工业技术研究院开发的用于碳纳米管场发射显示器设计和生产的知识产权可以直接与韩国、日本和美国的知识产权相媲美。通常，在工业技术研究院，我们比领先的研究所和公司稍逊一筹，但在碳纳米管场发射显示器的开发方面，我们与其他组织和经济体同步展开了研究……如果中国台湾地区有任何公司想要开发和批量生产碳纳米管场发射显示器，我们相信它们不必像以前那样担心知识产权问题。"①

朝着价值链上游进发

虽然现在判断台湾当局制定的战略能否取得成功还为时过早，但私营企业已经适应了来自中国大陆的挑战。有两个趋势十分明显：台湾地区正在成为一个国际性的研发中心；台湾本地生产商正在继续朝着利润丰厚的新兴行业和市场进军——其手段依旧是加深与核心客户和供应商的合作。

21世纪初，境外公司以前所未有的速度在台湾设立研发中

① Chris Hall, "Flat Panels Go Nanotech: Taiwan's ITRI Pioneers CNTFED, Part Three," *DigiTimes*, January 25, 2005. www.digitimes.com; access date: January 25, 2005.

心，甚至与进军中国大陆市场的速度相当。为了更接近核心供应商，并享受税收减免和补贴政策，到2005年，已有十多家领先的技术公司在台湾地区建立了新的国际研发中心，其中包括英特尔、IBM、索尼、戴尔、3Com、博通、康讯、惠普、摩托罗拉、阿尔卡特和北电网络。这些公司的决策者强调，与台湾地区的合作伙伴保持近距离是创新之源。例如，博通就在台湾设立了片上系统的研发中心，因为台湾拥有许多领先的集成电路设计与制造公司。该中心共有125名工程师，负责开发具有高集成度且低成本的产品。他们的目标是与本地合作伙伴分享新的知识产权技术，以便更快地共同开发新产品。①

同样，惠普在台北设立了一个产品开发机构，以便其工程师能够直接与台湾供应商的设计师展开合作。惠普高管表示，同地办公极大地提高了团队合作效率，现在他们每年可以推出多达14款新的笔记本电脑，而此前双方相隔太平洋，每年只能推出10款。他们还能更快地将每款产品推向市场。惠普运营总经理表示："台湾的研发工作能让你更接近设计阶段。但在中国大陆，这种创新局面尚未出现。"②

台湾的本地公司也没有放弃台湾。它们将批量生产和产品开发工作转移到了中国大陆，而将台湾本地的重点放在高附加

① Daniel Shen and Jessie Shen, "Broadcom Talks about Its Taiwan R&D Center," *DigiTimes*, November 16, 2004. www.digitimes.com; access date: November 16, 2004.

② Bruce Einhorn and Peter Burrows, "Taiwan's Climb up the Tech Ladder," *Business Week*, October 6, 2003.

值的研究、物流、全球业务运营和市场营销上。例如，全球最大的笔记本电脑制造商广达电脑在上海建造了庞大的广达上海制造城，用于劳动密集型产品的大批量生产。广达上海制造城占地 700 万平方英尺，拥有 180 万平方英尺的工人宿舍，为供应商预留了充足的空间，还设有开发实验室、学校和医院。与此同时，广达电脑在台北郊外建造了一个大型的新研发综合体，旨在容纳 7 000 名工程师，他们负责设计先进的笔记本电脑、服务器和液晶电视，并负责监督全球范围内的物流服务。广达电脑的创始人林百里解释道："我们必须进行先进的研究……越来越多的客户需要我们设计整个产品。市场竞争非常激烈。有很多相似的产品，因此我们被迫投资于创新研究，开发领先市场一两年时间的新产品。"富士康电子也在台湾建立了一个新的研发中心，专注于开发用于模具和机械、热技术、电池、显示器和光电子的纳米技术。

对于广达电脑、富士康和台湾许多其他公司来说，中国大陆的业务是台湾业务的延伸，两者是一个整体。虽然制造商将继续利用中国大陆的低成本优势，但台湾在管理和营销方面的优势意味着当地在可预见的未来能够继续控制生产流程。

自 2000 年以来，光电产业的迅速扩张推动了中国台湾 IT 产业的发展。到 2003 年，中国台湾公司已占领了全球 LCD 显示器市场份额的 65%，从而减少了对日本这一关键且成本高昂的部件的依赖。台湾南部科学园区——位于台南，作为北部新竹科学园区的补充——因其中快速增长的资本密集型平板制造商而被称为“水晶城”。台湾两家领先的薄膜晶体管液晶显示器（TFT-LCD）公司——奇美电子和瀚宇彩晶——迁至南部科学园区，并带来了数十家上游材料和零部件制造商。2004 年，这些光电公司的收入占园区总收入的 66%，达 88.2 亿美元。新竹科学园区 2004 年的收入也创下 345 亿美元的纪录。①

台湾地区继续产生新的市场细分领域——这些领域往往注定会带来新的产业。许多公司正在利用并进一步开发本地在各种小型设备方面的潜力。浩鑫计算机公司于 1983 年开始生产主板，并于 2001 年推出了迷你电脑，将非常紧凑的主板和机箱与台式电脑的功能相结合，从而开创了小型电脑的发展先河。迷你电脑的初步成功使得浩鑫计算机公司完全退出了无利可图的主板业务，转而专注于与小型设备相关的问题，包括改善音响效果、美学设计和易用性。该公司甚至设计了自己的液晶显示器，因为小型设备的显示器需要坚固耐用、性能卓越，同时还要便携时尚。②

台湾地区的供应商还生产新型小尺寸硬盘驱动器（或微型驱动器）的关键部件。这些一英寸存储元件设备体积小、结构

---

① CENS, “Southern Science Park Projects Record Revenue,” December 14, 2004. http://news.cens.com; access date: December 16, 2004，也可从 www.sipa.gov.tw 获取两个园区的数据。

② Michael McManus, “The XPC Factor: An Interview with Ken Huang, the Man behind the Shuttle XPC,” *DigiTimes*, February 1, 2005. www.digitimes.com; access date: February 7, 2005.

紧凑、成本低、耐用且容量大（2～3千兆字节），是新一代“可放入口袋”的消费电子品的关键。这些产品包括USB个人存储设备、掌上电脑、数字音频播放器（MP3播放器）、数字摄像机、移动电话和GPS设备。①

台湾地区的制造商还利用无线设备的发展以及个人电脑和消费电子行业的融合，生产了从手持式个人视频播放器和无线摄像头到数码相机和“媒体集线器”（有线或无线盒子）等新型产品，这些产品旨在将音频、视频和静态图像传输到联网家庭当中。明基的创始人希望创建一个新的品牌消费电子品公司，为中国、欧洲和美国市场生产MP3播放器、液晶电视和数码相机等时尚产品。如果明基创始人、宏碁前高管李焜耀能够利用宏碁前通信与多媒体部门的剩余资源创建一家成功的公司，那么他将成为第一个成功实现将台湾品牌推向世界这一艰巨目标的企业家。

最后，台湾地区集成电路代工业务受到了来自中国大陆新兴代工竞争对手的极大威胁，同时，保持技术领先地位的成本也在不断上升。新建晶圆厂的成本已超过30亿美元，产能过剩和价格战的风险也在加剧。手机和宽带互联网设备等通信设备采用的片上系统产品带来了前所未有的设计和技术挑战。目前，

① Vyacheslav Sobolev，“Microdriving the Future — An Interview with Cornice VP David Feller，” *DigiTimes*，March 11，2005. www.digitimes.com；access date：March 11，2005.

台湾企业通过与芯片设计商和客户加深合作来应对这一挑战。例如，台积电现在会为其主要客户提供更多的工程和制造选项，以避免生产延误或技术故障带来的高额损失。如前所述，联华电子加深了与赛灵思的合作，并投资了威芯视讯，后者是一家设计多媒体压缩芯片的硅谷初创企业。

一些观察家认为，台湾在未来十年内有望成为片上系统“设计代工”服务中心——就像当地在20世纪90年代作为独立代工服务供应商占据行业领先地位一样。台积电2003年对专业设计工程服务提供商创意电子（GUC）的投资证实了这一新兴细分市场的价值。集成电路设计和生产技术与非常复杂的片上系统产品（芯片非常大、门数很多、对信号完整性和电源管理提出了诸多挑战）紧密地交织在一起，因此，要想让片上系统顺利运作，就需要持续深入地研究复杂制造技术的特性。即使解决了这些极其复杂的设计问题，也还需要面临测试和封装阶段的各种挑战。像创意电子这样的专业“设计代工厂”必须熟悉相关的知识产权和工艺技术，以确保当设计进入制造环节时有足够的产量，从而快速提升产量。

面对来自中国大陆的竞争威胁，中国台湾的集成电路产业正在通过同时提升其片上系统设计能力和代工技术来重塑自己的优势。像创意电子提供的设计代工服务正在成为台湾集成电路产业的另一个高附加值领域。因此，与灵活度较低的日本和韩国竞争对手相比，中国台湾工业体系的瓦解促使生产商能够快速进入高增长的通信市场，而不是增长速度较慢的标准个人电脑芯片市场，从而获得了优势。

台湾分散式 IT 生态系统的活力和适应能力仍然无与伦比，2005 年，该行业创造了超过 1 200 亿美元的收入。在生产商将大规模生产转移到中国大陆的同时，它们正在将台湾转变成以技术为基础的服务供应中心，为客户提供先进的全球整合和物流能力。台湾的集成电路制造商仍然是技术上的领导者，控制着全球 70%的晶圆代工市场。[①] 台湾生产商在其他 IT 和网络硬件产品领域也占据着全球市场当中的领先地位，包括笔记本电脑（73%）、主板（78%）、液晶显示器（68%）、路由器（89%）和无线局域网产品（83%）。[②]

新时代的阿尔戈英雄先是通过连接硅谷和新竹，然后利用中国的技术和资源，改变了全球经济的样貌。20 世纪 80 年代，在美国接受过教育的中国工程师催生了中国台湾的 IT 产业，十年后，他们开始将技术和管理知识转移至中国大陆。而硅谷的新一代海外华人工程师则开始选择回国，寻找充满前景的创业和就业机会，进一步加速了 IT 生产向中国的转移，同时也加速了中国新企业和新市场的成长。

---

① "Foundry Industry Overview," *DigiTimes*, January 2005, www. digitimes. com; access date: July 20, 2005.

② Adam Hwang, "MIC: Taiwan Continues to Dominate Global IT and Networking Hardware Supply," *DigiTimes*, March 4, 2005. www. digitimes. com; access date: July 20, 2005.

第六章

中国的制造业

杨崇和是最早一批在硅谷工作后选择返回中国的企业家之一。20 世纪 90 年代初，杨崇和在俄勒冈州立大学获得了博士学位，并在美国半导体行业工作了几年，之后，他回到中国，加入了国有半导体制造公司上海贝尔。两年后，杨崇和离开了上海贝尔，与他在硅谷结识的两名中国同事（一位来自台湾地区，另一位来自香港地区）共同创立了中国第一家无晶圆半导体设计公司——新威半导体公司。当时，外资与国企合资是主流的所有权模式，但杨崇和与他的团队拒绝采用这种模式，而是筹集到了一笔风险投资资金，创办了一家硅谷式的私营公司。

杨崇和与他的联合创始人利用自己在美国和中国的专业网络创办了新威半导体公司。该公司于 1997 年开始运营，由硅谷和台湾地区的投资者以及国有企业华虹微电子公司共同出资。新威半导体公司的总部位于硅谷，其研发、设计、营销、销售和管理部门则位于上海，同时选择台积电作为代工厂。该公司从一开始就利用了上述三个彼此优势不同且相距甚远的地区的资源，成为一家全球性公司。如今，这种模式已变得越来越普遍。

在20世纪90年代，杨崇和绝对算得上特立独行。然而，自2000年以来，希望为中国长期滞后的经济发展做出贡献的愿望激励着越来越多的工程师回国。这种回流移民现象让人联想到十年前台湾地区的情形。美国经济的衰退也促使那些此前不愿回国的技术人士重新审视中国的情况，现如今，中国能够为在美国接受过教育的科学家和工程师提供充满希望的职业与经济机会。[①] 21世纪初中国成功加入世界贸易组织、成功申办2008年北京奥运会以及外国投资激增等几项新进展，促使人们争相进入中国“淘金”。

不过，人才外流现象并未完全得到逆转。中国学生仍然大量赴美攻读研究生，但考虑回国的人数明显增多。在回国的人中，很大一部分并没有完全留下来。移民现在已经成了双向流动过程，中美之间的技能、资本和专有技术交流达到了前所未有的高度。20世纪80—90年代，境外华人专业技术团体搭建了连接硅谷和中国台湾地区的桥梁，如今，他们正在将其网络扩展到中国大陆的新兴技术中心。

---

① “Overseas Chinese Head Home,” 2001.

硅谷-新竹-上海三角关系

近些年来，连接硅谷和中国沿海地区的技术社区日益发展，为中国大陆、台湾地区和硅谷之间的社会与经济三角关系创造出了第三条腿。随着华裔工程师将其专业网络扩展到中国大陆，他们为全球 IT 行业新中心的发展做出了极大贡献，同时也加深了这些日益专业化且相互依存的地区之间的分工。中国政府、跨国公司以及个人企业家都参与了这一进程；正是这些与硅谷和台湾新竹地区保持着联系的境外华人工程师网络向中国大陆转移了必要的技术和组织知识以及商业网络，这对于当今中国的经济腾飞至关重要。

截至 2000 年，香港和台湾地区发展了二十多年的劳动密集型小规模投资为中国沿海地区创造了必要的基础设施，实现了消费电子品的低成本高效生产。随后几年，广州和上海的大规模 IT 制造园区吸引了不少台商前来投资，中国也就此成为世界第三大 IT 制造国。数十亿美元的集成电路代工投资带来的技术与管理知识，让上海从一个相对落后的城市转变为如今的新兴科技中心——不过，其在集成电路制造方面仍然落后于全球前沿技术大约一代人的时间。

与此同时，从硅谷归来的企业家们正在利用他们的语言和文化知识在中国市场上获得竞争优势。从集成电路设计到无线通信再到先进陶瓷等领域都有他们的身影。这些企业家将他们的专业知识以及自己与硅谷和台湾地区的关系带到了仍然主要由国有企业主导的竞争环境中。

可以说，海外华人技术圈两次改变了半导体行业的地理和结构分布——第一次是在20世纪80—90年代，大批工程师从硅谷回到新竹；第二次则是工程师从台湾地区和硅谷涌向中国大陆。中国台湾地区的半导体行业起源于从美国转移来的人才和技术，但在台积电开创集成电路代工业务之后，他们成功改变了当时的产业结构，并加快了硅谷与中国台湾地区的创新步伐。硅谷成为世界上最先进的集成电路设计公司所在地，而新竹则成为领先的代工厂所在地。

现如今，技术和人才再次发生转移——这次是转移到了中国大陆。中国大陆的工程师们现在管理着数十家集成电路代工厂和至少500家集成电路设计公司——其中大多数拥有尖端技术和极低成本的设计结构——而中国大陆不断增长的市场为物流和无线通信等领域的实验提供了商机。这些创新大多是针对中国大陆市场需求的，因此也有可能适用于其他发展中经济体。

高科技的转移

2002年，中国成为仅次于美国和日本的世界第三大信息技术生产中心。中国的IT出口总额超过920亿美元，占全球手机、个人电脑和其他电子产品、计算机与电信产品（包括数码相机、DVD刻录机和掌上电脑）市场份额的三分之一以上。然而，这些出口中约有85%来自境外公司，其中大部分来自台湾地区。①自2000年以来，台湾地区领先的IT公司都在中国大陆建立了庞大的先进制造中心，这些中心成为吸引投资的关键武器。例如，富士康（鸿海精密）和广达电脑在2004年从中国大陆出口了价值超过80亿美元的IT产品。与美国一样，此类生产活动是高度地区化的。广东、上海和北京三个地区占中国大陆IT总产值的65%、IT出口总额的84%。②

20世纪90年代初，台湾地区的劳动密集型电子制造商纷纷迁往广东省和福建省等南方省份，以利用当地的低成本劳动力以及地方政府的优惠政策。世纪之交，生产笔记本电脑和外围设备等更复杂、价值更高的电子系统的制造商开始在长三角地区进行大规模投资。因此，在很短的时间内，上海地区就打造出了一整套IT生产生态系统。

2001年，上海还吸引了两笔价值数十亿美元的知名集成电路代工投资，这一发展态势引发了整个集成电路供应链向上海的迁移，包括设备制造商、设计人员、晶圆和其他供应商以及封装和测试专家。这些投资由十年前在台湾地区建立半导体行

① 美国商务部数据显示，2003年，外资企业占中国高科技出口的84.6%。"Technology in China：The Allure of Low Technology，" *The Economist*，December 20，2003.

② China Statistics Press 2003. 在该统计中，北京地区包括天津和河北省；上海地区包括上海、江苏省和浙江省。

业的那一代工程师负责管理，有时甚至是由同一人管理的。新集成电路制造厂的建设和运营涉及人类历史上最大规模的管理与技术技能转移。台湾地区早期在中国大陆的投资与这一过程相比就显得相形见绌了，而且，相关投资是为了向中国大陆转移那些在极其复杂且对环境敏感的集成电路制造过程中获得可接受产量所需的隐性知识。

大约在同一时间，在美国接受教育的那批工程师也大量地开始从硅谷回国。他们大多选择在跨国公司工作或创办自己的公司，以便利用自己的能力以及在国外建立起来的人脉网络。这种回流与台商带来的投资不同，反映出海外华人对中国经济改革步伐的信心不断增强，以及他们认为自己有能力服务庞大的中国市场。

中国政府和企业敏锐地意识到，人才回流对中国台湾地区IT行业的发展起到了重要作用。它们决心利用2001年后美国科技衰退的机会，积极竞争，招揽海归人才。中国东部地区大城市（广州、上海和北京）的官方代表团会定期访问硅谷，并由当地华人专业和技术协会负责接待。事实上，大多数硅谷的这些协会很快就在中国开设了分支机构。2000年以后从硅谷归国的人才绝大多数都选择前往上海发展。这一快速发展的跨太平洋网络对中国经济的贡献意义深远。然而，即使对于熟悉本国语言、制度和文化的中国人来说，中国的商业环境也仍然有待改善。

科技自主创新

1988年，邓小平提出的“科学技术是第一生产力”反映了技术在中国经济现代化过程中的重要地位。对卓越技术的迫切追求为当代中国在软件和其他高科技产业方面的政策提供了一定的依据。中国致力于成为掌握“自己命运的主人”，因此，官方致力于向国内生产商提供优惠的待遇。追求技术自主性的一大突出表现在于，中国官方在持续努力建立相关技术产品的本土标准。官方通过政府订单、优先获得投资和减少监管措施等激励措施，试图打造出国内领先的IT行业制造商。

由于中国官方致力于实现技术层面的自主，中国政府在研究和技术教育方面积极展开投资。中国理工科学士学位的年颁发量从1985年的12.5万个稳步增长到2000年的33万个，接近美国同年约40万个的颁发量；而中国理工科博士学位的年颁发量增长速度更快，从1990年的1 069个增加到2001年的8 153个——超过了印度在20世纪90年代每年4 000～5 000个的情况。[①] 20世纪90年代，中国的研发支出也在稳步增长，2000年达到了100亿美元，占GDP的1.01%，而1995年这一数字仅为0.60%。第十个五年计划的目标是到2005年将研发支出提高到GDP的1.5%，这对于一个发展中国家来说是非常高的。相

① National Science Board 2004.

比之下，1999年印度的研发支出占GDP的0.86%，墨西哥则为0.40%，而大多数发达国家的这一比例在2%～3%。[①]

自主研制标准

中国希望实现技术层面的自给自足，包括自主研制标准。制定标准的目的是利用中国庞大的国内市场，使中国企业能够开发针对国内市场的知识产权，同时使其具备在海外展开竞争的能力。时任中国信息产业部电子信息产品管理司司长的张琪认为："拥有独立知识产权并在制定行业标准方面占据主动地位，应当成为国内制造商的首要任务。"为此，信息产业部在国内制造商之间组织了行业联盟，以确保它们能够对外国生产商推行本国的标准。[②]

2000年，出于安全和标准保护需求，中国国家密码管理局颁布了一项规定，要求所有外国企业均需向政府登记一切含有加密技术的产品。这项规定主要针对的是Windows操作系统以及包括手机和浏览器软件在内的其他外国技术产品。

2003年，中国政府又宣布了一项要求，即中国境内的所有无线网络硬件必须采用无线局域网鉴别和保密基础结构（WAPI）技术，这是一种专有的安全标准，与现有的无线基础设施并不兼容。外国公司必须在一定期限内向政府申请注册，并与少数

① U.S. Embassy，Beijing，2002.

② Kahn 2004.

几家控制着该标准的中国公司展开合作。

再比如，信息产业部为第三代无线网络开发了一种名为 TD-SCMA 的中国移动电话标准，旨在取代美国（TDMA）和欧洲（GSM）标准。事实表明，该标准最终成为中国向第三代无线网络（具有更快的速度和更大的容量）过渡的重要部分。除此之外，中国也开发了自己的增强型通用光盘（EVD）标准，作为下一代 DVD 系统的重要组成部分；中国国家标准化管理委员会还成立了一个工作组，专门负责制定中国标签和其他射频识别（RFID）技术标准。[①] 然而，上述政策遭到了外国科技企业的强烈抵制。

海外人才招聘

正如我们所看到的那样，在 20 世纪 80—90 年代，越来越多的中国学生到国外（主要是美国）攻读研究生学位。到 20 世纪 90 年代末，每年约有 7.5 万名中国学生出国留学，约占中国所有研究生学位候选人的 15%。[②] 虽然我们没有确切的数据，但据最乐观的估计，这一时期从美国回国的留学生比例仅为 12%～20%。正如一名与两名大学同学共同创办互联网公司的海归所描述的那样，“我 80%以上的同学现在都在美国工作，很少有人回到中国。他们中的大多数人都在等待一个合适的机会回国，

① Chen 2004.

② Guochu and Wenjun 2001.

这很难，因为他们不了解中国市场。”①

根据中国第十个五年计划（2001—2005 年），海外华人当中存在大量经验丰富的管理与技术人才，要加大从海外招聘合格 IT 人才的力度。具体的激励措施主要由省级地方政府决定。北京通常会为海归人员提供永久居留权，并为其子女提供入学机会；为海归人员购买首套住房或汽车提供补贴；发放股票激励；为海归人员提供企业孵化时期的低租金优惠政策。②

为了推动技术实验与竞争，中国大多数省级地方政府专门为海归人员创办的企业提供了“海归创业园”。到 2000 年，中国共有 23 个这样的园区，许多其他城市也出台了吸引海归的政策。这些激励措施带来的影响很难得到准确评估，但大多数证据表明，对海归来说，更好的职业和经济发展机会要比政府提供的激励措施更重要。③ 对硅谷的华人来说，虽然中国庞大的国内市场和技术基础很有吸引力，但制度与监管环境的不确定性仍然

① Jiang 2001.

② Howell et al. 2003，p. 113.

③ 2001 年，硅谷对移民专业人士进行了一项调查，其中 43%来自中国的受访者表示，他们将来会考虑回到中国生活。当被问及影响他们做出回国决定的因素时，绝大多数人（78%）认为职业机会非常重要；大多数人（62%）还认为文化和生活方式非常重要；其他因素的重要性则较低，包括政府的优惠政策（只有 47%的人认为重要）、为祖国做出贡献（46%）或在美国职业发展面临的障碍（44%）。这些因素在 10 分制中分别占8～10 分，其中 10 分是最重要的（Saxenian，2002）。该调查还试图确定回国创业的动机。当被问及决定回国创业时最重要的因素是什么时，超过 50%的中国受访者都将市场准入、熟练工人数量以及能否获得充足的资本列为关键因素。相反，当被问及阻碍他们回国创业的因素时，受访者最常提到的因素是政府官僚主义和监管措施、不完善的法律体系以及政治或经济的不确定性。

是一个重大问题。

跨越海峡

在 20 世纪 80—90 年代，香港和台湾地区的电子和其他轻工业为了寻找更低成本的土地和劳动力供应地，纷纷将工厂迁往珠三角地区，例如深圳、广州、东莞和惠州。这些城市是中国最早向外资开放的地区，而且毗邻香港，优势明显。第一波投资主要涉及电器和消费电子品的生产（电风扇、高保真音响设备、电饭煲、微波炉等等）。

虽然决策者对与台湾企业进行合作仍持矛盾态度，但地方官员已经认识到，吸引台商进行投资会带来许多好处。这些好处不仅包括更高的税收和地方经济增长，还包括因语言和文化相同而产生的互动便利，同时还能学习到台商的先进管理经验。① 例如，在中国大陆的一些中型城市当中，台商为当地贡献了 30％～50％的税收。② 到 2000 年，珠三角地区生产了中国大陆 79％的电话、60％的打印机、56％的传真机、51％的数字交换机和 23％的个人电脑——其中大部分技术密集型投资都来自台湾地区。

这些投资催生了地方化的专业投入、零部件和终端产品集

---

① Cooke 2004.

② Murphy and Pao 2001.

群。例如，东莞拥有数千家台湾企业，专门生产个人电脑及其零部件（电源、连接器等）和外围设备（显示器、键盘、磁盘驱动器）。深圳吸引了众多跨国公司以及香港和内地的投资，在轻工业以及电信和计算机相关产品的轻装配方面发展迅速。IBM和康柏都将台式电脑的生产基地设在深圳，戴尔则在厦门设有台式电脑、笔记本电脑和服务器生产中心。宏碁在广州设有电脑组装厂，广州也是电子电气产品制造商以及软件和商业服务供应商的集中地。惠州是激光二极管、印刷电路板、CD-ROM和电池制造商的所在地。这些投资吸引了数十万来自中国农村地区的非熟练工人进入制造工厂工作。

中国制造业的成本优势仍然十分明显。《电子工程专辑》（*Electronic Engineering Times*）在2005年进行的一项研究比较了戴尔最畅销的彩色激光打印机（5 100cn，每页打印成本极低，售价也低于1 000美元）在中国和美国的生产成本。研究结果表明，以年产量25万台计算，中国的制造成本为每台578.90美元，仅约为美国每台953.50美元成本的三分之二。其中，人工成本节省最多——中国的人工成本为每台38.02美元，而美国则为每台270.95美元。①

集群和供应链

2000年后，台商在中国大陆的投资地理分布发生了重大变

① Hamilton 2005.

化。面对国际客户持续增加的成本压力，台湾地区的电子系统公司开始将高附加值业务（如主板、显卡、扫描仪和笔记本电脑制造）转移到成本更低的中国大陆。它们不再局限于南方各地，而是越来越多地将投资转向更北部的长三角地区，该地区历来是中国大陆最富裕、工业化程度最高的地区。1999—2003年，台湾地区批准的对中国大陆投资总额为66.4亿美元，其中一半以上集中在上海以及附近的江苏和浙江两省。随着大批中国大陆企业涌现，为台湾的原始设备制造商和供应商生产低端零部件，这些省份迅速形成了自己的特色。①

浙江省北部集中了数十家集成电路设计与嵌入式软件公司。此外，数量颇多的手机制造商（杭州）以及集成电路封装、测试和低端芯片制造商（绍兴）也集中于此。台商在江苏南部地区的投资催生了计算机外围设备生产商集群；除此之外，苏州集中了大量薄膜晶体管（TFT）、液晶显示屏（LCD）以及封装和测试企业，昆山则吸收了大量主板和笔记本电脑制造商；吴江集中了不少外围设备生产商；无锡则承接了不少日商的投资，建立了集成电路制造中心。② 惠普、康柏、IBM和东芝等国际领

---

① 这些专业生产商集群并非高科技行业所独有的。中国沿海城市拥有庞大的服装区，从袜子、毛衣到领带和内衣，无所不包。参见 David Barboza，"In Roaring China，Sweaters Are West of Socks City，" *New York Times*，December 24，2004。这些集群也并非什么新生事物。Debin Ma (2003) 认为，在20世纪前30年，上海是中国工业化的地理中心，现代工业和服务业的集中程度远远超过英国的主要工业城市，如曼彻斯特和格拉斯哥。关于台湾地区批准的在中国大陆投资的相关数据，见 http://www.chinabiz.org.tw/maz/Eco-Month/1999，-2000，-2001，and -2002，a Chinese-language site。

② Jiang et al. 2004.

先的个人电脑公司都在上海和珠三角等地进行了生产投资。同样，许多从硅谷回国的华人工程师所创办的企业也在上述地区取得了不菲的成绩：UT 斯达康、网讯和阿里巴巴等公司都在杭州开展自己的主要业务。①

这些 1999 年之后的投资对技能要求更高，而上海优越的地理位置又为进入中国大陆市场提供了便利条件，因此，这些企业纷纷迁往上海。由于台湾地区禁止到中国大陆的直飞航班，因此，台商到中国大陆做生意既耗时又费钱（因为所有从台北飞往上海的航班都要绕道香港，这意味着飞越仅仅 80 英里的大海就要花上一天多的时间）。早些时候，低附加值的投资只需要一个人往返负责管理即可，但笔记本电脑等产品变得越来越复杂，因此需要将整个管理团队迁往中国大陆才行。

上海地区的技术人才和管理人才储备要优于华南地区。深圳的技术人才储备有限，为此，企业不得不从北方各地招聘工程师和管理人员，而其中许多人不愿意长期留在这个新兴的城市。相比之下，上海本地拥有多所优秀的工程和管理类大学，包括复旦大学和上海交通大学②；在本科毕业生和研究生毕业生供应方面，上海仅次于北京，位居全国第二。习惯了台北生活的台湾地区管理人员及其家人也更青睐上海地区的国际化生活。

---

① 浙江省及其省会城市杭州是中国最富裕的地区之一（仅次于北京和上海），也是中国民营企业最集中的地区（2002 年，24 万家企业中 91%为民营企业）。"A Survey of Business in China," *The Economist*, March 20, 2004, pp. 15 - 16.

② 注意，上海交通大学和台湾交通大学是两所学校。

台北电脑协会2001年的一项调查显示，90%的台湾地区高科技公司已经或计划投资中国大陆。根据台湾地区的相关规定，此类投资大多不被允许，因为台湾地区对先进芯片制造等战略性行业的投资有着严格管制。尽管2001年底，台湾地区取消了5 000万美元以上的投资禁令（取而代之的是“积极开放、有效管理”政策下的逐案评估），但通过香港控股公司进行投资的渠道也已经非常成熟。这意味着，台湾地区估计的截至2001年（通过2.4万笔交易）的192亿美元投资规模远小于目前两岸之间的总投资规模。[①] 中国信托商业银行估计，截至2002年，约有7万家台湾地区制造商在中国大陆投资了500亿～1 000亿美元。[②]

中国大陆低廉的土地、劳动力和设施成本使得台湾地区的系统公司得以建造大型工厂、大幅提高产量，并通过规模经济进一步降低成本。[③] 例如，2004年，笔记本电脑制造商广达电脑在大陆四家工厂的月产量达到100万台，它还计划建成第五家工厂，将月产量提高至130万台。事实上，领先的笔记本电脑制造商（包括广达电脑、仁宝、英业达、华硕、纬创、华宇和大众）预计在2005年底之前将所有笔记本电脑的生产业务转移到

① “Letter from Taiwan,” 2002.

② Clendenin 2003a.

③ 虽然中国大陆的生产成本因投资地点和类型而异，但通常遵循以下规则：土地为国家所有，在商定的租赁期内免费提供；劳动力成本相当于台湾的10%～15%；工厂或设施建设成本相当于台湾的20%～25%。(Cooke 2004，p. 500.)

中国大陆；它们在台湾地区的办事处则继续负责产品开发、技术研究、材料采购、财务管理和市场营销等业务。

随着台湾地区笔记本电脑和电子系统制造商将生产业务转移到中国大陆，它们中的大多数也迁移了整个供应商网络，因为它们认识到靠近供应链以及相互依存关系能够给公司带来极大的后勤优势。台湾原始设备制造商的品牌客户，如 IBM、戴尔、惠普和康柏（2001 年向其交付了超过 200 亿美元的产品），不仅要求降低成本，还要求高质量且及时交付产品。[1] 迁往中国大陆能够享受充足的低成本劳动力和土地，但同时也面临风险，因为当地零部件和材料供应商在质量控制与及时性方面还有待改进。一方面是因为中国大陆的分销和物流服务有限，另一方面是因为其竞争过于激烈。

台湾地区生产商选择将整条供应链迁移到中国大陆，从而解决了这一难题。笔记本电脑制造商广达电脑在其庞大的上海制造城为供应商分配了充足的空间。笔记本电脑键盘供应商精元的董事长解释了为什么像精元这样的零部件制造商需要离广达电脑这样的客户近一些："供应商、台湾原始设备制造商和零部件供应商之间相互依赖。尽管供应商和原始设备制造商希望降低零部件成本，但它们需要零部件供应商保持盈利，以维持垂直生产链的健康发展。"[2] 他补充道，2002 年，精元在江苏省

---

① Cooke 2004.

② Tzeng 2001.

苏州市吴江区建立了一家工厂，以便靠近其主要客户。随着时间的推移，该公司通过为不断增长的本地客户及其最初的台湾合作伙伴提供服务，并通过重新设计产品以优化生产流程，提高了销售额和盈利能力。罗技同样将其整条供应链（从集成电路到电缆和塑料鼠标外壳制造商）迁移到了苏州，因为整合后的本地供应基地在成本和质量方面都具有优势，能够更好地为国际客户服务。

中国大陆电子制造供应商的生态系统反过来又刺激了物流、供应链管理和分销相关软件的大量新投资落地。广达电脑等台湾企业正在大力投资开发后台系统，包括用于自动化信息报告、决策支持、交易自动化、会计、设计协作、分销、运输和物流的软件应用程序。[①] 这些研发工作提高了整条供应链的效率——成功压缩了生产周期，并减少了库存，从而降低了成本。虽然这并不算是什么突破性的创新，但制造过程中的这些渐进式创新是当今 IT 产品成本持续下降、质量与性能持续提升的源泉。

中国大陆热

台湾企业能够轻松地在低成本的中国大陆找到可靠的制造基地，这仍然是一个巨大的优势。截至 2003 年，约有 4 万家台湾企业落户中国大陆，其中 1 万家左右位于上海，此外还有约

---

① Chwang 2003.

50 万台湾居民定居于中国大陆。据《经济日报》（台湾版）报道，昆山市台湾同胞投资企业协会在 1999 年时仅有 200 名成员，到 2002 年，成员数量已增至 600 人，翻了两倍。这些年台湾最畅销的作品包括《移民上海》和《我的上海经验》。那些外籍的工厂经理和工程师会定期往返海峡两岸，前往本公司设在台湾地区的总部，与此同时，一系列社会机构——从独立的幼儿园和中学到台湾人开的卡拉 OK 酒吧和餐馆——在昆山等地飞速发展，为迅速增长的台湾人口提供服务。

中国的芯片制造

尽管政府有关部门在不断努力追赶，还积极与外国公司合资，但整个 20 世纪 90 年代，中国大陆的集成电路公司仍然落后于世界技术前沿十年左右的时间。[①] 不仅国有集成电路制造公司如此，与外国公司的合资企业（例如上海华虹 NEC 电子公司、北京首钢 NEC 电子公司和天津摩托罗拉公司）也是如此。在美国工作的中国工程师认为，中国大陆的技术仍然相对落后，只能支持劳动密集型制造业，而无法支持先进的集成电路设计和生产业务。1991 年，硅谷的美国华人半导体协会创始人访问了中国科学院微电子研究所。他们得出结论，认为中国大陆尚未

① Naughton 2003，1997.

准备好发展集成电路产业，因此选择将重点放在与台湾地区建立商业和专业联系上。1998 年，另一个美国华人半导体协会代表团访问了上海。他们注意到，中国大陆工程师在设计技能和积极性方面取得了不小的进步，但在半导体制造能力方面提高较少。

同样，北美华人半导体协会（由硅谷的出生于中国大陆而非台湾的华人工程师创立）代表团对中国科学家与工程师的研发水平和技术专长印象深刻，但同时，他们也得出结论："中国大陆的整个半导体行业都落后于世界先进水平"——主要是因为他们"无法将技术进步转化为商业成果"。代表团成员参观了位于无锡的一家研究中心，称其"拥有我们参观过的所有地方中最好的设施，但这恰恰说明中国大陆应该关注这一问题"，即该研究中心缺乏管理和生产方面的专业知识，对市场和客户需求的了解也有限，"前景似乎并不乐观。在半导体行业，投资规模巨大，技术也很复杂，市场竞争激烈、发展迅速，企业必须足够大才能生存，更不用说实现发展和盈利了。中国大陆拥有充足的人才，应该也不难［吸引］海外的优秀工程师。问题在于，如何才能在中国大陆运营一家工厂并使其盈利。这个问题可能很容易回答，但很难真正得到解决"①。

2001 年，两个备受瞩目的投资团队解决了这一问题，他们

---

① Lin et al. 1998.

从台湾和硅谷向中国大陆大规模转移了集成电路制造和管理方面的技术以及资本。这两家公司——中芯国际和宏力半导体制造公司（GSMC）——在上海建立了集成电路代工厂，并迅速超越了在中国大陆拥有悠久历史的知名跨国投资者，如 NEC 和摩托罗拉。中芯国际在标准量产方面的技术水平仅落后世界前沿 2 年，而在 20 世纪 90 年代中期，中国大陆通常落后 8～10 年。到 2003 年，中国大陆最先进的生产商已经能够生产 130 纳米和 180 纳米工艺的产品，从而超越了 250 纳米的设计标准，中国台湾地区曾采用这一标准来区分敏感或关键技术，其不愿意将这些技术转让给中国大陆。① 虽然中国大陆的集成电路产业在技术上处于追随地位，对中国台湾地区或美国硅谷等地的生产商不构成直接威胁，但这一加速升级的过程凸显了海外华人技术团体向中国大陆转移管理与技术知识的超常速度。

中国政府为提高软件和半导体等支柱产业的本土能力而制订了一系列计划，正是这一系列计划引发了技能与技术向中国大陆的迁移。2000 年 6 月，国务院印发了名为《鼓励软件产业和集成电路产业发展的若干政策》的文件，为境内外所有集成电路企业提供大幅减税和退税、政府风险投资基金、外汇留存、基础设施投资以及减少繁文缛节等优惠政策。② 其中最具争议的一项政策是大幅降低在中国大陆设计或制造集成电路的企业增

---

① Naughton 2003.

② 对该文件的详细分析，见 Howell et al.（2003）。

值税，使得中国大陆集成电路企业的成本优势高达14%，远远超过其他地区的集成电路企业。机械和电子设备的折旧年限也分别从10年和5年缩短为3年。[①] 地方政府竞相吸引投资，还提供额外激励措施，包括地产折扣和补贴贷款等。

私营部门的选择

中芯国际和宏力半导体制造公司率先利用上述国务院文件中的优惠政策，在中国大陆建立了制造工厂。它们不仅改变了中国大陆的半导体行业，还改变了全球半导体行业的竞争态势。这些私营集成电路企业极大地改变了该产业现有的商业模式——国有企业或与国有企业的合资企业占据主导地位的模式。中芯国际和宏力半导体制造公司都采用了纯粹的半导体代工模式，并大量吸收台湾地区和硅谷的人才、技术和资本。两家公司都决定将运营基地设在上海，因为上海在吸引外资方面表现出了极强的能力与意愿。两家公司都与上海市政府和中央政府建立了密切的联系。虽然宏力半导体制造公司是完全私有的，但其与中国官方之间有着密切的联系。中芯国际现在是一家上市公司，据称也有几家与政府相关的实体持有该公司的少数股权。

宏力半导体制造公司的主要股东具有较强的技术背景及官

① Woetzel and Chen 2002.

方背景，董事会主席是王文洋（台湾地区的商业集团台塑集团董事长王永庆之子）。该公司为私人控股，且行事低调，但其为建立第一家晶圆厂筹集到了16.3亿美元。此外，该公司还聘请了顶尖的半导体人才来担任运营方面的领导职务。总裁兼首席执行官蔡南雄拥有斯坦福大学材料科学博士学位，曾于20世纪70—80年代在硅谷的英特尔和美国国家半导体公司工作，是台湾地区早期半导体企业茂矽的创始成员兼高级管理人员。宏力半导体制造公司的技术开发执行副总裁金平中博士拥有台湾大学和南加利福尼亚大学的学位。在加入该公司之前，她曾在英特尔工作了二十年，获得了十二项美国专利和多项英特尔技术奖。

中芯国际的管理层和投资者也都在硅谷与台湾地区的集成电路产业拥有丰富的经验。中芯国际首席执行官张汝京拥有美国的博士学位，在成为总部位于台湾地区的环球半导体制造公司（后被台积电收购）的首席执行官之前，他在德州仪器工作了二十年。中芯国际最初从中国台湾地区和美国的私人投资者以及上海和新加坡的半官方投资者那里筹集了约10亿美元资金，并从中国的国有银行处获得了4.8亿美元的贷款。帮助中国台湾地区的集成电路产业实现高速发展的境外华人投资群体也正是这些公司的主要投资者。汉鼎亚太的徐大麟和华登国际投资集团的谭力博在台湾地区成立了第一家外资风险投资公司，他们也是中芯国际的主要投资者，并担任董事会成员。中芯国际的其他投资者包括上海实业控股（17%）、芯成半导体、高盛、祥峰投资、富士康国际（鸿海精密）、中芯国际管理层、特许半导体、张江高科技园区开发公司以及国有软件巨头北大青鸟。①

中芯国际的管理层为该公司带来了硅谷和台湾地区集成电路产业数十年的发展经验。2002 年，公司十位最高级的管理人员中有九位拥有美国大学的电子工程博士学位或硕士学位，并且都在英特尔、德州仪器和美光科技等公司工作了 14～32 年之久。② 中芯国际还直接从中国台湾地区的集成电路公司招聘了大约 300 名中层管理人员，并从美国领先的公司招聘了 50 名管理人员。晶圆厂运营高级经理邓觉为来自台积电。③ 其中一位新员工解释说：“（中国）的工资比美国低，但上升空间更大。这里的发展非常迅速。中芯国际在一年内就建成了晶圆厂，这可能创下了世界纪录。中国的发展空间巨大。”④

向中国台湾地区学习

这两项重大投资似乎证明中国大陆摆脱了 20 世纪 90 年代时盛行的国有和有限外资模式。新的战略显然受到了台湾经验的影响，将开放措施与强有力的财政激励措施相结合，以吸引外

① Howell et al. 2003，p. 93.

② 虞华年是中芯国际顾问，拥有 35 年的集成电路研发经验，包括在 IBM 研究中心担任高级经理，目前担任工业技术研究院先进研发指导委员会主席。

③ Naughton 2003. 中芯国际从台积电挖角高级管理人才，加剧了台积电创始人兼首席执行官张忠谋与中芯国际创始人兼首席执行官张汝京之间的个人竞争。

④ Interview with Huann Min Tang，November 8，2001.

资，从而引进先进的技术和管理知识。与此同时，中国大陆开始对国有半导体研究机构进行市场化改革，并取消了所有针对半导体的关税。2002年，集成电路设备制造商应用材料公司的一位高管描述了这一系列变化："就在一两年前，中国大陆半导体行业的典型管理者还是政府指派的人员，整个行业总共只雇用了125名海外经理和技术专家。现在，中芯国际有700名来自中国台湾地区、美国和欧洲的经理和工程师，格雷斯有200名，上海先进半导体有10名，还有来自联华电子和台积电的整套团队。"①

上海市政府在这一过程中发挥了关键作用。尽管中芯国际逐步实现了私有化，但其最初的资金是来自四家中国主要银行的4.8亿美元贷款，以及上海实业控股提供的1.83亿美元投资。上海实业控股是上海市政府的投资与商业机构，目前仍是中芯国际最大的单一股东。2002年，上海实业控股的首席执行官兼执行董事被任命为中芯国际的董事。两年后，当公司在美国纳斯达克公开上市时，中芯国际与这四家银行签署了另一份2.85亿美元的贷款协议。当时，上海实业控股董事长蔡来兴也进入了董事会。②

中芯国际将其管理风格描述为"完全西式"的，并强调其

① "Searching for Hope," 2002.

② 蔡来兴曾任上海市政府副秘书长，负责经济规划、财政和研究工作，并荣获国家级经济学家称号。此外，他还是全国政协委员。蔡来兴还曾担任上海市计划委员会和浦东发展办公室副主任。关于中芯国际董事会的讨论可参见 www.smics.com/website/enVersion/ Investor/boarddirector.htm。

严格的知识产权保护模式。该公司在开曼群岛注册，从而规避了台湾地区对中国大陆投资的限制，同时也在特拉华州注册，确保公司受美国公司法和证券法的保护，并可以选择在美国或亚洲的公开市场进行融资。中芯国际的管理层非常倚重美国专业人士（通常为海外华人）的法律和财务建议，所有中芯国际的员工都获得了股票期权作为薪酬的一部分。中芯国际还利用其高级管理人员的声誉和行业关系，与美国、欧洲和亚洲的集成电路技术公司和研究机构建立了合作伙伴关系，从而提升了其技术能力，扩大了可制造设备的范围。①

中芯国际迅速掌握了集成电路制造的复杂工艺，这凸显了海外华人技术社区对半导体行业全球格局的巨大影响。2003 年，《半导体国际》（*Semiconductor International*）杂志将中芯国际上海工厂评为年度最佳工厂，以表彰其卓越的制造能力。该杂志主编写道："我们的这一决定基于许多因素，包括制造能力、投产时间、自动化程度、污染控制程序、工人健康与人身安全以及环保。我们发现中芯国际在所有这些方面都表现出色。中芯国际能够迅速将铜加工能力转化为批量生产，这给我们留下了特别深刻的印象。"②

---

① 中芯国际与新加坡特许半导体公司的技术合作模式似乎很典型：特许半导体公司将 0.18 微米基线逻辑工艺技术和专利权转让给中芯国际，以换取少量股权和五年内使用中芯国际产能的权利。与东芝和富士通的合作模式类似。(Howell et al. 2003，p. 96.)

② Maria A. Lester，"2003 Top Fabs." *Semiconductor International*，May 1，2003. Available online：www. reed-electronics. com/semiconductor/Access date：July 1，2004.

像中芯国际（拥有 12 英寸、300 毫米规格的铸造厂）这样技术先进的生产商在中国仍然非常突出，其生产业务也主要集中在市场更为成熟、更商品化的领域。然而，分析师们一致认为，半导体制造业的全球重心正在向亚洲转移，尤其是中国。中国目前拥有十几家专业代工厂和五十多家集成电路制造厂，预计到 2007 年，其生产规模将超过 100 亿美元。一位美国高管预测，到 2015 年，全球集成电路晶圆产量的一半将来自中国，而目前这一比例仅为四分之一。①

建立除低成本劳动力以外的其他优势

中国官方将税收优惠政策和其他激励措施（廉价土地、补贴贷款、水电折扣和后勤保障）与在中国生产直接挂钩，从而吸引了大规模外来投资。由于劳动力成本占芯片制造成本的比例不到 5%，因此中国的低成本劳动力对外国半导体公司来说价值有限，特别是考虑到转移这些极其敏感且复杂的制造过程会带来极大风险。此外，在 20 世纪 90 年代，中国大陆企业只能满足市场约 10%的需求，因此，台湾地区和其他境外制造商更愿意将高端生产部分保留在本土，通过出口的方式供应中国大陆市场。

2000 年，国务院出台了鼓励集成电路制造业发展的政策，

① Data from PricewaterhouseCoopers 2004 and “SEMICON China” 2004.

进而彻底改变了这一资本密集型、成本敏感型行业的竞争格局。特别是额外节省的14%增值税似乎促成了针对中芯国际和宏力半导体制造公司的投资，同时让本地生产商通过降低进口价格来扩大市场份额。虽然这些成本节约的效果很快就会消失，但中国市场——到2010年时将成为世界第二大市场——仍然是对华投资的强大动力。

晶圆代工厂在中国大陆市场建立了先发优势，特别是在为中国大陆快速发展的电子系统供应链提供服务方面。长期以来，台积电的首席执行官张忠谋都不愿意投资中国大陆，但他在2001年宣布在上海附近建立晶圆代工厂的计划："我们的美国客户（他们或是在中国大陆成立了合资公司，或是成立了全资子公司）表示，我们迟早要进入中国大陆市场，因为进口我们的产品要缴纳大量税款。"台湾地区对中国大陆前沿科技领域的投资禁令进一步削弱了台积电和联华电子等老牌铸造厂，因为中芯国际利用了在中国大陆开展业务的低成本优势。此外，中芯国际还与希望避免缴纳中国增值税的西方芯片设计商之间存在特殊关系。①

中国的各地方政府之间为吸引集成电路投资也展开了激烈竞争，这使得许多观察家担心会出现全行业产能过剩的现象。一位官员称，在中芯国际和宏力半导体制造公司宣布在上海投

① PricewaterhouseCoopers 2004, p. 17, and Lee Han Shih, "Chinese Business: The Battle of the Fab Operators," *The Edge Singapore*, March 7, 2005.

资后不久，北京市政府就为集成电路产业制订了新的激励计划，他称之为“B＝S＋1”（北京＝上海＋1），这反映了中国各地区之间激励性竞标的激烈竞争。一年后，中芯国际开始在北京建设一座 300 毫米 DRAM 工厂，这与最初的计划相比发生了翻天覆地的变化，因为最初的计划中根本没有提到北京或 DRAM。此外，北京水资源短缺，且存在一定程度的空气污染。对于需要纯净空气和水的芯片制造工业而言，北京并不是一个理想的生产地。用一位来自台湾地区、长期关注集成电路产业的观察家的话来说就是：“这项投资似乎没有什么商业意义，但北京市政府确实希望自己能领先于上海。”①

中国官方将半导体视为战略性行业，这使得该行业可能出现产能过剩风险（可以说，在钢铁、汽车、家用电器和其他资本密集型行业当中已经出现产能过剩风险了）。外国对中国市场的过高预期进一步加剧了这种风险。在门槛较低的行业（如手机制造）中，已经出现了产能过剩，仅 2001 年和 2002 年就有 30 家新的中国公司加入竞争。由于中国的生产规模不断扩大，半导体行业存在严重的产能过剩和波动加剧风险，纯粹的代工业务面临着最为激烈的竞争。例如，虽然中芯国际在 2004 年取代了新加坡特许半导体公司成为全球第三大代工厂，但整个公司的发展却一直面临财务困境。该公司仍然远远落后于台湾地

① Clendenin 2003c.

区的代工厂，不可能像这些成熟的竞争对手那样大量投资研发。例如，台积电拥有4亿美元的科研预算，并与硅谷领先的芯片设计公司有着超过十年的密切合作关系。

建立集成电路产业集群

上述国际技术与技能转移的速度和规模前所未有，不仅改变了中国的集成电路产业，也改变了全球集成电路产业。在不到五年的时间里，境外华人技术社区就将上海打造成了一个全球性的集成电路设计、制造、封装、组装和测试中心，并与中国台湾地区和美国建立了密切的联系。产业观察家称，如今上海集成电路产业的集聚程度，加上中国市场、技术、人才储备、政府支持和资本供应的情况，与台湾新竹地区 10～15 年前的发展状况高度相似。有人甚至预测，中国大陆该行业的发展速度将超过台湾地区，因为中国大陆拥有大量来自美国硅谷和中国台湾地区等的经验可供借鉴，而且有现成的模式可供遵循。

2002 年，台积电宣布计划在上海市郊的松江区建立晶圆厂，这是集成电路晶圆厂以及上下游生产商大规模迁移到中国大陆的一个组成部分。来自台湾地区（包括威盛、凌阳科技、创意电子、矽品精密和日月光半导体制造）和硅谷（应用材料、Avant、新思科技、芯成和超捷）的知名芯片设计公司、设备制造商以及封装、组装和测试公司纷纷在上海地区设立工厂。到 2004 年，张江高科技园区（简称“张江园区”）已入驻了 96 家集成电路公司，包括3家晶圆代工厂、7家集成电路封装和测试公司、17家设备和材料供应商、9家研发机构和22家集成电路设计（无晶圆厂）公司。该地区日益完善的集成电路供应链基础设施是除中国台湾地区和美国以外的其他经济体所不具备的。

中国在半导体封装、组装和测试（SPA&T）领域的实力与在代工业务领域一样强大，但可能由于技术和技能要求较低，所以不太为人所知。2004年，中国共有78家相关工厂，占全球工厂总数的近18%，员工人数占全球总数的14%，超过了半导体价值链的任何其他部分。与晶圆代工厂一样，2000年后，由于客户、电子制造服务以及原始设备制造商或原始设计制造商日益要求就近服务，半导体封装、组装和测试设施的迁移速度逐步加快。专业公司的这种集群现象反映了这样一个事实，即中国三分之二的半导体产品是设计用于出口的。①

大多数分析师都认为，目前制约中国半导体行业发展的主要因素是集成电路制造、管理和营销方面经验不足；他们估计，中国需要5万名半导体制造专业人才和另外25万名集成电路设计工程师来支持其计划中的行业发展。② 1997年，中国超过美国成为世界上最大的工程师来源地，但中国大学每年仅能培养约1 500名微电子专业学生，而且其质量逊于美国。造成这种质量差距的主要原因在于中国的教育体系不太重视培养

① PricewaterhouseCoopers 2004.

② Baijia 2003.

学生的创造性思维和解决问题的能力，而且缺乏具有商业经验的教授。①

因此，中国政府仍在大力引进海外人才。例如，上海市政府向硅谷中国工程师协会成员发出通知，表示愿意资助其对上海发展至关重要的多个领域的研究项目，其中就包括物理、化学、新材料、基因技术、半导体、电子和电气工程、人力资源、知识产权、可持续发展、区域和城市规划、环境保护等等。②

预计到2006年时，中国晶圆代工厂的产能将占全球总产能的20%，但在周转时间（或周期）、服务质量和制造技术等关键性能指标上，中国的产品与世界标准尚有差距。提升这些能力需要更多的时间与经验，特别是考虑到下一代集成电路制造工艺的技术复杂性以及与集成电路设计相关的集成挑战。虽然中国的新兴产能已经永久性地改变了全球集成电路产业布局，但美国和中国台湾地区在集成电路设计、半导体知识产权、设备制造、电子设计自动化和前沿工艺技术方面的竞争优势仍然较为稳固。

硅谷与中国

在20世纪90年代后期海峡两岸投资逐渐转向电子系统和集

① Howell et al. 2003.

② “Shanghai Presents 156 Projects to Overseas Talents,” 2004.

成电路的同时，越来越多的硅谷企业家、投资者和专业服务供应商开始与中国大陆建立联系。正如硅谷中华软件专业人士协会主席在 20 世纪 90 年代后期所说的那样："我们许多来自中国大陆的成员现在都想回到中国大陆去复制台湾地区的经验……他们拥有丰富的经验和先进的技术，能够帮助中国大陆实现自力更生。"①

海外华人科学家与工程师的传统回国途径是到在中国设有研究实验室或分公司的跨国公司工作。西方公司的薪资和福利，以及全球化公司的培训和资源，使得英特尔、微软或甲骨文等外国科技公司在中国的工作颇具吸引力。虽然许多中国毕业生仍然会选择这条道路，但在 20 世纪 90 年代，越来越多的工程师，特别是来自硅谷的工程师，更愿意尝试创业。

加利福尼亚大学伯克利分校毕业生、UT 斯达康（中国最成功的企业之一）的联合创始人陆弘亮就是新一代回国人士的典型代表。他指出，来自中国的华人在美国的机会有限，并补充道："从根本上来讲，我总是希望中国能成为一个更美好、更强大的国家。我住在这里（指美国），我纳税，我努力做一个好公民，但这个国家并不太需要我的帮助。"② 与台湾地区的华人一样，海归们认识到，在中国大陆可以获得更具吸引力的职业机

---

① Gilley 1999.

② Simons and Zielenziger 1994，p. 13A.

会以及更高的社会地位。①

然而，中国大陆的情况与台湾地区有着重要的不同。在美国，来自中国大陆的华人社区规模更大，其中许多人出于服务中国大陆市场的目的而选择回国。他们受益于台湾地区十多年来在中国大陆投资发展电子供应商基础设施的经验，并享受着这些基础设施为科技初创企业提供的支持。中国政府也借鉴了台湾地区的成功经验，并制定了极具吸引力的激励措施来吸引那些曾经帮助台湾地区建设IT行业的归台人才，并希望能够利用他们的先进经验。

另外，中国尚未完成从计划经济向市场经济的完全转型，这给海归创业者带来了严峻的挑战。中国的改革进展不平衡，这体现在实体基础设施的发展速度远远超过了市场经济体制的发展速度上。中国拥有53个国家级高新技术开发区和数百个科学园区，基础设施先进、优惠政策频出，但缺乏中国台湾地区和美国支持初创企业所需的社会结构、技术和管理经验以及金融和法律机构。

北京的互联网热潮

20世纪90年代末的技术热潮促使一批在美华人选择回国（人数有小幅增长，不过这一趋势十分明显），他们的目的地大

① U.S. Embassy，Beijing，1997.

多是北京。这些人背景各异（既有从事金融服务或市场营销的，也有从事技术研发的），但都渴望参与到中国互联网的发展之中。然而，与其他地方一样，绝大多数的中国互联网初创企业都失败了。斯坦福大学毕业生、硅谷最早一批取得成功的中国企业家李信麟在 1999 年时曾说，他劝许多朋友回国创业，但大多数人都失败了，甚至无法收回最初的投资。李信麟的言论反映了当时普遍存在的挫败感，即中国尚未为海归企业家做好准备，“中国民众将海归视为投资者，认为他们腰缠万贯，却不太重视他们掌握的技术和价值……在中国，私营企业很难与竞争对手展开公平竞争。”①

一年后，李信麟回到中国，从北京的中国科学院软件研究所分拆出一家公司。② 此时李信麟已经财富自由了，而且持有美国绿卡，因此，他并没有承担很大的个人风险。可以说，对于大多数早期回国人员来说，能够重返美国是他们离开美国的前提条件。

早期回国创业的大多数人所关注的市场要么时机尚未成熟（电子商务），要么被过度炒作（3G、网络营销）。他们中很少有人拥有商业经验或对中国市场的了解。20 世纪 90 年代，最引人注目的海归初创企业是“山寨”美国公司和商业模式的企业。例如，互联网门户网站新浪、搜狐和网易获得了广泛宣

① Interview conducted by Guoqiang Yu with Andy Lee，August 14，1999.

② 李信麟现在从事着他心仪的软件业务，但该业务仍受中国科学院高层领导。

传，并迅速占据了中国的市场份额，甚至在美国纳斯达克上市。这些海归们还发现，美国的商业模式在中国市场很少适用，因为当地广告收入很少，在线支付系统、分销和带宽往往都不存在。他们很难获得现金、进入分销渠道，以及为竞争对手设置壁垒。

一段时间之后，海归们才逐渐意识到，中国并不是一个单一的同质化市场。一位香港银行家指出："所有人都看到了有13亿人在线购物的前景，但事实上，其中8亿人还生活在农村。"[①]此外，中国的分销渠道有限，各省的规章制度不尽相同（有时甚至相互冲突），方言也不尽相同——所有这些都表明在这里存在多个市场。例如，中国移动在每个省份提供的服务、价格和商业计划都不尽相同。

互联网门户网站新浪、搜狐和网易直到2002年才开始在中国盈利，当时，它们还提供短信服务和其他内容，而正是这些业务目前占其收入的大部分。即使到了今天，这些企业的未来发展仍然不确定。尽管其估值高达数十亿美元，但它们为广告商和用户提供的都是几乎相同的产品。[②] 在许多观察家看来，中国互联网企业的估值过高。

早期海归人士在中国尝试创办西式企业时，还面临着其他挑战。从未离开过中国（也没有享受到政府优惠政策）的同行

① Wu 2005b.

② Wu 2005a.

对海归的不满情绪反映在将海归贬称为“海龟”上。这两个群体之间的竞争关系使得他们很难相互合作、相互学习，还加剧了管理风格的差异与冲突。这一点在王志东与新浪公司其他高管之间的冲突中表现得尤为明显。王志东是一位成功的北京企业家，他在担任新浪首席执行官时遵循了中国传统的家族经营模式。而新浪的高管和股东大多来自硅谷，他们接受过美国教育。许多海归企业家还面临着从本地招聘的管理人员与从硅谷招聘的管理人员之间的冲突，因为后者比本地同职位人员拿到的工资高得多。

这些海归企业家还面临着来自政府方面的管制。例如，2000 年，信息产业部暂停了对 UT 斯达康个人接入系统（PAS，本质上是一个在有限地理区域内工作的微型蜂窝网络）申请的审查工作。虽然 UT 斯达康后来获准部署 PAS，但只能部署在小型城市、城镇和村庄中，因为其技术并不先进。这项裁决使得该公司长期处于法律困境之中。

回到中国（B2C）

2001 年之后，从美国回流中国的第二波、也是规模更大的移民潮逐渐得到了人们的关注。据新华社 2002 年年中报道，约有 13 万海外留学人员回国，形成了“回国人才潮”。[1] 这些海归

① “China Sees Growing Tide,” 2002.

通常都是来自硅谷的经验丰富的技术人员和管理人员，他们更愿意去上海而不是北京或其他南方省份。[①] 在这些人看来，他们在美国的上升空间已经见顶了，而中国有着美国所不具备的经济和职业前景。这一代海归在电信、零部件制造和集成电路设计等领域创建了许多科技初创企业，而且他们似乎能够对中国的经济发展轨迹产生持久的影响。

美国面临的科技衰退潮以及 2001 年“9·11”事件的双重影响，促使在硅谷工作的中国海外华人开始认真考虑回国的选项。一项号召海外华人“回国报效祖国”的重大政策转变也标志着人们对待海归的态度发生了变化。[②] 一家中国职业搜索网站报告称，2002 年初，网站上的简历数量急剧增加，“在过去的几个月里，有 1 万～1.5 万人有意愿回到中国工作。六个月前，我们只收到了 10～100 份简历。”[③] 在硅谷，人们很快就将这一趋势称为“回到中国”（B2C）。一位曾供职于微软、后回国创业的海外华人这样描述道：“这是一件大事，现在人们只想回到中国去。这就像淘金热。他们在美国取得了成功，但内心深处仍觉得自己是外来者。他们觉得中国欢迎他们……而且美国

---

① 2005 年，学者对美国华人半导体协会的成员进行了调查，发现上海在职业潜力方面排名第一，其后依次是美国、中国台湾地区和北京，而珠三角地区或香港排名最低。他们还认为，增长潜力是决定是否搬迁的最重要因素，优先于家庭或生活质量等其他因素。

② Zweig 2004.

③ Kirby 2002，p. B4.

的新机会并不多。”①

这种变化的速度令人深感震惊。在20世纪90年代，中国的科技公司根本无法招募到硅谷的工程师返回中国集成电路产业工作，即使开出与美国同等的工资条件也不行。然而，2001年，上海浦东新区的一个代表团在硅谷举办了一场招聘会，吸引了1 000多名应聘者前来参与。代表团成员包括来自上海35家企业的管理人员以及政府官员。据称，他们共开放了238个职位，而最终收到了2 500多份来自美国的申请。可以说，这一场面尤其让人感到惊讶。

在此期间，中美两国工程师和投资者之间的双向交流显著增加，硅谷的华人专业技术协会成了当时“人才流通”进程的主要领导者。例如，2001年，美国的一家中文报纸《星岛日报》报道称，美国华人半导体协会前九任主席中有四位已移居上海。此外，这篇报道还将这一变化与20世纪90年代的“台湾地区回归潮”进行了比较。现在，几乎所有海外华人专业技术协会都会在中国大陆的一个或多个城市开设分支机构，而十年前此类情况还根本没有出现。除了台北和硅谷以外，目前美国华人半导体协会在上海和广州也设有分支机构。甚至，成立于1979年、以美国国内为关注重点的亚裔美国制造商协会也宣布在上海成立分支机构。

---

① Kirby 2002.

中国的硅谷？

20 世纪 90 年代，中国官方开始鼓励创业与市场竞争，希望以此加快国内科技产业的发展速度。在西方特别是硅谷经验的影响下，他们开始大力投资新的高科技工业区，为创新和创业提供有利环境。1997 年召开的中国共产党第十五次全国代表大会确认了非公有制经济是中国社会主义市场经济的重要组成部分，从而推动了这一进程。现在，所有掌握先进技术的国内企业（无论所有制情况如何）都正式获得了相同的优惠待遇。

中国科学技术部已指定了“高新技术产业开发区”的设立地点，并开始集中国家资源支持技术发展。然而，由于目标、战略与战术多种多样，且缺乏对预期结果的明确规划，这些园区的设计目标仍然模糊不清，甚至不清楚建设这些园区的目的是吸引技术进入中国，还是鼓励中国企业实现技术突破。[1] 而且，虽然这些园区是由中央政府创建的，但它们也是不同省份之间竞争的主要目标之一。

毫不奇怪，中国两个处于领导地位的园区在许多方面都存在很大的差异（与其他园区相比也是如此）。北京的中关村科技园区（简称“中关村”）孕育了数量更多的本土科技企业，

---

① Wang and Wang 2002.

而上海的张江园区则吸引了大部分与科技相关的外国投资。中关村通常被称为“中国的硅谷”，成立于1988年，坐拥中国两所顶尖大学——北京大学和清华大学，以及54所其他大学和232家研究机构，其中包括著名的中国科学院。园区内有6 000多家企业，其中80%从事IT行业。张江园区于1992年建立，是第二个国家级高新技术产业开发中心。园区开发面积达10平方千米，是台湾新竹科学园区面积的几倍，入驻企业达383家。①

培养企业家精神

20世纪80年代初，中国官方首次尝试鼓励科技创业，鼓励企业家从当地大学和研究机构中分离出企业。这些企业被称为民营企业或集体所有制企业，因为其最初的技术、办公室和设备都来自国家，但企业是作为独立实体成立并运营的。联想集团（由中国科学院分拆而来）和方正集团（由北京大学分拆而来）是这一代民营科技企业的两大成功典范。

中关村的第一代创业企业——联想、方正、长城和四通——如今已成为中国最大的科技企业，拥有可观的产出，也提供了相当多的就业岗位。联想成立于1984年，在2005年收购IBM个人电脑部门之前，其收入就达到了30亿美元，员工人数

① “Economic Analysis,” 2004.

超过1万人。这些企业主导着中国的个人电脑市场，其中联想占29％，方正占9.2％，长城占4.6％；相比之下，最大的外商IBM仅占5.3％。[①] 不过，这些巨头在二十多年后仍没有催生出新一代成功的初创企业，这凸显了中国创业环境的局限性。

虽然被称为民营企业，但这些第一代科技创业企业从与政府的关联中获益良多。中国科技领域的学者将这些著名的大学衍生企业（包括联想、北大青鸟、清华同方、沈阳东软集团和四川托普集团）称为“新国有企业”，因为它们都从政府持续的大规模支持中受益。这些企业还积极追求增长，不过主要是向房地产等不相关的领域进行多元化发展，以顺应政府在每个行业扶持少数巨头企业的意愿。许多企业都发展成企业集团，但没有认识到专业化、细分化的商业优势。例如，北大青鸟是北京大学分拆出来的一家软件企业，然而，其在准备于中国上市时却收购了香港的一家百货公司。联想除了从事个人电脑制造和分销业务外，还在房地产、投资银行、餐饮和保险行业广泛开展业务。只要这种不相关的多元化经营不会受到市场惩罚，这种行为就很可能会延续下去。即使是像华为和海尔这样知名度很高的中国跨国公司，其多元化程度也比美国的竞争对手高得多。

尽管中国的高科技园区容纳了数千家初创企业，但它们都

① Dedrick 2003.

未能孵化出成功的私营科技企业。尽管中关村在 2004 年时拥有数千家企业，但其中绝大多数规模很小、财力薄弱，显然仅靠政府对园区企业的补贴维持生存。少数几家大型企业占园区总产出的绝大部分。① 一位中国工程师总结道："当时部分高科技推广只是旧瓶装新酒。"

这一情况反映了中国经济面临的核心困境之一。中国私营企业数量占所有注册企业的 43%，但零售额仅占 13%，工业产值仅占 12%，雇员数量仅占 8%，出口额仅占 4%。2002 年，私营企业平均员工人数为 14 人，而国有或国有控股企业为 188 人，外商投资企业为 36 人。②

为未来融资

与国有企业相比，中国的私营企业获得资本的机会有限，因此处于严重劣势地位。中国的金融体系仍然由国有银行主导，这些银行几乎只面向国有企业。相关数据显示，1999 年，所有流动资本贷款中只有不到 1%流向了私营企业，而且这些贷款通常不是流向本地私营企业，而是流向与外国私营企业共同成立的合资企业。③ 这个问题在科技领域尤为严重，因为中国的商业银行信用分析能力有限，而且更倾向于以有形资产作为抵押。

① Xia 2004；"Chinese Students Return，" 2003.

② "China's Economy：Who Owns It?" 2004.

③ Studwell 2002.

很少有公司有公开的信用记录，大多数债务无法证券化，因此中国绝大多数的新技术企业资金不足。[①] 在此基础之上，本土初创企业无法与国内外大型企业竞争最优秀的技术和管理人才。

中国的金融体系还存在一个会影响整个经济体系的关键问题，即不良贷款负担沉重。2002 年，不良贷款占银行业总资产的 50%。根据标准普尔的数据，清理这些不良贷款的总成本占到了 GDP 的 50%。考虑到目前的情况，想要完全解决不良贷款问题、推进中国金融体系的改革至少需要十年时间。

政府主导的“风险”投资

中国政府在 20 世纪 80 年代开始创建风险投资行业，并试图将其打造为支持新技术创业的一种机制。这与台湾地区形成了鲜明对比，在台湾当局的强力推动下，当地充满活力的私人风险投资行业在 20 世纪 80 年代末开始腾飞，而中国大陆的风险投资行业是在国家主导的金融体系背景下出现的，并仍然受到诸多限制。

中国首次尝试风险投资是在 1985 年，当时，由国家科学技术委员会和财政部共同成立了中国新技术创业投资公司。1997 年，中国人民银行宣布该公司破产倒闭。这一次的失败暴露了该行业存在的结构性问题，包括缺乏针对高风险投资的适当监

① 世界银行国际金融公司 1999 年的一项调查表明，80%的中国私营企业认为融资渠道不畅制约了企业的发展。Cited in Studwell (2002).

管框架，以及缺乏评估信用风险或市场机会的专业知识。尽管如今中国民间资本充裕，但由于对制度环境缺乏信心，因此只有小部分资本投资于风险投资基金。然而，这并未阻止地方政府、大学、国有企业和外国机构在中国设立新的风险投资基金。

到2000年时，中国约有160家国内风险投资公司，主要分布在北京、上海和深圳。政府是这些基金的主要资金来源，而这严重影响了基金经理对私营企业进行高风险投资的积极性，因为相比之下，投资国有企业的风险很低。① 深圳一家国有贸易公司创办的风险投资公司合伙人李宇就总结了自己所面临的挑战："我应该投资那些高科技企业，但我的董事曾问我能否'将风险降到零'！"像李宇这样的基金经理通常也对所投资行业缺乏必要的技术或商业理解，他们缺乏评估潜在项目和创意是否具有价值的规范程序，对公司管理的理解也较为有限。他还指出："我们无法识别项目的可靠性，也无法评估投资风险与潜在回报，而且我们必须获得公司总裁的批准才能进行投资，而在中国，由于我们平时很难接触到高级管理层人士，因此审批过程十分拖沓。"② 一位曾就行业改革问题向中国官方提供建议的硅谷企业家指出："中国的风险投资基金经理在投资企业的成败方面能够承担的风险很小。如果他们足够诚实，那么他们就不会承担任何风险；如果他们不够诚实，那么他们就会利用手头

① White et al. 2002.

② Interview with Julie Yu Li，January 11，2001.

的资源与企业家进行私下交易。”①

风险投资的监管框架十分薄弱——在某些方面限制过多，在另一些方面又过于宽松，而且这些规则在实践中经常遭到忽视。② 例如，中国的公司法历来会限制股东人数，并规定了最低投资额，然而，在当前的背景下，这一规定额度过高，甚至超过了西方典型风险投资公司的惯例。此外，这一时期的公司法还将无形技术对公司的估值贡献限制为最高 20%，对于科技企业而言，这完全是不符合现实的。

2001 年，中国政府发布通知，允许外资公司设立独资或中外合资风险投资公司，但不允许其投资证券、期货或其他金融市场，也不允许其发放贷款或通过借款进行承销或投资。③

风险投资行业还面临着其他许多挑战，包括监管缺乏力度、投资者与基金经理之间以及风险投资公司与被投资公司之间的信息不对称。在这两种情况下，由于缺乏足够的透明度、评判标准、绩效评估以及外部监督措施，腐败、隐瞒信息或伪造信息等现象依然存在。④ 因此，尽管中国的风险投资公司已经为数千家高科技公司提供了资金，但这些投资截至 21 世纪初只带来了微薄的回报。⑤

① Interview with entrepreneur who requested anonymity; April 16, 2001.

② Xiao 2002.

③ CIEC 2001.

④ Xiao 2002.

⑤ Interview with Tang Hui-hao, September 10, 2004.

中国的资本市场与银行一样，是整个经济体系中较为薄弱的环节。中国股市在20世纪80年代成立之初，主要是为国有控股公司的扩张提供资金。这种对私营公司的偏见一直持续到20世纪90年代。即使到了今天，尽管进行了许多改革，中国的市场监管体系仍然存在一定缺陷，容易受到价格操纵的影响。旧的政府配额制度正在逐步取消，然而，中国证券监督管理委员会（简称“中国证监会”）的管理活动仍然具有一定的政治性。

中国主要的证券交易所对上市和批准公开发行股票的监管程序要求严格。尽管用友软件在会计软件领域处于市场领先地位，但该公司还是经过了长达四年的游说，才最终在上海主板上市。截至2000年，在上海证券交易所和深圳证券交易所上市的1 000多家公司中，只有少数几家来自私营部门。

20世纪90年代末，中国证监会计划在深圳建立第二个交易板块，以纳斯达克为蓝本，为高风险、高回报的公司服务。然而，由于2001年初美国科技股崩盘，原定的开盘时间被推迟。中国证监会于2004年正式批准深圳证券交易所开设中小企业板（SME Board），对规模较小的科技公司做出较低的上市要求。然而，在启动后的前11个月里，只有40家公司上市。这一时期，一些地方政府还发布了未来几年本地风险投资基金重点关注的行业名单。这表明，中国官方仍在试图利用较严格的监管措施来发展新经济。①

---

① Xiao 2002.

关系营销

即使中国的私营企业能够获得足够的资金与技术，它们也依旧面临着巨大的挑战，那就是如何打入由政府或国有企业主导的市场。

那些经验丰富的经理也认为，在中国取得商业成功的关键在于“关系营销”。此外，出于安全性的考量，国内技术产品更受青睐，这些企业也因此受益。由于希望建立强大的国内技术能力，中国官方对本土企业进行了大量投资，在某些情况下，其支持还包括由政府部门或国有企业购买中国制造的零部件或服务。①

中关村和上海张江园区的私营科技企业通常由中国顶尖大学的毕业生或研究机构的员工创办。这些企业家或许拥有足够的技术才能，但他们很少具备将产品商业化所需的市场知识或客户关系。对于科技企业而言，这一挑战尤为严峻，因为政府往往直接或通过国有企业主导着电信和金融市场的运作。在金融和电信领域，监管部门并不完全独立，这在一定程度上造成了利益冲突和不确定性。

政府对技术市场的管控还体现在其他方面。例如，所有软件产品必须经过财政部的评估和认证，才能在中国销售。“市场

---

① Saxenian and Quan 2005.

准入许可”也是产品在当地市场销售的前提条件。因此，尽管中国市场上有大约50种财务软件产品，但在北京市场上可能只允许销售其中的3种会计软件。

用友软件是一家成立于1988年的北京私营企业，是中国领先的会计软件生产商。该企业的创始团队基本都是政府部门的前公务员：其中一人负责为国务院下属机构开发政府会计系统和与财务相关的计算机应用程序；一人负责开发标准化会计表格，这些表格后来成了用友软件产品的模板；还有一人负责分析企业会计信息，包括分析来自3.8万家国有企业和2万家集体所有制企业的数据。该团队解释道：“在政府部门工作过的经验帮助我们迅速赢得了客户的信任。我们与许多潜在的大客户（政府和国有企业）已经建立了关系，这使得我们更容易推销我们的产品，特别是在企业发展的早期阶段。”①

如今，那些能够在中国市场上取得成功的企业大多与政府部门和国有企业保持着良好的关系，或者利用了管理团队成员先前在其中工作时所获得的知识与经验，这并不奇怪。原先就拥有市场知识、关系和能力（以及资本）的个人或企业，在新的竞争环境中更有希望取得成功。缺乏此类资源或外部资源的国内民营企业，在中国市场上取得成功的概率会大大降低。

---

① Saxenian and Quan 2005.

此外，中国还缺少足够的商业与专业服务供应商（如律师和会计师事务所、市场营销公司、保险公司、公共关系和咨询公司等）来为科技企业提供支持。在当前的市场环境中，此类需求尤为迫切。例如，张江园区的专业服务供应商主要服务于跨国公司或国内大型企业，这一点从它们的服务价格中就可以看出。这可能会带来其他许多问题。由于中国一些有抱负的企业家很少知道该如何开发可行的业务模式，因此，他们通常采用传统的中国家族企业模式，由夫妻或其他家庭成员共同经营企业；这往往会导致企业所有权和控制权的争夺。

中国非正式信息交流论坛的发展也有限，这在一定程度上加剧了中国小型科技企业的孤立局面。虽然过去十年间在中国涌现了一些商业协会，例如中国半导体行业协会和北京软件行业协会，但相对于硅谷的专业协会和技术协会而言，这些协会为初创企业提供的非正式的支持与帮助还远远不够。①

20 世纪 90 年代末，一份关于中关村的学术分析报告得出结论：园区内创业企业的弱点源于“国有机构或企业对当地网络施加的严格限制”②。甚至就连许多小型外资企业也称自己的发展面临着无形障碍，“外国投资者，尤其是中小型企业，面临着错综复杂或模糊不清的法规，以及不成熟的金融体系”③。中关

① Kennedy 2005.

② Wang and Wang 1998.

③ Howell et al. 2003，p. 109.

村和张江园区内的成本也在上升，因为国内外企业都试图在这里寻找潜在客户，享受优惠政策。园区内的办公空间成本越来越高，周边地区的交通拥堵情况越发严重，技术和管理技能的成本也在迅速上升。这些成本进一步削弱了科技初创企业的优势，特别是那些缺乏政府关系或雄厚资本的企业。

上海模式

20 世纪 90 年代，张江园区管理部门（以及浦东新区政府）主要通过吸引外资来促进本地技术的发展，而不是寻求技术创新或鼓励本地的创业精神。对于上海地区的政府机构来说，这是一项自然而然的战略选择，在 20 世纪 60—70 年代，上海通过资助大型国有企业集团，从而将上海打造成全国重工业（汽车、电机等）中心。① 凭借可预测（但涉及范围广泛）的监管体系、相对高效透明的政府机构以及在中国大城市中最低的腐败率，上海赢得了非常良好的声誉。

尽管存在上述优势——良好的声誉、与全球市场的历史渊源以及具有国内经济中规模最大、最富裕的消费者群体——起初，张江园区吸引外资的进展仍然十分缓慢。第一家入驻园区的美国企业是美国联合信号公司，该企业于 1993 年在当地建设了一家涡轮增压器制造厂。如今，园区已不再允许此类企业入

① Segal 2003.

驻，因为其不符合高科技的标准。在吸引了第二家外国公司——霍夫曼·罗氏制药公司之后，张江园区的规划者在20世纪90年代中期开始将目标转向研发密集型活动。

2000年是张江园区发展的转折点。当时，上海市政府遵循既有经验，有选择性地调动资源来支持超大型企业，并发布了《上海市促进张江高科技园区发展的若干规定》。这项政策将政府资源集中于张江园区的高科技产业上，而不是像过去那样分散于六个现有的市级高科技园区。亚当·西格尔（Adam Segal）指出，上海第十个五年计划（2001—2005年）将信息技术确定为本市的优先发展产业，并呼吁将本地资源引导到六个能够在国内外展开竞争的国内产业集团上。这使得园区领导层得以在张江园区的实体基础设施上投入巨资，使其成为当今世界上最先进、最现代化的园区之一。① 园区内有大片区域供高科技研究、企业孵化和产品制造，此外还留有充足的住宅、商业和教育设施、绿地（占40%）以及高效的公共交通网络。

张江园区管理部门积极吸引技术投资，上海市政府还制定了《关于本市鼓励软件产业和集成电路产业发展的若干政策规定》，为入驻企业提供贷款补贴，减免土地使用费、水电费和基础设施费，简化海关手续，减免地方税收。此外，外资企业在

---

① Segal 2003，p. 97. 例如，上海市政府正在建设一个耗资120亿美元的深水港，包括额外的隧道和一座新桥。

成立后的头三年里还免缴地方所得税、土地使用费和房产税。[①]上海市政府还大力投资电信领域。上海是中国第一个使用宽带综合业务数字网的城市，率先为工作场所和住宅部署高速、经济实惠的非对称数字用户线（ADSL）连接。这一战略在2000年获得了回报，中芯国际、上海宏力半导体制造公司和国内生产商上海贝尔都计划在园区内建设大型集成电路制造设施，吸引外资超过34亿美元，是前几年的三倍之多。

目前，张江园区的入驻企业包括192家初创企业，园区内设有“高科技创新服务中心”，帮助初创企业寻找融资渠道、提供运营协助并组织讲座等活动。然而，园区内鲜有私营企业取得商业上的成功。张江园区执行董事张明华认为，这是因为上海的政策和机构都倾向于支持大型企业。

跨太平洋创业

如今，中国最成功的海归科技初创企业就是那些“跨太平洋初创企业”，因为它们能够结合硅谷和中国各自的优势。2001

---

① Segal 2003，p. 113. Howell and colleagues（2003，p. 50）对该政策规定进行了如下总结：例如，即使是名义上的私营公司，其集成电路制造设施的建设也被赋予政府项目的地位，并享受明确的贷款补贴，集成电路产业在海关享有24小时“窗口”，所有进出口业务可享受“10小时或更短”的服务；所有集成电路芯片制造项目在获得认证之日起三年内，在购买用于生产和管理用途的住房时，免缴手续费和产权登记费，免缴与项目相关的供水服务费、供气服务费以及供电和配电服务费。

年后的海归显然从前辈身上学到了许多经验，虽然他们仍然面临着严峻的挑战，但已经探索出了更具可持续性的商业模式。这些人的经验表明，当今中国最好的商业机会在于应用成熟的技术来满足国内市场（也许还包括其他发展中经济体市场）的独特需求，而不是追赶技术前沿或与富裕经济体的老牌生产商展开竞争。

宏碁科技创业投资公司（宏碁电脑的投资部门）的庄人川认为，要想让跨太平洋初创企业长久地生存下去，最好的方式就是将硅谷的新产品和新商业模式、技术架构、产品营销和研发协调与中国的研发、制造、生产物流以及现场工程和本地销售网络结合起来。这一模式能够充分利用硅谷海外华人的管理经验、中国大陆低成本的工程资源、标准和商业化的开发工具以及台湾地区成熟的供应链制造基础设施。在这一模式下，美国市场可以推动移动设备或新型半导体设计等早期技术研发，而后在中国（低成本版本）和美国进行商业化。

然而，这些跨区域初创企业也面临着巨大的挑战。中国的风险投资仍处于早期阶段，尚未形成对第二代企业家的完整投资与再投资周期。跨区域企业必须想办法实现远距离活动的有效协调，尤其是要发展组织协同效应，确保两地的团队之间保持持续、稳定的沟通。最后，与所有中国技术企业一样，这些初创企业还需要考虑如何保护自己的知识产权。①

---

① Chwang 2003.

其中最成功的那批企业选择将现有技术应用于新产品，以满足中国市场的独特需求，包括电信设备（UT 斯达康）、零部件（康联）和服务（亚信）。还有一些企业则利用中国低成本的工程人才来为出口市场提供服务。这些企业包括生产零部件（Sinoceramics）和设计先进集成电路（新威）的企业，以及提供系统集成或工程外包服务的新一代企业（丝路软件服务公司、大展）。然而，由国家资助、私人控制的集成电路设计企业中星微电子的迅速崛起表明，跨区域企业可能会面临中国特色的技术创业企业的激烈竞争。尽管软件和半导体行业并不像中国其他传统行业那样由国有企业主导，但这些技术领域的顶尖企业往往与政府保持着良好的关系。

跨区域投资者

在中国，真正愿意承担高风险的风险投资商只有大约 50 家境外风险投资公司，其中包括几家来自硅谷和台湾地区的资深公司。这些公司包括日本的软银、华平投资、英特尔风险投资、中经合、华登国际投资集团、汉鼎亚太、宏碁科技风险投资、V2V、美国国际数据集团和祥峰投资，它们在中国投资建立了全职的管理团队。然而，由于缺乏可行的退出方案，它们在中国投资时非常谨慎。进入中国国有企业主导的股票市场几乎是不可能的，而此时的人民币也不可兑换，使得外国投资者难以将收益汇回本国。

2004年，中芯国际、前程无忧51job（一家在线人力资源服务公司）以及中国最大的网络游戏公司盛大互动娱乐计划在当年进行首次公开募股，大量新投资者因此进入中国市场，风险投资总额超过了10亿美元，是上一年的两倍。虽然与2004年外国在华直接投资总额620亿美元相比，这一数字并不算大，但许多观察家担心大量资金的涌入会导致“小泡沫”，即风险资本过分追捧为数不多的几家高质量初创企业，而且，此时的中国科技股估值已经过高。

那些很早就进入中国市场的投资者积累了不少经验。华登国际投资集团的董事长谭力博回忆道，20世纪90年代初他第一次去中国，但因种种原因没有下定投资决心。随后，他试图在美国初创企业与中国本土企业之间建立合资企业，但最终发现，要弥合两种截然不同的管理模式实在是困难重重。谭力博表示，杨崇和创办新威半导体公司的经历让他认识到，在中国，最好的策略是投资那些希望回国创业、受过美国教育的毕业生。

2002年，硅谷半导体公司IDT以8 500万美元的价格收购了新威半导体公司，为华登国际和中国华虹微电子带来了丰厚的利润（和美元）。谭力博指出，关键是要找到那些留在美国并在硅谷等地公司工作过多年的美国大学毕业生，“要想在中国成功运营西式科技企业，你就必须在美国接受过相当程度的‘洗脑’”。随着21世纪初美国华人社区的日益成熟，这种模式的初创企业似乎越来越可行。谭力博希望能打造一家像宏碁那样的企业，包括在硅谷设立总部和研发中心，在加勒比地区注册公司，在中国大陆进行生产和（或）开发，在台湾地区建立更高级的设计或物流基地，同时由了解中国语言、文化和制度的企业家负责领导公司。

小灵通供应链

UT 斯达康是中国最成功的海归公司之一，尽管该公司花了多年时间才最终找到自己的定位。UT 斯达康的中国业务始于 20 世纪 90 年代初在杭州的一家小型电话交换设备工厂。十年后，该公司已经成为中国领先的无线和有线接入以及 IP 交换产品与服务供应商，以及全球最大的 PAS 设备和服务供应商，并在纳斯达克上市。在中国，PAS 被称为“小灵通”，因为它可以在特定地理区域内提供无线接入服务，且成本远低于为西方市场开发的手机。PAS 技术是由日本开发的，但由于网络质量较差，且无法实现城市间漫游，因此在日本并未得到普及。然而，该服务的价格约为标准手机服务的一半，因此吸引了数百万追求价格优势的中国人前去购买。主要电信公司中国网通和中国电信也喜欢此类系统，因为这两家公司尚无法提供手机服务，但该系统让它们能够为客户提供一种形式的移动服务。①

---

① 小灵通之所以受当地政府和当地电信运营商欢迎，是因为 PAS 可以轻松连接到传统网络上，而且安装成本非常低廉。因此，当 UT 斯达康最初在北京和上海部署 PAS 时，信息产业部放松了对 UT 斯达康的监管。

UT斯达康利用中国快速增长的移动电话需求（2004年小灵通总销量达到7 000万部，而2001年时仅为150万部），并利用杭州地区高效、低成本的IT制造基础设施，大规模生产此类设备。该公司的快速发展也鼓励了其他海归初创企业为这款产品开发新技术（鼎芯通讯主要关注射频集成电路，捷智半导体则主要关注硅锗铸造工艺）。

UT斯达康最初由一群在美国接受过教育的中国高管于1991年创立，这些人曾在美国新泽西州的贝尔实验室共事。UT斯达康是1995年Unitech Telecom（一家位于加利福尼亚州的数字和无线传输系统开发商）与斯达康网络合并的结果。尽管UT斯达康在特拉华州注册成立，总部设在加利福尼亚州的阿拉米达，但它在成立之后立即就在杭州建立了一家工厂。2004年，UT斯达康在硅谷的研发中心雇用了约1 000名员工，但其6 500名员工中的大多数（超过80%）要么在浙江的研发和生产中心工作，要么在中国其他地区从事市场营销、销售和服务工作。该公司从中国邮电部下属的一所大学招聘工程师，其中许多人都被派往美国接受为期18个月的培训，以确保他们能够达到公司要求的标准。

联合创始人兼首席执行官陆弘亮指出，UT斯达康的成功得益于其在中国的人脉关系；此外，他们所拥有的优势还包括对中国市场的了解，以及将现代商业结构和来自美国的先进产品与创始团队的民族和文化知识相结合的能力。[①] 他认为，创始人

① Linn 1998.

的中国背景有助于该公司在中国与朗讯和摩托罗拉等跨国电信公司展开竞争，同时还有助于说服中国官员相信他们的确计划在中国市场长期发展。中国背景也确保他们知道“如何适应当地文化以及如何与电信公司取得联系”①。UT 斯达康的“小灵通”服务之所以能获得第一批用户，主要是因为该公司与当地政府建立起了密切关系。

此外，日本软银公司的知名掌门人孙正义还为 UT 斯达康提供了大量资金。孙正义和创始人陆弘亮是朋友，两人在 20 世纪 80 年代初相识，当时陆弘亮在伯克利经营一家冰激凌店，以资助自己的研究生学业。20 世纪 90 年代，软银向 UT 斯达康投资约 1.6 亿美元，使得后者能够花上几年时间在中国市场上找到具有良好前景的细分市场。UT 斯达康于 2000 年在纳斯达克公开上市。2001 年 2 月，也就是公司成立十年后，UT 斯达康的用户只有 100 万。到 2005 年，该公司拥有 4 750 万小灵通用户，占中国用户总数的 60％。②

UT 斯达康在杭州拥有最先进的最终组装和测试设施，它还将电路板和外壳的大批量生产和组装业务分包给了当地供应商。台湾富士康电子是 UT 斯达康的主要供应商之一。为了在 2003

① Valigra 1998.

② UT 斯达康的收入反映了其单位销售额的增长，从 2000 年的 3.69 亿美元增长到 2002 年的 9.82 亿美元，再到 2004 年的 27 亿美元。2003 年之前的毛利率一直保持在 30％以上，但 2004 年却下降到 22％，这反映了市场竞争的加剧以及其核心市场的饱和。UTStarcom Investor Presentation by Mike Sophie，Chief Operating Officer，2004. Available online：http://investorrelations. utstar. comldownloadslpresentation. pdf.

年向 UT 斯达康交付 1 600 万部小灵通，富士康将其杭州工厂的表面贴装技术生产线扩展到了 20 条。富士康还在附近的昆山设立了一家精密模具开发子公司。尽管 UT 斯达康用了十多年时间才发展到如此规模，而且在中国很少有类似的创业成长故事，但国内很快就出现了效仿它的小公司，全国各地出现了不少“山寨”小灵通制造商，将小灵通的价格维持在相当低的水平。

境外华人社区利用硅谷和台湾地区的技术、产品开发经验和金融资源，在中国快速发展的无线通信市场中占据了有利地位。鼎芯通讯成立于 2002 年，由一群海归工程师创立，旨在设计小灵通使用的射频芯片。由于射频芯片主要用于中国和日本市场，因此美国和欧洲的主流集成电路公司对此不屑一顾。鼎芯通讯的总部位于上海，在加利福尼亚州设有研发中心，在台湾地区设有后端生产团队。鼎芯通讯的联合创始人兼首席执行官陈凯在加利福尼亚大学伯克利分校获得了博士学位，并曾在美国半导体行业工作了 15 年。他解释说，公司将六个射频芯片整合到了一个或两个芯片之中，从而区别于那些水平较低的集成电路设计公司。“我们不只是利用中国的低廉劳动力让芯片便宜了 10%，而是彻底改变了整个产品架构。”①

陈凯认为，鼎芯通讯的优势在于其与中国的小灵通制造商距离很近，方便沟通，同时也十分了解后者客户群的需求。该

① Clendenin 2003b.

公司芯片组的设计旨在解决小灵通用户经常抱怨的通话中断问题；更高的集成度不仅意味着集成电路的性能更好，而且意味着还能降低至少10%的成本。过去十年，台湾地区的集成电路设计行业有效运用了这种根据本地需求定制并优化集成电路设计的策略。陈凯指出，大多数美国集成电路公司在设计芯片后都期望客户能予以反馈，进而帮助公司进一步开发新的产品。他补充道："中国的制造商也正在试图围绕此类芯片构建起一整套系统，尽管并不清楚能否成功。"①

鼎芯通讯不仅受益于创始团队在美国接受的教育和技术经验，还受益于其最初一批投资人的创业经验和人脉网络。鼎芯通讯的第一轮投资人包括台湾联发科技的联合创始人兼董事长蔡明介以及经验丰富的投资人张孝威。联发科技是DVD播放器芯片行业的头部设计商。他们成功安排鼎芯通讯与台积电建立了代工合作关系。鼎芯通讯在第二轮融资中从硅谷投资者那里筹集到了700万美元，其中就包括英特尔资本和德丰杰。

鼎芯通讯的另一个代工合作伙伴捷智半导体是一家位于加利福尼亚州的初创公司（成立于2002年），其首席执行官李成出生于中国，在美国接受教育。该公司从科胜讯系统公司中独立出来，专注于新兴的硅锗代工工艺，适用于低成本的无线和有线集成应用。捷智半导体专注于超高速硅锗工艺，这一点有别

① Logan 2004.

于台积电和联华电子等大型、成熟的代工厂［这些代工厂拥有先进的数字互补金属氧化物半导体（CMOS）工艺技术］。虽然捷智半导体的第一家代工厂位于美国，但公司高层已宣布未来会把生产扩展到中国。

届时，中国将拥有小灵通的完整供应链——从集成电路设计、制造到成机生产与服务。UT 斯达康已做好充分准备，与鼎芯通讯等经验丰富的射频芯片设计公司合作，提高产品质量和功能，同时降低成本。最终，这款产品不仅能够服务于中国的无线市场，还能够服务于其他发展中国家。

当然，中国市场并非弱者的聚集地，电信市场上的竞争非常激烈。2005 年，UT 斯达康在经历了五年的持续增长后，由于市场饱和、在低端市场上遭遇本地设备制造商的竞争以及中国主要电信运营商的转型，其小灵通业务需求急剧下降，UT 斯达康因此面临重大亏损。与此同时，北电网络、西门子、诺基亚等跨国公司在中国市场上也表现活跃。此后，UT 斯达康进行了重大重组，并寻求将业务扩展到下一代手机服务、高速互联网服务以及 IPTV（通过高速互联网线路提供的有线电视服务）等新市场，同时积极在中国以外的市场推广其产品，包括印度、巴西、非洲部分地区以及美国和欧洲。创始人兼首席执行官陆弘亮称，公司将面临“新的未知局面”。①

① Ellen Lee, “UTStarcom Eyes Other Markets for Expansion,” *Knight-Ridder Tribune Business News*, September 18, 2005.

集成电路设计领域的创新

这种跨太平洋的创业模式在集成电路产业正逐渐兴起，中国的海归正在利用越来越专业化的细分市场机会来推进本地半导体设计技术的发展。自 2000 年以来，中国涌现了数以百计规模很小且经常缺乏资金的集成电路设计公司，而那些跨太平洋初创公司往往能从中脱颖而出。

芯原微电子由戴伟民于 2001 年创立，戴伟民本人拥有加利福尼亚大学伯克利分校的博士学位，该公司的目标是成为领先的片上系统“设计代工厂”。该公司为中国领先的晶圆代工厂提供优化的标准设计平台，以及一系列内部开发或收购的半导体知识产权组件，以便用于片上系统从设计到生产的一站式服务。芯原微电子总部位于上海，在硅谷和台湾地区均设有分支机构，其目标在于充分利用全球三大集成电路中心各自的优势。戴伟民在创立芯原微电子之前，曾在硅谷创办过两家公司（包括 2003 年被楷登电子收购的思略科技公司）；此外，他还为公司招募了拥有美国研究生学历或硅谷工作经验或两者兼备的高级管理人员。他的目标是将美国在创新设计、架构和设备方面的优势与台湾地区的晶圆代工专长以及中国低成本的工程人才和快速增长的市场相结合。

跨太平洋风险投资公司翱科专注于投资早期无晶圆厂集成电路设计公司，特别是那些专注于中国市场的公司。该公司总部位于香港，在上海、深圳和硅谷设有分支机构。翱科的创始人兼首席执行官吕谭平曾在联想集团工作，从而积累了丰富的经验。这一经历为他在中国的科技圈和商业圈提供了宝贵的人脉资源，同时也让他拥有了在硅谷投资初创公司的经验。翱科的顾问委员会成员包括硅谷银行前首席执行官、加利福尼亚大学伯克利分校工程学院前院长、台积电前首席技术官（同时也是加利福尼亚大学伯克利分校教授）以及来自麻省理工学院、清华大学和北京大学的计算机科学和工程学教授。该公司最早也是最成功的一笔投资是针对电子设计自动化公司思略科技公司的。

中国特色的创业精神

中国政府认识到了集成电路产业分工变化给中国带来的机遇，也开始投资集成电路设计产业。例如，由海归创业者创立的中星微电子在2004年获得了全国范围的关注，因为该公司在个人电脑摄像头数字成像处理器领域占据了全球43％的市场份额。中星微电子获得了信息产业部的大力资助，该部门并不直接控制或管理该公司，但为其引荐了重要的客户，并推动该公司的技术成为国家标准。如此重大的支持力度使其有别于中国其他数百家缺乏资金的集成电路设计公司。2005年，中星微电子的“中国芯”计划被誉为一项具有历史意义的国家级成就(与航天和基因测序并列)。

2000 年，中国政府在上海资助建立了第一个国家级半导体设计中心，并很快又在其他六个城市建立了芯片设计基地，这些基地通常位于大型电子制造工厂附近。这些基地为集成电路设计公司提供孵化服务，并提供一系列技术培训、咨询服务以及低租金办公空间。然而，与科学园区的情况一样，中国大多数无晶圆厂集成电路设计公司仍然是由刚毕业的工程毕业生经营的两人或三人公司，它们缺乏应用设计、市场营销、管理或销售方面的专业知识。许多公司都是模仿者，它们通过逆向工程破解设计方案，仅依靠成本优势参与竞争。

iSuppli Corp 的一项调查研究发现，2003 年，在中国约 486 家无晶圆厂集成电路设计公司中，大多数都严重缺乏资金。它们总共只雇用了 7 000 名员工，其中 60％的员工工作经验不足四年。由于担心质量和可用性问题，中国的电子系统制造商不愿意使用它们的服务，导致国内无晶圆厂集成电路设计公司仅能满足国内需求的 1.5％，10 家公司占销售额的 72％，而且只有十几家设计公司的销售额超过 1 200 万美元。它们在技术上也很落后：大多数公司设计的产品采用 0.25 微米或 0.35 微米或更老的工艺。只有 20％的公司能够完成主流的 0.18 微米设计，极少数公司（5％）能够处理前沿的 90 纳米工艺设计。换句话说，中国的芯片设计仍处于集成度较低的水平，晶体管数量等指标较低，反映出其专注于消费电子、通信和汽车应用中的小型模拟、混合信号和低门数数字集成电路。①

分析师预测，尽管缺乏足够的技能，由于政府的大力支持以及国内市场的不断增长，中国集成电路设计领域仍将实现迅速增长。21世纪初，中国大学每年仅能培养400名集成电路设计工程师，而2006年中国国内市场对集成电路设计工程师的需求量预计将超过2万人。因此，中国的无晶圆厂集成电路设计公司及其制造端的合作伙伴在不久的将来可能仍会为手机、视频游戏设备、台式电脑和笔记本电脑以及电视机等消费电子品提供低成本、技术落后的芯片。从长远来看，中国高等教育体系的不断扩张以及研发能力和经验的不断积累将减少其对进口集成电路设计的依赖。

中国软件行业的繁荣

虽然中国半导体和电信相关企业的飞速发展是中国与硅谷之间联系日益紧密的最明显例证，不过，海外华人社区也开创了一个规模不大但发展迅速的软件和工程外包业务。然而，华人在这方面的进展远远落后于印度人，印度的软件服务公司已经积累了数十年的经验。此外，印度还有规模庞大的英语母语

① 2003年，中国98%的集成电路设计中的晶体管数量不超过500万个，72%的集成电路设计中的晶体管数量不超过2万个；只有6%的集成电路设计中的时钟频率达到或超过500MHz。数据来源为PricewaterhouseCoopers (2004)。

人群、与西方客户相近的文化习惯、与西方客户开展业务的能力、成熟的客户渠道以及出色的国际声誉等优势。1997—2003年，中国软件行业的年收入增长率超过40%，达到约68亿美元，但仍然只有印度127亿美元的一半左右。①

然而，印度的领先优势并未阻止中国企业家利用其语言技能和人脉关系，吸引美国客户到中国利用其庞大的低成本软件与工程技能库。他们充分利用了经过二十多年IT制造外包发展而形成的先进物质与服务基础设施以及有利于外资企业的环境。自2000年以来，中国劳动力中能讲英语的毕业生数量（这是外包业务的关键要求）翻了一番，2004年超过了2 400万。增长速度如此迅猛，以至一些行业观察家预测，中国的软件行业将在2010年之前与印度分庭抗礼。② 用硅谷一位著名企业家的话来说就是：

> 在20世纪90年代中期，如果你想设计一种新的互联网协议，一种最终会成为标准的协议，那么你最好在［硅谷］招募软件工程师来完成这项任务。而如今，我们在中国建立了一家非常重要的合资企业，其网络设备供应商的员工对互联网的了解程度不亚于任何一个能够参加互联网工程

① De Filippo et al. 2005. 它们在市场定位方面也有很大不同：印度软件外包给外国客户的比例超过70%，而中国仅为10%（主要面向日本客户）。

② De Filippo et al. 2005；"Outsourcing：Make Way for China，" 2003.

任务组会议的人。同样，如果你今天想要制造一个5万门的片上系统，你也很可能在中国找到一个能够完成这一任务的片上系统实验室。①

大展公司及其追随者

李本能于2002年创立了美国最早一批华人外包公司之一——大展公司。李本能是湾区计算机行业的元老级人物，他出生于香港，是20世纪70年代最早一批来到硅谷的中国工程师。从加利福尼亚大学伯克利分校和加利福尼亚大学洛杉矶分校毕业后，他先后在IBM和赛门铁克公司工作，并担任Inxight Software和盈盛（第一家在纳斯达克上市的中国科技公司）的首席执行官。在创立大展公司时，李本能从投资人朱伟人那里筹集到了不少资金，后者也是加利福尼亚大学伯克利分校的毕业生，自20世纪70年代以来一直在硅谷工作。

按全球范围内的标准来衡量的话，大展公司的规模很小，2004年的收入约为1 000万美元，员工人数为300人，但该公司发展迅速。该公司在美国硅谷和中国均设有办事处，由一支在美国接受过培训的管理团队负责推广工作，同时负责确保两边团队的语言和文化兼容，以及保障双方的持续沟通。大展中国的业务副总裁唐伟明也是加利福尼亚大学伯克利分校的毕业生，

① "CEO Roundtable: Electronics Industry's Movers and Shakers of 2003," *Electronics Business*, August 15, 2003, p. 55.

同时拥有硅谷的工作经验。他明确表示："我们的目标是成为印孚瑟斯和印度其他大公司那样的公司。"①

唐伟明在深圳管理着大展公司的中国业务，因为深圳毗邻香港，当地的编程技术劳动力成本很低（工资约为美国的六分之一，与印度相当），同时拥有中国政府为软件行业提供的税收减免、科学园区的低租金办公空间和其他激励措施。该公司还在北京设有分公司。大展公司在自己的网站上指出，印度在满足快速增长的需求方面面临着诸多挑战（例如 IT 毕业生和经验丰富的项目经理数量有限以及基础设施差等问题），从而为本公司的业务进行宣传。

总部位于旧金山的丝路软件服务公司同时也在利用中国的低成本技术技能和美国培养出来的管理人才。丝路软件服务公司在上海和北京设有研发中心，共拥有三百多名员工，是一家 IT 外包和软件工程服务供应商。公司总裁兼联合首席执行官陈政良表示，该公司致力于超越"简单编码"，提供企业资源规划、物流和供应链管理服务，从而将美国大型企业在全球范围内的业务与其在中国的研发联系起来。

陈政良以总部位于圣何塞的网讯为例。网讯的创始人兼首席执行官朱敏于 1984 年从中国来到美国，在斯坦福大学攻读研究生学位。在 IBM 工作了几年后，他创办了一家名为 Quarter-

① Hua 2004.

deck的公司，并将公司出售。之后，他与一位印度同事共同创办了网讯。与当时硅谷的大多数其他中国企业家不同，朱敏并不打算为中国市场提供服务。他说："我是硅谷人。硅谷给了我一个独特的机会，我专注于成为技术和商业领域的领导者，而不是在中国建立人脉。"① 然而，在网讯于2000年成功上市后，他开始利用自己在中国的关系，将公司的软件开发与测试活动外包到了中国。最初，朱敏和他的妻子在上海亲自购买了三家公司，并将网讯的软件服务业务外包给了这些公司。2003年，网讯中国分公司收购了这三家公司，并雇用了其中的大部分员工。这个480人的团队开始从事研发工作，也就是朱敏所说的"低成本研发"，例如调整网络服务与应用以适应新的操作系统，为销售部门进行前沿研究，以及利用网讯会议工具进行通信和协作，为亚洲客户提供客户端开发和技术支持等等。虽然公司的核心技术仍在硅谷，但中国低廉的劳动力成本使得网讯能够负担得起庞大的人力资源队伍，以完成开发、制造和后续产品版本的质量保证测试等劳动密集型工作。②

---

① Interview with Min Zhu, April 16, 2001.

② WebEx Communications 10K Report to the U. S. Securities and Exchange Commission, 2004. 2004年，网讯收购了位于班加罗尔的印度软件工程公司Cyberbazaar。这很可能得益于公司联合创始人苏布拉·伊亚尔（Subrah Iyar）提供的关系，他拥有孟买印度理工学院的学士学位和南印第安纳大学的计算机工程硕士学位，并在硅谷工作了二十多年。2005年，网讯联合创始人朱敏从公司辞职，并宣布他有意推动硅谷和中国之间的跨境业务发展。这一愿景的一个方面是在上海开发一个科技园区，为小型美国公司提供西式商业基础设施，使其能够在中国取得商业上的成功。

丝路软件服务公司的陈政良计划效仿网讯的模式，在中国为协作式软件外包等业务（包括业务流程管理和应用架构的设计和开发，系统集成，从传统设计到网络设计及转换、升级和定制，以及质量保证测试、移植和本地化）构建必要的基础设施。陈政良的目标客户是美国大型公司中的中国高级经理。在参考了美国印度裔社区的经验之后，他认为华裔经理比非华裔经理要更容易接触一些。随着时间的推移，他认为自己的一大客户来源变成了中国的大型制造公司，因为这些公司需要简化其业务流程和物流体系。然而，陈政良认识到软件服务的国内市场仍然很小：包括跨国公司在内的中国公司很少愿意在 IT 上花钱。因此，他需要在美国打开市场，建立自己的声誉，以便将来为中国市场提供服务。①

印度的前沿发展

自 2000 年以来，有十几家印度软件服务公司在中国开设了办事处，以利用当地庞大的人才库，并在中国市场上立足。2002 年，中国有大约 20 万名 IT 专业人员从事软件出口服务，每年约有 5 万人进入这一行业。② 印孚瑟斯外包服务业务副总裁说："机会是巨大的。你们拥有大量尚未开发的劳动力，经济也

① Interview with Larry Chen，December 3，2003.

② Lemon 2002.

充满活力。”① 然而，印孚瑟斯等印度大型软件公司并不了解中国的语言和文化体系，也不了解中国的商业环境，这使得它们很难在高度依赖关系和信任的中国市场展开竞争。这些公司之所以能在美国成功获得外包业务，主要是因为印度高级经理人在美国大公司中能发挥关键的中介作用，但在中国，很少有印度人拥有此类关系。

尽管如此，印度领先的软件培训公司——国家信息技术学院和 Aptech——还是在中国建立了 100 多家培训中心，每年为 2 万多名学生提供培训。中国政府认识到英语技能的重要性，也投入巨资扩大语言类培训项目。（基于符号的中文最初给电子通信带来了重大挑战，从而给信息技术外包业务带来了重大挑战。然而，随着统一码的发展，这一问题已基本得到解决。）②

中国在外包领域仍然落后于印度，但本土公司正在迅速提升其在软件产品、工程和服务方面的技术能力。在合资公司以及外国投资者设立的研究实验室和培训项目的帮助下，中国的技术水平和专业知识正在飞速提升。例如，英特尔中国软件实验室拥有 90 多名工程师，他们致力于开发尖端软件，应用领域包括数字信号处理（DSP）或多媒体产品和设备驱动程序以及信

---

① Hua 2004.

② 统一码为计算机存储的任何文档文本的编码提供了国际标准（包括在多语言环境中特别棘手的文字、符号和字符集）。统一码方案为每个字符分配一个唯一的编号，无论其使用什么平台、程序或语言。它大大减少了国际软件开发项目面临的挑战，已被广泛采用。更多信息，请访问 www.unicode.org。

号完整性技术。此外，中国公司在国外也有进行技术学习的机会。中国领先的电信设备供应商华为在班加罗尔设有软件中心，2002 年时雇用了约 400 名印度程序员。

软件行业与艰难的抉择

中国的软件市场虽然增长迅速，但仍然不够成熟。许多国内最大的软件开发商都是多元化的 IT 公司，如方正和联想。以电信设备制造商华为和中兴为例，它们是中国最大的两家软件供应商；而前十名中唯一专注于软件业务的公司——东软，在 2003 年排名第十。大多数业内人士认为，很少有国内用户（政府、企业或个人）充分认识到投资或购买软件能给自己带来的价值。正如北京软件公司数字王府井的副总裁所说，这与组织不成熟和资源限制有很大关系。“中国软件行业目前面临的最大问题是用户尚未成熟到能够使用或理解软件的程度。政府和公司仍然没有明确的治理结构，无法得知何时以及如何雇用或解雇员工。我们怎么能指望它们知道何时需要软件辅助自身的业务呢?”①

一些中国公司和政府部门缺乏相关的经验与信心，在购买软件服务的时候往往阻力巨大。事实上，一些公司甚至地方政府机构仍然依靠纸张和（或）手工劳动，因此谈论更高水平的

① Saxenian and Quan 2005.

自动化或集成是无意义的。即使是那些认识到有必要投资软件的管理人员也很难评估投资的规模及其潜在回报，因为他们所在的公司对运营的实际成本的了解甚少；一些公司还处在“信息孤岛”之中。

与印度软件行业靠着给业务极其复杂的外国公司提供软件支持从而发展壮大的历程形成鲜明对比的是，中国国内市场的相对落后使得中国软件公司较难开发新产品或实现规模化。在中国，除了政府之外，最大的国内软件客户就是国有企业。尽管在过去十年中经历了激烈的重组，但国有企业仍然占据着技术领域之外的大部分软件市场。然而，中国国有企业依靠软件衍生或软件支持的功能来获得竞争优势的情况非常少见。对于大多数企业而言，竞争是基于价格、分销和关系的。

当然也有例外。一些成熟的中国中小型公司已经全面整合了公司资源规划程序——但大多数系统尚不需要这么高级的技能。其他公司则没有认识到软件对于运营的价值。一位软件顾问说：“在当今中国，你可以找到价值300亿美元的跨国公司，而对于这些公司来说，除了电子邮件和营销网站之外，它们几乎没有其他IT功能。”① 然而，随着日本和韩国公司越来越多地转向中国寻求低成本软件和工程服务业务，以及台湾地区公司对上海物流相关软件开发的投资，中国软件市场应该也会有所扩大。

① Saxenian and Quan 2005.

来自国家的竞争

中国的第十个五年计划将软件产业与半导体产业一起确定为关键或支柱产业，并强调这两个产业对于经济发展和国家安全而言至关重要。2000 年《解放军报》上一篇关于“信息殖民主义”的社论认为，中国必须发展自己的软件产业，因为“没有信息安全，就没有经济、政治或军事方面的国家安全”①。

因此，由海归创办的本土软件企业面临着由国家支持的国内竞争对手。在传统行业国有企业规模缩小的同时，新的国有企业也在不断涌现。中国计算机软件与技术服务公司（CS&S，或称中软）成立于 1990 年，是中国电子信息产业集团有限公司的子公司。该公司被公认为龙头企业。中软总部位于北京中关村，拥有 30 多家控股和参股公司，专门从事软件和信息产品开发、系统集成、信息服务以及软件开发外包业务。该公司目前是中国最大的软件开发和系统集成公司，拥有 2 000 多名员工。

中软是中国第一家被列为“软件公司”的公司，这意味着它符合政府制定的行政准则，有资格参与政府的大型软件项目。中软的大多数客户都是国有企业，并且是自 1999 年以来唯一被列为 520 家国家重点企业的软件公司。该公司还是 2002 年第一家通过国家安全相关系统集成资格认证的公司，也是 2000 年唯

① Naughton and Segal 2001，p. 38.

一获得国家系统集成一级认证的中国系统集成商。

中国政府通过各种项目支持中软这样的软件公司。例如，2002年，科学技术部资助了“中国离岸软件工程”项目，以帮助推进中国软件产业的国际化；科学技术部支持了100家国内软件公司开发对欧美国家的出口业务。科学技术部指定经验丰富的咨询公司帮助这些公司为出口做准备；那些充分提升出口能力并完成两个满足客户要求的离岸软件工程项目的公司可获得政府提供的6万元人民币资助。此外，政府还组织中国软件公司和软件产业园的代表团参加国际会议，以帮助它们开拓海外市场。

到目前为止，中国的软件外包公司与印度的竞争对手之间尚存在不小的差距。然而，那些由海归创办的公司的确有可能建立起软件开发的高效组织和管理模式，特别是通过激励措施来吸引并留住那些熟练员工。政府机构也开始为软件公司提供财政激励，以使其获得卡内基梅隆大学软件工程研究所的能力成熟度模型（CMM）认证。上海软件质量联盟成立于2000年，旨在促进软件流程的改进。①

买中国货

政府是中国软件行业最主要的付费客户。各级政府机关和

① 2002年12月，东软集团成为中国第一家通过CMM 5级认证的企业；丝路软件服务公司通过了CMM 4级认证；而大展公司通过了CMM 3级认证。

研究所大量采购软件，以支持国家工业发展的目标，并提高自身的生产力。此外，与政府关系良好的公司更有可能赢得与政府的合同。政府采购通常采取大规模项目的形式，例如中央政府推动的三金工程，以及最近启动的电子政务项目。此外，各种由地方政府资助的数字城市和信息港项目也创造了大量软件开发需求。随着中国政府开始为 2008 年北京奥运会做准备，中央政府正在开发新一代项目，例如，“数字奥运”项目将为软件和其他 IT 公司提供大量资金。

虽然政府机构在技术能力、沟通能力、合作能力和支付能力方面通常被视为优质客户，但大多数中国政府机构在技术上并不专业，无法清晰表达自己的需求。在某些情况下，政府采购可以促进新兴行业的发展，但由于政府同时扮演着其他角色，且这些角色有时相互冲突，因此政府采购的作用在中国可能会大打折扣。出于经济或安全方面的考虑，政府官员强烈希望打造中国的龙头企业，这促使他们向国内软件公司投入巨资，或要求相关部门和国有企业购买中国制造的零部件和服务。

例如，2001 年，北京市政府要求相关部门购买 WPS 2000，而不是微软 Office 2000。2002 年，广东省政府效仿北京市政府，购买了 4 000 多套 WPS 2002 软件，供四十多个部门和机构使用。在某些情况下，政府通过补贴北大青鸟（该公司仍在开发本土数据库产品，同时与甲骨文和赛贝斯展开竞争）或向开发 Linux 软件产品的初创公司提供合同，来扶持国内的竞争对手。

信息产业部制定的行政指导方针既是为了确保标准化和市场监管便利，同时也优先考虑了国有企业及大学衍生企业，进而忽视了私营企业。所有申请政府及大型国有企业项目的企业必须获得“能力与质量认证”，该认证还规定了企业享受税收优惠及其他行业优惠政策的资格。该认证的标准基于传统的规模衡量标准，如工程师数量、净资产总额、注册资本和年收入，但与执行的项目、工作流程关系不太大。这使得新成立的私营企业很难达到标准。

人们普遍认识到，关系的维系对于在中国创业至关重要。中国官方正在试图改变这种状况，特别是在新兴技术领域，但软件生产商在建立关系和信任方面所花费的时间和精力仍然远远超过西方国家。一位硅谷企业家表示，在中国开展业务的“交易成本很高”。他说道：

> 对于我们大多数在中国做生意的人来说，最大的挑战是必须花时间建立信任。这里的硬基础设施（如电信设施和机场）运作良好，但软基础设施的发展较慢。如果你不能完全依靠法律体系来寻求补救，你就必须信任你的商业伙伴，确保你们说同样的语言，并且彼此非常了解。我们必须根据具体情况开展业务，这意味着要就事论事建立信任。①

① Interview with Victor Wang，July 7，1997.

外资企业和私营企业在这种环境下面临着特殊的挑战。甲骨文公司的一位高级经理认为，对于试图在中国开展业务的外国企业来说，谨慎招聘销售人员至关重要。甲骨文公司在招聘销售和营销团队时，主要考虑两个标准：个人能力和人际关系网络的质量。在他看来，强大的关系网络取决于这个人是否有在相关政府部门或目标市场主要客户（本身可能与政府关系密切）当中的工作经验。

在中国改革开放之后，人际关系是非常重要的一个经济因素，这一点可以从那些从美国归来的留学生的经历中观察到。许多留学生都忽视了这一因素，因为他们以前的工作环境更强调技术和服务的质量。在美国生活了十多年后，他们大多缺乏在中国商业环境中取得成功所需的人际关系。

WTO 的压力可能会继续推动市场开放的进程。在 2003 年 1 月之后，考虑到 WTO 的要求，中国政府开始允许外商独资企业进入中国 IT 市场，并逐步取消信息技术领域的所有关税。然而，在中国销售的软件还必须符合中国相关标准委员会制定的标准；外国软件公司通常需要修改其产品以满足这些本地要求。一些在中国开展业务的人表示，WTO 的真正价值在于它为政府中的改革者提供了进行变革的理由。一些人认为，WTO 的主要价值在于让人们认识到中国的竞争力。

第七章

印度的 IT 飞地

1993 年，桑杰·阿南达兰（Sanjay Anandaram）移居到了硅谷，为印度的威普罗公司管理在当地的项目。当时，这家总部位于班加罗尔的公司在硅谷几乎无人知晓，但其客户中不乏硅谷知名的技术公司——不过阿南达兰拒绝透露这些客户的名字。用他的话来说就是："美国公司不想让人们知道它们的软件业务被外包给了印度人。"① 十年后，阿南达兰成了 JumpStartUp 的合伙人，开始频繁往返于硅谷和班加罗尔。JumpStartUp 是一家风险投资公司，专注于投资印度和美国的跨境技术初创公司。

早些时候，印度被广泛认为是一个技术落后的国家。1978 年，一个爆炸性事件的发生更是进一步加深了人们的这一印象，当时，IBM 公司因不满印度政府根据《外汇与监管法案》要求其接受当地股东的做法而愤然退出该国市场。由于高关税、计

① Interview with Sanjay Anandaram，July 3，1997.

算机硬件进口限制以及许可证制度的监管模式，印度国内的 IT 行业在很短的时间里就和其他地区的同行隔绝开来。1984 年，拉吉夫·甘地当选印度总理，随后，印度的宏观经济政策有所放宽，印度的经济环境也开始走向开放。美国公司转而开始委托威普罗及其同行提供编程服务，以应对“千年虫”危机（即应对 2000 年到来时由于计算机系统中日期处理的缺陷，可能发生的计算机系统故障或错误），但此时，大多数公司仍然将印度 IT 行业从业者视为高科技苦力。

然而，仅仅五年之后，印度就被国际媒体誉为 IT 超级大国，而印度南部的班加罗尔则被誉为“亚洲硅谷”。这种巨大的变化——印度声誉的迅速转变和国内信心的增强——是连接美国和印度的技术社区所带来的最显著成果之一。20 世纪 80—90 年代，硅谷的印度裔企业家取得了引人注目的成功。他们推动了班加罗尔等地区的经济发展，改变了世界对印度的看法，也改变了印度人对自己在全球经济事务中扮演何种角色的看法。

这些变化已经持续了几十年，其起始的标志是 20 世纪 70 年代印度软件行业的兴起以及 20 世纪 80 年代惠普和通用电气等美国科技公司在印度投资的复苏。虽然这些年来在美国接受教育的工程师很少会选择永久性地回到印度，但许多人都利用他们在大型公司中的高管位置，倡导公司在印度设立软件开发中心，或主张选择印度公司作为自己的外包合作伙伴。随着 1991 年开始的市场自由化进程，这些早期的成功改变了全世界对印度商业环境的看法。

印度软件公司最初是靠着极低的价格向美国公司提供低端软件编码和维护服务而发展壮大的。在20世纪90年代，它们开始承接外包软件项目。这些以出口为导向的印度软件服务公司，以及班加罗尔等地日益集中化的跨国开发中心，在20世纪90年代后期的年增长率超过了55%，而在此期间，整个印度经济的年增长率仅为6.6%。[①] 然而，即使是在IT行业最为集中的班加罗尔，其制度和社会环境也难以与硅谷相提并论。

到了世纪之交，印度的科技行业迎来了一个转折点。一批在美国接受过教育、人数不多但举足轻重的印度裔工程师开始回国，美国与印度之间的人才流动逐渐加速。这说明，硅谷等地区的印度裔企业家已经建立起了足够的信心，同时获得了足够的财富。2000年后，西方社会认识到，印度当地的公司不仅能够提供廉价劳动力，还能够提供高质量的服务；印度政府也越来越重视海外印度社区就政策方面提供的建议。硅谷式风险投资和其他专业服务的飞速发展，以及总部设在美国、在印度开展业务的跨区域初创公司的出现，都促进了班加罗尔等地区创业生态系统的成长。

软件行业的快速增长，以及近年来客户服务、技术支持和后台服务等业务的外包，使得印度成为其他发展中国家羡慕的

---

① NASSCOM 2000.

对象。然而，与中国的情形相比，印度的增长仍然是高度地区化的，科技企业对印度整体经济的影响有限。班加罗尔及其周边地区是快速发展的富裕地区，而印度整体的经济仍然非常落后，大部分地区都是农村，全国人均日收入不足 1.5 美元。

外向型的软件行业（四分之三的产量用于出口）进一步加剧了这种飞地效应，与硅谷的紧密联系以及印度基础设施的落后（包括昂贵且不可靠的电力设施，道路、铁路、机场和港口设施的匮乏）也起到了推波助澜的作用。四十年国家主导型自给自足发展战略遗留下来的问题包括关税、僵化的劳动法和破产法以及低效的金融机构。

在印度，信息技术发展可能面临的最严重障碍仍然是社会体制，尤其是印度的教育体系。印度的信息技术行业之所以能够发展起来，在很大程度上是因为印度在独立后对世界一流的高等教育机构（例如印度理工学院、印度管理学院和印度科学学院）进行了少量投资。从小学到高中的基础教育体系仍然非常不完善，以至直到 2001 年，印度的成年男性识字率仅为 58%（女性为 46.4%），低于联合国低收入国家的平均水平。这种教育体系中的阶层分化与中国相对平等的受教育机会形成了鲜明对比，在这一时期，中国的成年男性识字率为 85.8%，女性略高于男性。印度有限的医疗体系导致其婴儿死亡率为每 1 000 名活产婴儿中有 67 名死亡（而中国则为 31 名），出生时预期寿命为 64 岁（而中国为 71 岁）。①

印度高科技产业的起源

塔塔咨询服务公司（TCS）是印度最古老、规模最大的企业集团之一——塔塔集团旗下的子公司。20 世纪 60 年代末，塔塔咨询服务公司在印度开始经营软件开发和咨询服务业务。这家总部位于孟买的公司的总经理科利（F. C. Kohli）在 1975 年的一次演讲中预见了信息技术在印度的发展潜力：

> 许多年前曾经发生过一场工业革命。由于不可控因素，我们错过了那次革命。今天，又一场新的革命——信息技术革命——正在发生，这场革命既不需要机械偏压装置，也不需要机械方面的人才。它首先需要的是清晰的思考能力。我们在这方面有着得天独厚的优势。我们甚至有机会成为这场革命的领导者。如果我们错失这次机会，那么我们的后辈们将不会原谅我们的迟钝和疏忽。②

软件

和中国一样，对于起步中的印度信息技术行业而言，在美

① United Nations Development Programme 2003.

② “The Kohli Touch,” 2000.

国接受大学水平的工程教育所带来的机会和关系网络是至关重要的。科利本人是一名电气工程师，拥有麻省理工学院和滑铁卢大学的研究生学位。他在 20 世纪 70 年代初前往纽约参加电气电子工程师协会的董事会会议时，为塔塔咨询服务公司赢得了第一份外包合同。几年后，加利福尼亚大学毕业生、现任塔塔咨询服务公司首席执行官的拉马多拉伊（S. Ramadorai）在纽约设立了办事处，以帮助公司扩大美国的客户群体。20 世纪 80 年代，塔塔咨询服务公司通过为巴勒斯公司、美国运通和世嘉等大型公司提供低端计算服务（主要是软件编码和主机维护工作），让自己的专业技能和产品质量得到了不断提升，同时也为自己赢得了足够的声誉。到 20 世纪 80 年代末，塔塔咨询服务公司已成为印度最大的软件和 IT 服务公司，这一地位一直保持至今。

美国对印度长期实施高科技设备出口禁运（因为印度被视为苏联的盟友），再加上对硬件的严格进口限制，导致早期的外包工作是由印度工人在美国客户的设备中完成的，或者用印度术语来说，是“现场（on-site）完成”的。（印度工业的外向性特别明显，因此，在远离客户场所的地方，甚至在印度国内提供的服务都被称为离岸服务。）

针对在客户设备中现场提供软件服务这一业务，甚至都发展出了一个专门的贬义词“猎身”（body shopping）。这反映了一个现实问题：当时的印度工人愿意临时去美国工作，并接受相当于美国同行工资5%～10%的报酬，因此这项工作实际上只是高利润的劳动力成本套利活动。该业务的进入门槛相当低：想要开展“猎身”业务，只需要准备一个记录着印度程序员名单的笔记本。如此一来，印度本土的发展潜力就微乎其微了，因为这一模式只能给印度带来零散的项目，同时加剧了人才流失，因为大部分被临时派往美国工作的印度人都设法找到了可以留下来的工作。①

1984年，拉吉夫·甘地当选总理。他推行了政策改革，扭转了先前技术自力更生的模式，开始鼓励引进外国投资。1984年的新计算机政策承认软件行业是一种新兴行业，有权获得政府的投资和激励政策，并降低了软件和个人电脑的进口关税（从100%降至60%）。1986年公布的计算机软件、开发和培训政策放宽了对技术和软件工具的准入限制，鼓励外商投资，并支持风险资本进入印度。虽然这消除了技术行业增长的主要障碍，但与当时中国台湾地区所采取的支持措施相比，力度仍然不够。由于官僚主义的进口程序、高额的关税和有限的外汇额度，印度的软件公司仍然在很大程度上与全球经济相隔绝。此外，由于缺乏可靠的电信联通设施，先前的现场服务在之后的很长一段时间里仍然存在。

在拉吉夫·甘地任期内还发生了一些不太引人注目的事情，

---

① Desai 2003.

不过，这些事情至少与上述政策变化同样重要。20 世纪 80 年代初，印度政府官员邀请在美国接受过教育的惠普经理拉达·巴苏（Radha Basu，她当时正在为印度电信部提供咨询）来印度进行投资。1985 年，巴苏成立了惠普印度公司，这是班加罗尔最早的两个外国软件开发中心之一。甘地的技术顾问还亲自邀请通用电气董事长杰克·韦尔奇（Jack Welch）来印度销售软件并进行投资。通用电气迅速成为印度软件和技术行业最大的外国投资者，并为当地带来了商业信誉和相关技能。在 20 世纪 90 年代，通用电气是塔塔咨询服务公司和威普罗最大的客户，并以一种类似于中国台湾地区原始设备制造关系的方式帮助印度本地的供应商专注于提高业务效率、削减成本。①

硬件

印度本土的计算机硬件制造业因多年来的保护政策以及获取外国技术的渠道有限而发展迟缓，但现如今，硬件行业也与软件行业同时起步。1979 年，斯坦福大学工程系学生阿齐姆·普雷姆吉（Azim Premji）被迫提前回国经营家族食用油生意，当时，他敏锐地意识到 IBM 刚刚离开印度所带来的机遇。普雷姆吉将公司从“西方植物油公司”更名为“威普罗”，并开始雇用那些在印度未得到充分利用的工程人才来开发制造小型

① Solomon and Kranhold 2005.

计算机。

威普罗迅速成为印度领先的计算机制造商，并吸引了国内顶尖的工科毕业生，因为该公司提供了进行原创研究和开发的机会。到 1985 年，威普罗已经开发了本公司基于英特尔的个人电脑，并与中国台湾的 Multitech（后来的宏碁）进行合作，在亚洲开展了产品分销工作。1986 年，该公司推出了基于 80 386 微处理器系统的原型系统，比康柏早两个月，比 IBM 早一年，从而成为微处理器设计和开发领域的全球领导者。1989 年，英特尔选择威普罗作为其 80 486 微处理器系统的“测试基地”。

然而，1991 年印度市场的开放很快迫使威普罗及其当地竞争对手放弃计算机开发和制造业务。印度生产商因国内市场狭小且缺乏重要的外国客户而陷入困境，无法与中国台湾地区日益高效灵活的制造商展开竞争。威普罗在班加罗尔保留了一个小型半导体设计部门；其他大多数印度公司都成了外国品牌计算机及相关产品的直接或间接经销商。印度 IT 硬件的收入因此停滞不前，该行业的出口额至今仍然微不足道。

威普罗的高管们将目光转向了塔塔咨询服务公司和新成立的印孚瑟斯（1981 年在班加罗尔成立）。他们意识到，软件服务外包领域存在有利可图的机会。因此，他们于 1989 年成立了威普罗科技公司，作为集团的软件部门，并采用现场办公模式，即派遣印度工程师团队前往美国提供低附加值服务，例如传统的系统支持以及软件编码、测试和维护工作。

十年后，曾在通用电气任职、在美国接受过教育的维维克·保罗（Vivek Paul）开始执掌威普罗科技公司。1999 年，保罗采取的首要举措就是将总部迁至硅谷，以树立公司的市场威信。他开始定期往返于加利福尼亚州山景城和印度班加罗尔之间。他报告称与客户之间的日常互动使得威普罗的员工能够快速发现新的市场机会，并将其迅速传到印度。保罗还将通用电气的文化精髓带到了威普罗科技公司，包括对速度和执行力的重视、与客户的互动、对员工的授权以及消除等级制度。在保罗的领导下，威普罗科技公司的市值从 1999 年的 1.5 亿美元增长到 2004 年的 14 亿美元。目前，该业务占威普罗集团三分之二的收入和 90％以上的利润。①

跨国联系

在塔塔咨询服务公司等印度公司开始向美国客户提供软件服务后不久，美国公司就率先在印度建立了首批软件开发中心。1985 年，应印度政府官员的邀请，惠普和德州仪器两家公司在班加罗尔建立了开发中心。惠普印度的创始人拉达·巴苏承认，在当时，印度的官僚主义依旧盛行，基础设施也“非常不友好”。当印度官员声称“有一个窗口负责审批工作”时，她会开

① Madhavan 2005.

玩笑道："这个窗口在哪?"在第一年的大部分时间里，巴苏都只能用餐厅里的一台电传机进行工作。她还指出，除了许多意料之中的困难（例如没法接听电话、没有足够的能源、缺少必要的水泵）以外，她还遭遇了其他许多挑战，例如无法说服海关人员相信自己可以通过电子方式出口软件；在长达五年的时间里，她都被迫将（已经以电子方式传输的）数据复制到磁带上，然后再运送到美国的仓库，以确保惠普印度能够获得出口软件相关的税收优惠政策。①

惠普印度无疑是一家成功的企业。然而，拉达·巴苏却承担了巨大的职业风险，在个人生活方面也历经种种困难。此外，还有一些人认为她的做法相当鲁莽。她称，自己之所以做出了这一决定，是因为她强烈希望能够推动印度的经济发展，而且，如果不是因为她的努力，惠普公司也不会在印度建立这个中心。巴苏充分利用了她在惠普管理层和印度政府当中拥有的信誉，赢得了双方的共同信任。她在为印度政府和美国跨国公司之间达成合作方面奠定了基础。②

在20世纪80年代，即使是对那些出生于印度的经理来说，在印度做生意也不是一件容易的事情。巴苏回忆称，她多次与来自不同部门的官员（包括电子部、工业部、电信部和邦一级的领导）会面，以试图说服他们建设可靠、专用的电信基础设

① 关于拉达·巴苏在惠普工作的完整经历，见 Goswamy (2003)。
② Goswamy 2003.

施，因为当时的印度政府禁止私人拥有卫星设施。这些官僚对外国公司往往充满敌意，对“居住在海外的印度人”（NRIs）充满了怨恨情绪，对技术缺乏了解，而且彼此之间很少沟通。直到 1986 年，德州仪器向印度政府捐赠了一套卫星通信设备及相关技术，才解决了这个问题。之后，印度政府允许美国公司使用多余的部分通信运力。即使如此，这整个过程还是涉及了 25 项不同法规的撤销或废除工作。[①] 1989 年，公共电信公司 VSNL 为软件出口商开通了一条 64kbps、直达美国的卫星链路，不过，大多数外国公司最终都建立了私人卫星连接网络。

惠普和德州仪器的成功标志着美国科技企业与印度关系的一个转折点。相关消息在海外的印度裔经理圈子当中迅速传播开来。他们意识到，印度本地规模庞大、成本低廉且熟练掌握英语的劳动力具有相当大的潜力，并开始考虑在印度开展软件相关业务。1991 年，凯拉什·乔希（Khailash Joshi）领导 IBM 重返印度，并获得了政府批准，成立了印度技术公司和美国跨国公司的首家合资公司。曾担任 IBM 肯塔基州列克星敦分公司总经理的乔希指出，当时公司里的人“完全都是白人贵族血统出身”。与巴苏一样，他也承认自己在印度建厂的决定是冒着巨大风险的，为此，他投入了大量的时间和精力进行背景调

① Parthasarathy 2000. Parthasarathy cites an interview with N. Seshagiri, former Additional Secretary, Department of Electronics, New Delhi, June 24, 1996.

查，以便向 IBM 董事会提出令人信服的方案。[1] 很难想象一位非印度裔的经理会在印度投入如此多的精力，尤其还是在那个时代。

榜样的力量

拉达・巴苏和凯拉什・乔希因将本公司业务迁往印度而逐渐闻名于美国的印度裔技术圈。两人都回到硅谷创办了自己的公司，并因他们做出的贡献而获得了诸多奖项和其他方面的认可。他们在促进印度技术发展方面获得了极大的支持（其中既包括公共部门的支持，也包括私营机构的投资）。不过，许多其他印度侨民也积极在印度开展公司业务，他们不仅对印度怀有个人感情，还努力改善当地的业务效率。

1992 年，摩托罗拉的兰加・普兰尼克（Ranga Puranik）参考了德州仪器的经验，向高级管理层建议在印度设立软件中心，并同意与另外两名印度裔经理一起前往印度开展工作。最初，摩托罗拉的印度软件中心只有十名工程师，该中心的发展完全取决于他们是否有能力从摩托罗拉自主部门那些（通常持谨慎态度的）经理那里吸引来足够多的项目。这些经理中有许多人都担心将业务交给一个基础设施落后、官僚主义严重、官员腐败且反应迟钝的国家不是明智之举，这完全可以理解。他们担心自己的工

① Goswamy 2003.

程师可能无法与印度同行进行有效沟通，而美国国内的同事也担心自己的工作被印度人抢走，这也可以理解。毫不奇怪，印度中心获得的前五六个合同都是由那些出生在印度的经理直接或通过向上级推荐而与该中心签订的。①

当然也有失败的时候。1996年，第二代印度裔美国人阿肖克·科斯拉（Ashok Khosla）满怀热情地接受了在班加罗尔建立苹果开发中心的任务。在经历了两年极其艰难的岁月后，他最终还是建议苹果关闭该中心，苹果照做了。他同时也建议其他美国公司不要轻易在印度开设分支机构，而是从印度招聘员工。当被问及曾经遭遇过的困难时，他回答道：

> 从何说起呢？水、电、路、电话……在班加罗尔，电力供应确实很难……刚到那里时，你的首要任务就是找到电力来源……然后是电话……电话接入确实是个难题……你必须行贿……那些行贿的居民平均需要等待6个月到1年……而不行贿的人则可能需要等待10～12年。你如果想要办成什么事，就必须行贿。②

他接着描述了其他方面的困难：为了在高层建筑上安装卫星天线，需要四个人谈判整整三个月，而且他必须支付3万美元

① Goswamy 2003.

② Interview with Ashok Khosla，May 25，1997.

的安装费和每月 1 万美元的 64kbps 连接费。从科斯拉的经历我们可以看出，印度本土经理的优势是显而易见的，尽管德州仪器印度公司和美国数字设备公司在当地的经理都是美国人。

人才、人才、人才

20 世纪 90 年代，硅谷的公司开始认识到，印度不仅能够为它们提供稀缺的技术人才，还能降低生产成本，因此，许多公司都相继在班加罗尔设立了开发中心。到 20 世纪 90 年代末，惠普印度负责了一系列软件开发工作，包括操作系统、网络、基于对象的应用程序和安全软件。拉达・巴苏强调，惠普公司的高层管理人员不再将印度开发中心视为低工资劳动力的中心，“高人才与低成本的结合才是吸引我们来到印度的核心原因。现在我要告诉你，关键的要素是人才、人才、人才。”①

在 20 世纪 90 年代末，甲骨文印度公司为甲骨文网络计算机开发了一种新的操作系统。尼米什・梅塔（Nimish Mehta）于 1991 年帮助甲骨文在班加罗尔建立了研发中心，他承认自己的动机“完全是想回馈社会”。对此，他解释道：

> 我们最初是为了降低成本，也就是“哪里便宜去哪里”。但仔细想想，这其实毫无意义，因为如果唯一的目标是降低

① Interview with Radha Basu，October 1，1997.

成本，那么就应该把所有程序员都集中在一个地方。糟糕的沟通情况、因表达不清而错过截止日期，这些代价远远大于每年花费 4 万～5 万美元聘请一名程序员的成本。如果成本是唯一的问题，那么就应该让他们都来这里工作。如果人才也是一个问题，那么你就需要在那里（印度）也设立公司。①

与许多同行一样，甲骨文在班加罗尔建立了自己的私人卫星网络，并开始使用新的软件工具来加速信息流，同时开展着 24 小时的编程周期。“我们在这里利用了一些工具，允许我们在更高的语义级别上指定要构建的内容……只有当在那里工作的人和在这里工作的人之间不需要进行大量背景说明时，你才能做到这一点。现在，背景必须包含在工具中，而不是人的大脑中。” 20 世纪 90 年代后期，随着支持远程协作的日益复杂的软件工具逐渐面世，甲骨文等公司得以将越来越多的软件开发工作转移到海外。

来自底层的支持

在美国科技公司工作的数千名印度裔工程师是印度本土科技中心得以成功发展起来的关键因素（虽然这一点尚未得到人们的广泛承认）。阿图尔·维杰卡尔（Atul Vijaykar）极力主张

① Interview with Nimish Mehta，July 16，1997.

英特尔在印度投入大量资源用于市场和工程开发。他指出："一般管理层想要的……不仅是降低成本，最重要的是，他们希望项目能够取得成功。[在英特尔内部] 有许多印度籍高级经理担任各种工程职位，他们以自己的方式间接支持了在印度进行的离岸项目。"①

这些出生于印度的工程师在将复杂项目外包给印度时承担了最初的风险，同时也经常需要确保项目的最终质量。他们与远在印度的同事相互协调软件开发项目的进度，调整日程以适应 12 小时的时差，加班加点赶在截止日期前完成工作，有时甚至需要临时搬到印度去监督或解决这些项目当中的某些问题。当思科开始与印度公司 HCL 合作时，一个由 50 名印度工程师组成的团队自愿在合作初期搬到印度展开合作。自 1990 年以来，成千上万的印度人（其中许多人在美国工作了数十年）临时搬到印度，以帮助建立或管理公司，或是处理与合作伙伴的关系。

印度的管理人员还积极推动本国技术能力的提升。2002 年，英特尔将一个完整的旗舰级新一代微处理器开发项目转移到了印度。维杰卡尔自信地说："如果业务部门当中没有哪个资深的（印度裔）经理愿意亲自前往印度指导海外业务，这一切就不可能成为现实。"他为自己在英特尔向印度转移技术知识方面发挥的关键作用感到相当自豪："未来 5～10 年内，你们将拥有一批

① Goswamy 2003，p. 84.

受过电路设计和硬件设计培训的人才，而几年前，这里还没有受过此类培训的人才。”① 英特尔的班加罗尔园区目前正引领着全球服务器和无线芯片32位微处理器的研究。德州仪器公司在班加罗尔的芯片设计部门工程师获得了225项美国专利，并开发了一种数字信号处理芯片，还在全球范围内实现了商业化。印度为知名公司所做的研究和工程项目日益复杂，这不仅增强了印度社会的信心，还为印度国内软件公司提供了能够替代低端现场外包业务的新工作。

班加罗尔目前拥有100多家跨国开发中心，如果没有硅谷和其他地区印度裔工程师的贡献，这个集群不可能发展得如此迅速。卡维塔·戈斯瓦米（Kavita Goswamy）对印度IT行业发展的研究得出了以下明确的结论：“海外的印度裔人士帮助印度在全球IT市场占据了一席之地……他们不仅支持在印度开展业务，还主动提出需要将一部分业务转移到印度……尽管在美国生活多年，但出于对印度的某些情怀，这些海外的印度人付出了巨大的心力，并最终让印度的科技中心取得了成功。”②

技能层面的竞争

人才流失是印度数十年来一直面临的严峻现实考验。即使

① Goswamy 2003，p. 84.

② Ibid.，p. 101.

在20世纪90年代后期，许多海外华人都尝试回国创办互联网企业，印度裔工程师仍在寻找前往美国的方法，而且，一旦到了美国，他们几乎从来不会选择永久返回印度。然而，到2002年时，硅谷遭遇的经济衰退外加印度不断增长的专业机会，使得一部分在美国接受过教育的印度人开始计划永久返回印度。

印度软件和服务业企业行业协会（NASSCOM）报告称，在2002—2003年，约有5 000名拥有五年以上工作经验的海外印度裔技术人才从美国返回印度。这些数字很难核实，但其中一项数据确实具有参考性。2003年，硅谷印度（Silicon India）在湾区举办了一场招聘会，吸引了1 200名考虑回国工作的印度人参与。大多数可能选择回国的印度裔人士都计划在惠普或德州仪器等老牌跨国公司寻找工作。2003年，英特尔报告称，其班加罗尔中心的1 400名工程师中，有近10%是长期旅居海外的印度裔归国人员。即使那些拥有美国研究生学位、几乎没有什么工作经验的海外人士也开始大量回流印度，一方面是因为硅谷严峻的就业形势以及当地高昂的住房成本，另一方面则是因为班加罗尔和孟买等地对他们的专业技能需求日益增长。

这些选择归国的印度人与中国科技工作者回国时的感受不谋而合——他们觉得在印度比在美国有更多的职业和个人发展机会，印度能够为他们提供更高质量的工作机会和更大的职业发展空间；而且由于当地生活成本较低、家庭支持体系完善，他们有能力在印度过上更好的生活。曾在美国IBM公司工作、后来回到印度为一家半导体初创公司工作的维诺德·戈皮内什（Vinod Gopineth）如是说："当你想要乘风破浪、大干一场时，没有哪个地方比自己的家乡更好了。这是一个非常好的选择，让人更有自豪感，挑战也更大。之前，你可能会（在另一个国家）花一生的时间来证明自己；而现在，你不仅有机会向全世界证明自己，还能证明自己的国家。"①

提升能力

数量不断增长的跨国开发中心改变了印度软件行业的竞争态势，迫使印度的国内企业首次为争夺人才而展开竞争。正如印孚瑟斯首席执行官纳拉亚纳·穆尔蒂（N. R. Narayana Murthy）所言："跨国公司是班加罗尔的福音。它们为当地带来了激烈的竞争——不是针对客户的竞争，而是针对员工的竞争。竞争迫使我们扩大业务规模，在本地建立相关配套的基础设施，以便吸引并留住那些高素质人才……当前我们面临的最大挑战就是如何吸引、培训、授权以及留住那些最优秀、最聪明的人才。"②

跨国公司不仅促进了当地的人才竞争，还让印度公司意识到自己可以从事离岸服务（即直接在印度当地的设施中工作）。20 世纪 90 年代初，计算机设备和工业进口产品进口许可证制度

① Krishnadas 2004.

② Interview with N. R. Narayana Murthy, December 11, 1997. Arthreye (2005) 也得出了类似的结论，即劳动力市场紧张是硅谷公司转向投资印度软件公司的一大重要因素。

的取消以及软件技术园区（STP）的建立，使得印度能够为海外的客户提供离岸服务。电子部推动的软件技术园区计划为指定区域内的出口导向型软件公司提供了高速（64 kbps）电信连接、可靠的电力供应以及免税政策。印孚瑟斯和威普罗等印度公司相继开始建立自己的技术设施。此后，离岸软件服务的比例迅速增长。印度软件产出的份额从 1990 年的 5%增长到 2004 年的 59%。将业务迁回国内的做法使得印度的软件公司首次能够投资培养劳动力的职业技能，并积累与组织和流程相关的知识，从而打造行业壁垒。此外，它们还能够承接完整的项目，直接为客户提供服务，按项目而不是按工时计费，并设计、建造自己的工作空间。

培训是培养员工获得相关技术能力的核心手段。20 世纪 90 年代末，威普罗开始在公司内部开展管理、技术和咨询业务培训。该公司成立了威普罗大学，为非精英大学毕业的新员工提供为期六个月的培训课程（随着技能竞争的加剧，这种做法越来越普遍）。威普罗还成立了卓越软件学院，为数学和科学专业的毕业生提供为期三年的工程入门培训，并与当地大学合作开发合适的课程。2001 年，印孚瑟斯投资 730 万美元建立了一家培训机构；到 2004 年，该公司声称拥有世界上最大的企业培训机构，每年举办三期培训，每期招收 4 000 名学生。①

① “A World of Work,” 2004，p. 10.

那些在印度处于领先地位的公司也在设施设备方面投入巨资。印孚瑟斯利用自己 1993 年成功上市募集到的资金在班加罗尔建造了一个占地 70 英亩的大学式园区。该园区全天 24 小时开放，允许员工灵活安排工作时间；园区为员工提供了技术先进的设备和诱人的工作环境；餐厅为员工提供免费餐食和咖啡；还有一个带篮球场和排球场、游泳池和桑拿房的健身馆。据创始人纳拉亚纳·穆尔蒂介绍，公司希望为外国（主要是美国）客户提供他们熟悉且舒适的环境，同时提高员工的忠诚度（当时孟买中心每年员工的流动率超过了 20%）。穆尔蒂还效仿了美国公司的管理机制："我们认为需要学习硅谷的成功经验……例如，我们是印度第一家实施员工股票期权计划的公司，同时也营造出了一个非常开放和平等的环境……我们还不断以全球最佳企业为标杆。"① 公司摒弃了印度传统的等级制度，将客户和员工视为自己的合作伙伴，并专注于提供服务，实现创新。

拥有了自己的办公场所后，这些大型的印度公司开始提高项目管理技能、开发更正规有效的工作流程和质量检测方法，同时培养自身的组织能力，以逐步提高公司的生产力。这些公司在管理大规模定制应用开发和维护方面效率越来越高，同时还能保证质量，并确保客户的隐私和安全。然而，声誉问题仍然存在。正如穆尔蒂所说："在 20 世纪 90 年代初期，当我们去

① Interview with Narayana Murthy, December 11, 1997.

美国推销我们的服务时，大多数首席信息官都不相信印度公司能够开发出他们需要的大型应用程序。当然，那些首席信息官对我们非常好。他们为我们提供咖啡或茶，倾听我们的想法，然后说：‘听着，别给我们打电话——如果我们需要，我们会给你打电话的。’”①

千年虫危机加上20世纪90年代末互联网热潮导致美国技术人才短缺，使得印度软件工程师的技能备受关注。印度IT杂志《迪讯》（*Dataquest*）曾报道称：“千年虫危机——软件史上最大的噩梦——引发了一系列事件。千年虫危机带来的出口增长势头一直持续至今。部分原因在于印度本地培训行业的繁荣……在印度当地，主要的报纸上都会刊登政府的整版广告，询问企业如何‘应对千年虫危机’，这进一步加剧了人们的恐慌。到1999年底，该行业达到了历史最高点。软件公司的IPO获得了数倍的超额认购。”②

印度成功完成了美国主要金融和零售服务企业（如花旗银行）为应对千年虫危机而外包的项目，这极大地增强了大型外国客户的信心，并带来了源源不断的新客户和新订单。通过专注于银行、金融服务和保险（占2003年行业收入的40%）方面的业务，印度公司在相关细分领域积累了宝贵的知识和声誉。这些流程和质量上的改进尤其体现为印度公司在卡内基梅隆软

① Cited in Kumra and Sinha (2003).

② *Dataquest* 2002.

件工程学院能力成熟度模型（该模型旨在推广软件开发领域的最佳实践模式）上的表现（印度企业的表现越发卓越）。

1993 年，摩托罗拉印度中心成为全球首家获得能力成熟度模型 5 级认证的软件运营机构，摩托罗拉首席执行官亲自前往印度，为获得 5 级认证的 100 名员工颁发了金牌。该认证确立了摩托罗拉印度公司高质量服务的声誉，从而吸引了越来越多的美国非印度裔经理前来合作。这一荣誉还为印度国内公司带来了强大的示范效应，并促使它们开始追求能力成熟度模型认证。

到 1999 年，包括威普罗和印孚瑟斯在内的 10 家印度公司获得了能力成熟度模型 5 级认证，而美国只有 6 家公司。2003 年，有 60 家印度公司获得了 5 级认证，占全球总数的四分之三。[①] 这一评级使得印度公司得以在劳动力短缺、工资迅速上涨以及主要市场严重衰退的情况下，在十多年内持续增加出口量。到 2005 年，超过一半的《财富》世界 500 强企业成了印度软件行业的客户。

班加罗尔的繁荣

印度软件公司早期的聚集地已经能够独立运转了。班加罗尔仍然是印度 IT 服务和软件行业的中心，自 20 世纪 90 年代中期有数据以来，该地区占软件出口和就业的大约三分之一。印

① Mohnot 2003.

孚瑟斯于1981年在班加罗尔成立。随后，当地迅速涌现了一大批行业内领先的印度公司和美国公司，包括威普罗、德州仪器、惠普和美国数字设备公司。与三十年前的硅谷一样，尽管当地工资水平迅速提高、基础设施不足、交通拥堵、污染日益严重，班加罗尔仍然能够不断吸引新的IT相关公司（以及员工）前来入驻。到2004年，当地已拥有约1 200家IT相关公司和26万多名员工。工业增长推动着人口的加速增长。1981年，班加罗尔的人口约为200万；到2001年，这里的人口翻了一倍多，达到500万；预计到2010年时将达到800万。①

随着班加罗尔等成熟地区人力资源短缺加剧，每年自然减员率为20%～30%（从事外包业务的公司高达60%），工资每年增长近15%，印度的IT服务和软件公司也开始寻找成本更低的替代地点。德里和孟买地区也面临着类似的劳动力供应限制问题，导致公司纷纷在其他成本较低但人才充足的城市（包括浦那、金奈、海得拉巴和加尔各答）开展新业务。②

软件行业之所以集中在印度半岛南部，有着深厚的历史根源，这与印度公共工程资源（包括研发机构和公立工程学院）的集中分布有着密切的关系。1911年，迈索尔王国的领导人在迈索尔经济会议上提议政府应当积极开展工程建设工作，推广高等教育。印度首任总理贾瓦哈拉尔·尼赫鲁（1947—1964年）

① Sen and Frankel 2005.

② Bahl 2005.

也将班加罗尔称为印度的"未来之城"，并试图通过在该地区设立政府研究实验室和公共制造机构，将其打造成国家的知识之都。[①] 班加罗尔的国有科技公司包括印度电话工业公司、印度斯坦航空有限公司和巴拉特电子有限公司；当地的科研机构包括著名的印度科学研究所、印度空间研究组织和国防研究实验室。

卡纳塔克邦（班加罗尔位于该邦）和邻近的安得拉邦（海得拉巴位于该邦）也是印度最早允许建立私立工程学院的邦。班加罗尔目前有 77 所经批准的工程学院，每年培养 29 000 名毕业生；印度最南端的四个邦共有 400 多所工程学院，占印度每年招收工程类学生总数的三分之二。[②] 卡纳塔克邦还制定了统一的教育标准，从而确保了最低质量门槛。阿肖克・德赛（Ashok Desai）认为，这是班加罗尔崛起为 IT 中心的主要因素之一。他还指出，班加罗尔对外来者十分开放，孟买、浦那和德里也是如此，而该国其他地区，如加尔各答，仍然较为封闭，发展速度较慢。[③]

在班加罗尔，那些原本竞争激烈、能实现自给自足的公司之所以要聚集在一起，一个非常关键的原因在于需要共同合作来改进流程和产品质量。在 20 世纪 90 年代，当地最大的几家公司（在印孚瑟斯的领导下）创建了一个质量协会，将各家公司

① Stremlau 1996，p. 157.

② Parthasarathy 2004.

③ Desai 2003.

的质量经理聚集在一起，分享衡量绩效、减少残次品、缩短生产周期、削减成本以及提高质量的最佳方法。这种合作有助于解释为什么印度十分重视能力成熟度模型，以及它最终能够提高生产力水平的原因。

新的教育模式

印度的教育体系（包括公立和私立院校）迅速扩张，以满足不断增长的软件行业和 IT 行业人才需求。虽然印度六所著名理工学院每年毕业的学生仍然只有 1 800 名左右（20 世纪 80—90 年代，30％～40％的工程学院毕业生选择出国），但印度目前拥有 250 多所大学和工程学院，能够提供软件行业最需要的计算机相关学位和文凭。这些项目虽然姗姗来迟，但通过大幅增加培养数量，还是满足了软件行业对 IT 行业技能日益增长的需求。2001—2002 年，印度大学和工程学院培养了大约 13 万名 IT 专业毕业生，比五年前增加了一倍多。[1] 印度政府还在 20 世纪 90 年代末成立了两所新的本科院校——班加罗尔国际信息技术学院和海得拉巴国际信息技术学院，外国投资者（其中许多来自硅谷）也在海得拉巴成立了一所新的商学院。然而，印度本土的博士数量仍然很少，而这会进一步限制印度国内研究能力的发展。

---

① Desai 2003.

20 世纪 90 年代，印度各地涌现了数千家私立培训机构，为学生提供质量参差不齐、严格程度不一的培训。印度两大全国性培训机构 NUT 和 APTECH 靠着特许经营权为客户提供软件培训服务，并颁发自己的学位。这两家机构还成为微软、甲骨文、思科和 IBM 等公司认证的培训基地。其他许多运营商也趁机利用人们对计算机培训的需求开展相关业务。虽然这些私立机构的培训质量经常受到质疑，但它们还是在公共机构没能及时跟上社会需求的时候，为数十万印度人提供了基本的计算机知识和编程技能培训。虽然近年来培训数量有所增加，但需求也急剧增加。20 世纪 90 年代，班加罗尔等地区的劳动力流动率达到 30%，因为工人们希望在一个非常紧张的市场中最大限度地提高自己的收入；这导致该行业的工资每年以 25%～40%的速度增长。①

IT 辅助性服务

印度 IT 辅助性服务行业的增长说明了 IT 服务价值链中另一个专业领域的外包情况日益加深。该行业也被称为业务流程外包（BPO），是由英国航空公司、通用电气和花旗集团等跨国公司在 20 世纪 90 年代末率先发展起来的。这些公司通过投资建设海外中心，将客户服务、呼叫中心以及会计、账单和支付服

① Parthasarathy 2000.

务等低技能、劳动密集型但日益自动化的工作流程外包出去，从而大幅削减了成本。

这一系列外包活动之所以能够成功，是因为印度和西方国家之间存在巨大的工资差异，因此，一大批跨国公司来到印度进行投资，同时，新一代印度本土公司也逐步成长了起来。Spectramind、Evalueserve 和 24/7 等印度初创公司通常是由跨国中心的前任经理创立的，它们也大多将业务重心放在了专业第三方业务流程外包服务上。那些大型跨国公司通过外包这些业务节省下来的大量成本反过来给竞争对手带来了极大的压力，迫使它们也开始将日常的后台业务转移到成本更低的地区，例如印度。麦肯锡全球研究院的一份关于 IT 辅助性服务的报告估计，每向海外转移 1 美元，公司就能在获得同等或更优质的服务的前提下节省 58 美分的净成本。①

海外的印度人再一次在培育这一新兴产业的过程中发挥了关键作用。拉曼·罗伊（Raman Roy）在十年之前就帮助美国运通在印度建立了分支机构。1996 年，他加入了通用电气，开始负责该公司金融服务的外包工作。当罗伊计划在印度建立一个呼叫中心来处理实时交易，而不仅仅是批量交易时，他遇到了来自业务部门领导层的巨大阻力。一位高级管理人员告诉他，公司绝对不可能在印度建立一个呼叫中心，也不会为某个人的

① Agrawal et al. 2003.

幻想提供资金支持。对此，罗伊回忆道："正是民族自豪感驱使我决定在印度设立呼叫中心。我没有预算来开展什么实验。我和我管理团队中的四名成员被解雇了，在那之后，我们就带着一种传教士般的热情，决心向世界证明我们可以在印度取得成功。"在说服设备制造商借给他们五百个座席的运营设备，并找到愿意为概念验证提供部分资金支持的潜在客户后，罗伊说："我们证明了，印度的客服人员即使不能超越美国本土的语音服务水平，也至少能与之相媲美。这是一次巨大的成功。如今，我相信通用电气资本公司印度业务收入的 50％以上来自其呼叫中心。"①

罗伊还运用通用电气"六西格玛"的质量检测方法来向世人展示印度获得的成就。他声称，该部门在任务质量方面取得了超出预期的效果："每百次以及每千次错误率、周转时间、准确性、对客户需求的理解以及交付能力、承诺付款与实际付款数量——我们根据所有这些维度来衡量我们的服务质量，当然，不同流程的参数也有所不同。我发现，总的来说，我们交付的产品质量上乘，在许多参数上超越了现有的标准。"

尽管如此，在印度做生意仍然是一件充满挑战的事情。2004 年，拉曼·罗伊指出：

印度的某些方面是当地经理不得不接受的现实。我们

① 此处与下文对拉曼·罗伊言论的引用见"The Little Start-Up That Could," 2004。

从小就习惯了手机有时无法使用的情况。我们从小就明白，在我们订购设备后可能要等上六个月才能交货。我们学会了在审批流程无法迅速完成的情况下如何开展工作。我们学会了如何应对糟糕的基础设施和相关障碍，并学会了如何克服这些问题……我们也学会了如何与有着独特个性的印度员工打交道……过去八年来，问题已经解决了不少……但并未完全消失……有些地区的官僚作风严重得令人难以置信。例如，我们刚刚在印度西部城市浦那设立了一个新中心。我数了数各种文件上所需的签名数量。我想，为了获批在那里开展业务，我总共在119个地方签了字。

印度的IT辅助性服务行业还很年轻。然而，该行业发展非常迅速，并且可能对印度的经济发展产生比软件服务行业更广泛的影响，因为其技能要求更广泛，能够明显提高企业的服务效率，同时，印度人也在英语技能方面存在明显的优势。2002年，业务流程外包吸引了印度外国直接投资（其中就包括来自埃森哲和美国电子数据系统等领先的IT服务公司的投资）总额的15%，占出口总额的10%。电信基础设施的改善以及官方激励措施（包括免除35%的公司利润税，以及豁免许多关于工时和加班的劳动法）有助于吸引这些投资。① 现金流充裕的大型印

① Farrell and Zainulbhai 2004，pp. 50 - 59.

度软件服务公司也扩展了自己的业务范围，将业务流程外包服务纳入其中，以充分利用现有的客户关系。例如，威普罗就收购了拉曼·罗伊的初创公司 Spectramind。也许正因为如此，该行业在很大程度上沿袭了软件服务行业的布局模式，主要集中在班加罗尔、德里、浦那、海得拉巴和孟买。

印度早期的业务流程外包服务主要是“坐班人员”服务——由操着美国或欧洲口音的印度人组成的呼叫中心等提供密集型后台服务。然而，这一情况正在迅速改变。印度领先的业务流程外包服务企业正在增加自己的附加值，例如利用 IT 进行数据分析、数据挖掘和数据管理。人力资源外包服务开始提供更快捷、更优质、更廉价的工资单和人事档案维护服务，随着时间的推移，服务范围逐渐扩展到远程人事管理、资源管理和人才管理上。同样，财务和会计外包服务也从差旅报销处理和账单支付应用转向了应付账款和应收账款系统，后者整合了针对供应商和客户的数据管理、语音和电子邮件支持、收款和付款查询等功能。

现在，印度服务供应商在积极推广战略服务，如系统集成、网络咨询和管理、市场调研、工程和设计、翻译和转录等服务；它们还在谈论着未来可能提供的其他更高附加值的服务，如物流管理、咨询、法律和医疗建议以及分布式产品开发等。Pipal Research 就是一家由麦肯锡咨询公司前员工创建的小型印度公司，为咨询顾问、投资银行家和公司战略部门提供研究服务。

威普罗收购的 Spectramind 正在从单纯的呼叫中心向会计、保险、采购和产品责任服务转型。

新兴巨头

印度 IT 行业规模从 1997 年的 50 亿美元（占 GDP 的 1.2%）增长到 2004 年的 210 亿美元（占 GDP 的 3.5%）。2004 年占主导地位的 IT 服务和软件收入占行业总收入的一半以上（128 亿美元），其次是 IT 硬件（48 亿美元）和业务流程外包服务（39 亿美元）。增长最快的部门当属业务流程外包服务行业，在 2006 年，该部门的收入几乎确定会超过硬件部门。该行业仍然是出口导向型的，2004 年出口额占总销售额的近 62%，而且对出口的依赖似乎还在增加。自 2000 年以来，IT 行业的出口量每年增长超过 20%，而印度整体的经济增长率约为 5%。IT 行业的出口收入为印度积累了国际收支盈余和可观的外汇储备。[①] 然而，如果本地生产商无法满足国内市场，甚至只能将市场拱手让给外国竞争对手，那么这些生产商的出口导向可能会给印度带来不利影响。

印度 IT 行业的结构也发生了变化，这反映出那些拥有资源来建立自有设施的大型公司不断积累起来的能力。虽然较低的准入门槛曾吸引了数百家中小型公司进入软件行业，但到 2003

① 上述所有数据均来自 Sen and Frankel (2005)。

年，塔塔集团、印孚瑟斯、威普罗、萨蒂扬和 HCL 科技五家公司就占据了印度软件和服务出口总额的近三分之一，前十大公司则占据了 55%，海外公司的子公司又占据了四分之一。

印度三大软件服务公司——塔塔咨询服务公司、威普罗和印孚瑟斯——十多年来一直保持着领先地位。到 2004 年，每家公司的收入都超过了 10 亿美元，员工人数超过了 35 000 人。尽管规模庞大，这些公司的年增长率仍保持在 30%以上。① 这三家公司还凭借股票市值（均在纽约证券交易所上市）、毛利润和员工人数跻身全球十大 IT 服务公司之列。它们也是业务流程外包领域的积极参与者，为 IBM、埃森哲和美国电子数据系统等全球咨询和服务巨头提供服务。它们都试图扩大其在全球范围内的业务和视野，为此，它们收购了一部分外国公司，此外还在中国和东欧等地建立了新的中心。

这些印度高管认为，他们公司的竞争优势在于能够有效利用印度和其他新兴经济体中技术熟练、成本低廉的人才。印孚瑟斯全球交付模式将开发任务划分为更小的逻辑组件，并根据地理位置分配这些组件，在能够创造最大价值的地方执行这些任务。有些任务，例如用户培训和确定业务需求，必须在靠近客户的地方进行；而其他任务则最好在“位于印度等成本较低的国家的可扩展、流程驱动、技术先进的开发中心”远程进

① 本段与上段中的数据来自 Varma 2004 and Arora 2005。

行。[1] 印孚瑟斯认为，下一代战略服务外包——模块化全球采购——能够将模块化概念应用于业务流程、IT应用和基础设施服务采购决策、运营和持续管理。

相对于美国主要的IT服务供应商，印度公司的关键优势在于其劳动力的分布。威普罗、印孚瑟斯和塔塔咨询服务公司等公司的三分之二或更多的劳动力位于印度，而IBM、埃森哲和美国电子数据系统公司等西方公司的劳动力大多位于美国，即使它们在印度拥有大量业务，这一传统的劳动力分布局面也基本上不会发生剧烈变化。仅成本结构的不同就能很好地解释为什么印度前六家公司比传统的IT行业大公司的利润率要高得多。2004年，印度公司的平均净利润率保持在21.7%，而传统竞争对手的平均净利润率仅为4.3%。[2]

印度公司将其收益用于开发先进的工具、方法和流程，以提高其分布于全球的员工的工作效率。它们采用明确的招聘和培训体系，以吸引并留住印度的顶尖人才；积极培训员工，并制定激励措施鼓励员工追求卓越（包括根据个人、团队和公司的业绩奖励员工25%～50%的工资）；它们非常重视强大的质量和项目管理流程，以及在整个开发过程中对各种参数进行测量和基准测试。威普罗明确以丰田公司的生产原则为模型，通过改进工作组织、分配任务、采用软件工具、制订质量计划等来

① Kumra and Sinha 2003.

② Bahl 2005.

提高生产力、质量和效率。[①] 虽然外国竞争对手可以在印度建立开发中心，但它们不太可能投入足够的资金来培养一支规模、经验和奉献精神都可以与总部相提并论的员工队伍。

印度的风险投资和创业活动

直到最近，印度也从来都不是 IT 行业创业的好地方。资深风险投资家威廉·德雷珀三世于 1995 年将美国式的风险投资带到了印度。在旧金山的同事以及班加罗尔和孟买的当地合作伙伴的帮助下，德雷珀三世很快就成立了一个拥有 5 500 万美元的德雷珀国际基金。但他随即意识到，在印度，要想与企业家建立合作，就需要面对诸多障碍。在印度，风险投资还是一个全新的概念，家族企业还占据着主导地位，无论是小型企业还是大型工业集团（如博拉和塔塔），它们基本都是家族企业。要想在印度和硅谷之间协调活动非常困难。此外，资源有限的初创企业面临着与跨国投资者相同的困境：腐败和限制性极强的官僚机构、缺乏具有西方风格的股票期权计划来留住关键人才、电力和水等基础设施的限制以及高昂的通信成本。1997 年，德雷珀三世的合伙人罗宾·理查兹（Robin Richards）曾指出：

---

① Hamm 2005.

> 从风险投资家的角度来看，在印度创办企业要比在美国多花5～10倍时间，这主要是因为很难获得适当的基础设施来进行生产。由于大部分技术市场都集中在西方，印度企业家很难建立起必要的商业伙伴关系，也很难找到合适的管理、营销与销售人才来加入企业。①

德雷珀三世和理查兹花了两年的时间来调整基金战略，将重点放在那些业务主要在印度的美国公司上。2000年基金关闭时，获得投资的印度公司中只有一家（Rediff通信）取得了成功，而投资组合中的大多数美国公司都实现了盈利。德雷珀三世将基金的成功归因于印度的技术开发与美国“近在咫尺”的业务、营销和销售运营相结合。该基金投资的部分公司最初就在美国开展业务，而其他公司则位于印度，是德雷珀三世将这些公司带到硅谷的。理查兹表示，他们从印度了解到了一些美国公司成功的交易。“你可能坐在班加罗尔，听到圣克拉拉有10笔不错的交易，你可以参与其中，成为风险投资商，但你至少需要先在班加罗尔听到这些消息。”②

印度软件行业的技术进步与集体学习主要是在公司内部和通过远程关系进行的，而不是通过与本地客户、供应商或大学、研究实验室等机构进行互动。在印度，公共和私营技术部门以

---

① Kurian 1997.

② Schram 2001，p. 66.

及工业和大学仍然是相互独立的领域，专业领域与商业领域之间的互动较为有限。总部位于硅谷的EnThink公司（威普罗的子公司）首席执行官斯里达·米塔（Sridhar Mitta）解释道："班加罗尔在技术实力方面已经达到了临界点，但在互动方面仍然非常薄弱。班加罗尔的社交学习网络比印度其他地区要好，但远不及硅谷。这里的大部分工作都是由跨国公司承担的，而跨国公司非常小心地保护自己的秘密……如果硅谷算100分，那么班加罗尔只能得15分。"①

20世纪90年代，印度国内的风险投资行业确实有所起步，但与中国一样，印度的风险投资行业与硅谷有着显著差异。印度的风险投资大多由大型公共部门基金或银行以及多边机构提供。这些组织，如印度联合信托投资公司或印度小型工业发展银行，缺乏软件或技术相关行业的专业知识和经验。这些资金通常由那些关注有形资产且厌恶风险的金融家负责管理，就软件服务领域而言，他们大多都只会在后期参与投资。威普罗前高级经理斯里达（A. V. Sridhar）如是说："印度风险投资家绝不会在新的领域冒险，他们只会选择投资无风险的确定性软件服务市场，因为在那里，他们可以确保快速获得回报并实现盈利。"②

按国际标准衡量，印度的风险资本供应量仍然很小，部分

① Roy 2004.

② Biswas 1998.

原因是存在大量相互冲突、烦琐且不合时宜的法规，以及针对该行业的各种其他形式的歧视。1998年，仅有21家公司向印度风险投资行业协会提交注册申请，这些公司的可投资资金约为7亿美元——相比之下，1999年，以色列有100家风险投资公司，可投资资金为40亿美元，中国台湾地区有110家基金，可投资资金为13.2亿美元。

20世纪90年代，班加罗尔有几家国内科技初创企业存活了下来，但它们都没有像中国台湾地区或以色列的初创企业那样迅速取得成功（尽管其中大多数都是由从美国归国的印度人创办的）。[①] 1989年，四名在美国接受过教育的印度裔工程师在硅谷创办了硅自动系统（SAS，Silicon Automation Systems）。他们都是白手起家的，几年后将部分业务转移到了班加罗尔，同时继续专注于研究和软硬件设计业务（而非软件服务）。近十年来，SAS一直都是一家小型私营企业，拥有约300名员工，出口额达1 000万美元。1999年，英特尔资本给予SAS一笔投资，并将其更名为萨斯肯通讯技术（Sasken Communication Technologies）。与英特尔的合作关系标志着该公司走到了一个转折点，因为英特尔不仅为SAS提供了现金，还为该公司带来了新客户，拓宽了其战略视野，并提供了技术合作的机会。萨斯肯通讯技术现在是印度领先的IP供应商之一，拥有2 000多名员工。

① Desai 2003.

Encore 软件是班加罗尔另一家历史悠久、技术精湛的公司，该公司的主营业务是设计 DSP 技术和嵌入式解决方案并提供相关许可，同时提供上述领域的软件工程服务。其客户包括朗讯、华为、友讯、英飞凌、三菱、德州仪器和亚德诺等全球领先的系统公司。

该公司由斯坦福大学毕业生维奈·德什潘德（Vinay Deshpande）于 1990 年创立，当时名为 NCore。德什潘德从美国回国后的一大目标就是重建印度的计算机硬件制造基础设施。他的第一家公司 PSI 数据系统成为印度最大的个人电脑兼容计算机制造商之一，之后与法国公司布尔电脑（Groupe Bull）合并。1995 年，NCore 公司发布了"Yantra"，这款多媒体小型笔记本电脑重 2.1 千克，是当时世界上最轻的同类产品，被公认为一款极具创新性的产品。然而，由于无力承担长期的信贷、营销资源有限，以及海关和进出口法律方面的持续阻挠，该公司的发展最终受到了影响。德什潘德表示："有些客户愿意每年向我们购买 2 万台定制机器。对于一家大公司来说，这个数字并不大，但对于我们来说，这却是一笔非常大的订单。然而，印度的银行或金融机构都不愿意以成品作为抵押向我们提供贷款。它们要求以不动产或股票作为抵押。公司希望获得约 1 500 万美元的信贷。IBM 或康柏会毫不犹豫地提供这笔贷款，但我们没有这笔钱。"①

---

① Krishnadas 1997.

当时，像 Yantra 这样的突破性产品很可能会获得国家资助，或者至少可以从日本、新加坡、中国台湾地区或韩国等亚洲经济体的开发银行获得无抵押贷款。威普罗集团首席技术官斯里达·米塔表示："这款产品非常出色，很少有印度公司尝试过。鉴于印度的基础设施并不完善，因此难度更大。从设计角度来看，这个想法非常好，但 NCore 缺乏必要的营销资源和营销经验。"米塔补充道，在开发 Yantra 时，市场上还没有同类产品，"但六个月后，设计价值就会归零"[①]。NCore 最终与日本大星达成协议，通过直邮的方式在日本销售产品。然而，一年后，大星决定保留邮寄来的计算机，以满足内部需求。

NCore 靠着技术授权维持生存，并于 1999 年并入 Encore 软件。德什潘德仍在追求他的梦想，即打造印度本土的计算机制造能力。Encore 软件与班加罗尔印度科学研究所的师生展开合作，开发了售价低于 200 美元的 Simputer（即简单廉价的移动计算机）。这是第一款完全在印度设计的手持式互联网设备，专为印度低收入人群设计。Simputer 是为发展中国家贫困农村人口设计的电子设备，是首批此类设计之一，也获得了国际层面的认可。[②] 2001 年，德什潘德被世界经济论坛评为"100 位科技先锋"之一，一年后，Simputer 项目获得了印度通信与信息技

① Krishnadas 1997.

② 参见 Bruce Sterling，"Simputer，" *New York Times*，December 9，2001；Mike Langberg，"Simputer Aimed at Easing Life in Indian Villages，" *The Mercury News*，August 14，2002。更多背景信息见 www. ncoretech. com/ simputer/newsroom/index. html。

术部颁发的首届信息技术创新奖。

增长与限制

20 世纪 90 年代末美国科技行业的繁荣给印度带来了各种各样的影响。首先，硅谷等地劳动力短缺的现象导致美国增加了涉及技术工人的临时签证配额。仅在 2000 年，就有 124 697 名印度国民获得了 H1B 签证，占当年美国签证总数的 48%。在这一类别中，中国是仅次于印度的第二大国家，但其 H1B 签证持有者仅占总数的 9%（22 570 人）。德赛估计，在 1996—2001 年，至少有 50 万名印度程序员获得了美国签证（各种类型的签证）。①

其次，美国技术人才短缺也促成了硅谷和印度之间跨区域初创公司的大规模涌现。拉克什·马图尔（Rakesh Mathur）在硅谷的英特尔工作了很多年，之后又连续创办了三家成功的技术公司——Armedia、Junglee 和 Stratify。他指出："20 世纪 90 年代末，在硅谷创业的主要制约因素是软件开发人员的短缺。我意识到我可以去印度。我的三家初创公司都在班加罗尔设有设计中心，但这些中心也都注册为美国科技公司。"② 1999 年，马图尔曾六次前往印度。2000 年，他的公司 Stratify 在班加罗尔建立了拥有 100 名员工的运营机构。

美国科技热潮对印度的创业环境还产生了其他方面的影响。

① Desai 2003.

② Mathur 2002.

1999 年，印孚瑟斯成为第一家在纳斯达克上市的印度公司，造就了约 100 名“纸上”或“美元”百万富翁，并充分展示了股票期权在印度的价值。1999 年，拉杰什·贾因（Rajesh Jain）以 1.15 亿美元的价格将他在孟买的印度世界公司出售给萨蒂扬（印度第一家私营互联网服务供应商），这让贾因一举成名。贾因拥有孟买印度理工学院的学士学位和哥伦比亚大学的硕士学位；在 1995 年回到印度创办印度世界公司之前，他在纽约的电信行业工作了几年。现在，贾因经营着 Netcore Solutions 公司，这是一家专注于通信、协作和安全软件的企业软件公司，贾因也是印度最早的多次创业的企业家之一。

印度国内软件公司（如萨蒂扬和印孚瑟斯）股票市场估值的快速上升吸引了新一代风险投资家来到印度。一些规模在 5 000 万～1 亿美元之间的基金（通常隶属于华登国际和软银等老牌公司）瞄准了初创企业的前几轮融资。企业风险投资也开始活跃于印度科技领域。例如，英特尔资本承诺在 2000 年向印度 IT 初创企业投资 1 亿美元。曾经对软件行业避而远之的传统行业也开始对这方面的投资有兴趣了，基金经理也开始向印度的高净值个人和家族企业募集资本。2000 年，印度的风险投资总额达到了 12 亿美元的高峰，随后三年大幅下降，但在 2004 年又回升到 11 亿美元。①

---

① Natarjun 2005.

在整个 20 世纪 90 年代，从硅谷永久返回印度的人仍然很少，但硅谷的印度人与他们在国内的家人、朋友和同事之间的职业及个人网络逐步建立起来，加上低成本的旅行和通信，使得美国和印度之间的信息交流达到了前所未有的速度和高度。一名硅谷工程师如是评论道：

> 我每年都会因工作原因回印度两三次。在印度的某些地方，你坐火车过去之后，当地连人力车或出租车都没有，只能步行。你必须步行。但那里的每个人都知道硅谷的工作情况。他们知道 H1B 配额水平、何时用完、何时重新开放。他们知道硅谷需要什么样的技能，甚至他们不了解加利福尼亚州其他地方的情况，而只知道硅谷。①

www. return2india. com、www. nriol. com 和 www. siliconindia. com 等网站在美国的印度人群体中越来越受欢迎。他们在 20 世纪 90 年代经常回国，通常也会接受传统的包办婚姻，许多人似乎在家庭和文化的拉扯中左右为难：他们一方面想回国，另一方面又认为美国拥有更优越的职业和经济机遇。

克服障碍

到 2000 年，印度企业家在硅谷取得的成功在印度得到了广

① Santa Clara County Office of Human Relations，2000.

泛认可。至少有十几家由印度人创办的科技公司上市或被收购，其中包括瞻博网络、Ramp网络、Cyber Media、Exodus、网讯、Selectica和Tibco软件。访问印度的美国科技企业家受到了明星般的待遇，新成立的印度企业家协会班加罗尔和孟买分会的会议吸引了数百人参加。

来自美国的成功印度企业家也积极投资印度的科技初创企业，他们或直接作为天使投资人，或间接通过风险投资基金进行投资，并慷慨解囊，向母校——如印度理工学院——捐赠了数百万美元。海归明显增加，以前备受憎恶和鄙视的海外印度人群体现在在印度越来越受欢迎，并获得了越来越高的社会地位和特权。

原本就拥挤不堪的班加罗尔如今更是人满为患。2004年前三个月，印孚瑟斯发布的1万个职位收到了100万份申请。同期，威普罗雇用了9 000多名员工。2004年初，威普罗公司副总裁维尔纳·格奥尔茨（Werner Geortz）在访问班加罗尔时说道："这里就像一座淘金镇。你找不到酒店房间。办公楼外就有猎头公司，等着设计师下班后拉他们跳槽。这里就像1999年的硅谷（在科技泡沫破裂之前）一样。"①

硅谷最成功的那批印度企业家认识到了在印度创业面临的障碍，并开始积极推进政策修订工作。20世纪90年代末，网威

① Wilson 2004.

公司前首席技术官、印度企业家协会创始人坎瓦尔·雷基在印度发表了一系列高规格演讲，并接受了媒体采访，呼吁政府和人民进行现代化改革。他还定期与印度政府的高级决策者会面。斯里尼瓦桑（T. N. Srinivasan）认为，印度电信改革的力度之大、效果之好在很大程度上归功于雷基。[①] 雷基对电信部展开了反复游说，同时还公开抨击了电信部的官僚作风与垄断地位，从而成功地打破了电信部先前的垄断，大大降低了电信成本，并扩大了电信服务的覆盖范围。为此，雷基还创造了一个印地语口号，即“遏制电信部，拯救国家!”他的许多建议都得到了实施，包括国内长途市场的自由化和私有化，以及后来的向私人竞争者开放国际长途业务。

印度政府的决策者还向硅谷的海外印度人社区寻求了其他领域的政策建议，以至有记者打趣道，先前的“流失人才”成了现在的“智囊团”。1999 年，印度证券交易委员会设立了风险投资委员会，由硅谷成功企业家钱德拉塞卡（K. B. Chandrasekhar）负责领导，其任务是提出促进印度风险投资行业发展的建议。该委员会的报告为该行业制定了一项政策议程，在很大程度上促进了之后印度风险投资行业的扩张。[②] 硅谷的海外印度人社区还率先制订了一项计划，旨在为印度吸引外国直接

---

① Srinivasan 2005.

② 详见 *Report of K. B. Chandrasekhar Committee on Venture Capital* to the Securities and Exchange Board of India at www. sebi. gov. in。印度证券交易委员会于 2000 年 1 月通过了该报告，表明政府有意认真执行其建议。

投资，并于 2005 年提交给了政府。该计划受到了广泛欢迎，其中的一部分建议也得到了实施。

硅谷企业家还为斯坦福大学的一连串以政策为导向的研究和会议提供了资金支持，旨在将学术界的研究人员、印度政界高层和公务员召集在一起，就政策改革展开辩论。此外，还有一些人认识到，印度需要推进政策改革的关键领域之一就是邦一级，因此，他们开始为印度各邦建立商业咨询小组，这些小组通常包含圈子里那些出生在当地的成员。

印度的跨境初创企业

Ramp 网络等公司代表了从美国起步、利用印度人才建立跨区域公司的标准模式，而德雷珀国际公司则开创了反向发展战略的先河。1997 年，这家风险投资公司招募了从未在印度以外工作过的威普罗高级经理斯里达，并请他前往硅谷创办一家数据挖掘公司。斯里达迅速组建了一支营销团队，成员包括已在硅谷为威普罗工作的桑杰·阿南达拉姆（Sanjay Anandaram），以及在甲骨文印度分公司和 IBM 研究院工作过的资深经理。两年后，这家开发互联网个性化软件的初创公司 Neta 被互联网门户网站 Infoseek 收购。

斯里达解释了他为什么要搬到硅谷创办 Neta："要创建一家成功的公司，就必须真正贴近市场。必须置身于一个将新技术开发作为日常事务来对待的地方。”① 他说，与客户的近距离接触以及尝试诊断并解决问题带来的定期互动有助于催生原创的产品想法和新的商业模式。“硅谷是一个鼓励冒险的环境，而印度软件模式的优势在于成本效益和高效的服务交付。”

这种洞察力是跨境初创公司日益受到欢迎的基础。在硅谷提出新的想法和商业模式，然后到印度执行，这种趋势越来越明显。Neta 的联合创始人阿南达拉姆对此评论道：

> 未来是属于跨国公司的，无论其规模是大是小、处于哪个阶段……随着未来几年美印科技走廊的发展，国际化流程、人才和资本对印度等经济体的影响将非常大。印度将涌现出一些科技公司，它们需要与美国初创公司的生态系统相对接，因为印度国内尚不具备所需的生态系统（例如本地资本、管理人才、本地市场、法律框架），需要一段时间才能真正发展起来。②

这一情况促使那些在印度和硅谷都拥有足够经验的新一代风险投资家开始行动。印度的大多数风险资本都集中在软件服务或业务流程外包服务等安全性较高、发展较为成熟的投资领域。然而，那些拥有印度基金经理的风险投资公司，包括印美

① Biswas 1998.

② Anandaram 2003.

跨国专业风险投资公司和 Artiman Ventures，都已将目标锁定在美国和印度的初创合资公司之上。这一策略背后的经济逻辑似乎很有说服力：在硅谷，一家公司在早期阶段往往需要 1 000 万～1 500 万美元的资金，而在印度，仅需要 200 万～300 万美元就能雇用一支与之相当的工程团队。

2000 年 7 月，三位印度 IT 行业的资深人士在班加罗尔成立了 JumpStartUp 风险投资基金：基兰·纳德卡尔尼（Kiran Nadkarni）在印度风险投资领域拥有 14 年的经验，包括担任班加罗尔德雷珀国际公司的合伙人；加纳帕西·苏巴马尼亚（K. Ganapathy Subramanian）来自印度领先的风险投资公司 ICICI Venture；桑杰·阿南达拉姆曾在班加罗尔和硅谷工作过。该基金的资金总额为 4 500 万美元，主要投资早期的 IT 初创公司，其资金来自机构投资者（包括硅谷银行）和个人，如比尔·德雷珀（Bill Draper）和一部分在美国获得成功的印度高管。

一家名为 July Systems 的公司是新兴跨境科技初创公司的典范，该公司成功地将硅谷的生态系统和印度低成本的技术能力结合了起来。其独特之处在于瞄准了亚洲、印度、美国以及欧洲快速发展的技术市场。该公司由威普罗信息科技和威普罗系统的创始总裁、印度最受推崇的技术经理之一阿肖克·纳拉辛汉（Ashok Narasimhan）与第二次创业的印度企业家拉杰什·雷迪（Rajesh Reddy）共同创立，致力于开发旨在帮助移动电信运营商通过数据服务实现盈利的产品与解决方案。July Systems 的首轮投资者包括一家硅谷风险投资公司以及三家区域性风险投资公司，其中两家（JumpStartUp 和印美跨国专业风险投资公司）与印度有业务联系，另一家（宏碁科技风险投资公司）与亚洲市场有着密切联系。

July Systems 在硅谷总部拥有一支由 15 人组成的业务开发和营销团队，在班加罗尔全球产品中心拥有 45 名员工（包括 12 名在硅谷有工作经验的印度人），负责产品开发、工程、产品营销、项目管理、销售支持、客户支持和财务。该公司还在亚洲和欧洲设有销售办事处。July Systems 是印度威普罗信息科技等众多知名创业公司的分支之一，后者已成为班加罗尔的管理培训基地，扮演着类似于硅谷仙童半导体公司或中国台湾地区宏碁的角色。

尽管国际投资者兴趣日增，但印度的风险投资行业——就像中国的风险投资行业一样——仍然受到不发达的资本市场和严格的金融监管措施的制约。2000 年，威普罗前研发主管斯里达·米塔在班加罗尔成立了一家企业孵化中心，名为“企业家企业”（Enterprise for Entrepreneurs，简称 e4e Labs）。该中心承诺在三年内向 10～12 家公司投资 3 亿美元。该中心背靠硅谷，正如米塔所说，在印度，风险投资领域还没有明确的退出方案，“印度的 IPO 尚未得到验证，即使在服务领域也是如此。还没有出现过令人满意的成功案例，因此风险投资领域的外国企业很难进入该市场”[1]。

回到硅谷

2002 年，专注于投资早期初创企业的风险投资公司 JumpStartUp 将其总部从班加罗尔迁至加利福尼亚圣克拉拉，这反映了一种转变：投资策略的转变。与德雷珀国际公司一样，该公司不再打算投资那些仅在印度发展业务的初创企业，而是专注于美印跨境投资。合伙人意识到，在经济衰退的环境下，外部投资者不愿为风险较高的印度新公司提供资金，他们的小基金也不足以支持初创企业从零开始。

该公司的全新战略还认识到，硅谷的那些资金短缺的初创企业也正面临着投资者的压力，要求它们在印度等低成本地区建立工程中心。JumpStartUp 现在计划与成熟的风险投资公司合作，共同投资，帮助那些初创企业在印度建立工程团队，甚至帮助它们在印度开展相关业务。基兰·纳德卡尔尼如是说：“难以想象那些由非印度人创办的公司可以在印度发展业务，除非他们过去有这样的经历，或者除非创始人有在印度等地发展的意愿……当一家初创企业决定在印度建立开发中心时，你肯定会发现其中一位创始人是印度人。”[2]

硅谷银行高管阿什·利拉尼（Ash Lilani）估计，2004 年，

---

① Ashok 2004.

② Shankar and Sundaram 2003.

他的客户中有 10%（约 1 000 家由风险投资提供资助的公司）在印度展开了一些开发工作。他预计，几年后这一比例将增长到 25%。“曾经有一段时间，初创企业不会考虑在全球范围内发展业务。但现在，企业家在组建阶段就会考虑在哪些地方设置部门才是企业的最佳发展模式。从企业成立的第一天起，你就会发现他们采用了跨国模式。”①

朝着价值链上游进发：集成电路设计

印度和硅谷在集成电路设计方面的合作日益密切，这标志着一种新的、附加值更高的发展趋势。自 20 世纪 90 年代初以来，英特尔、德州仪器、亚德诺和赛普拉斯半导体等公司就在班加罗尔和其他印度城市开展了复杂的集成电路设计业务，但它们一直都比较低调。自 2000 年以来，硅谷公司开始大肆收购印度半导体设计公司，引发了公众对该行业的关注：博通公司收购了 Armedia，英特尔收购了 ThinkIT 系统公司，赛普拉斯半导体收购了 Arcus。现在，越来越多的初创企业开始依赖印度的集成电路设计能力。Insilica、Open Silicon、Ample 通信和 Atrenta 都是 2000 年以来由经验丰富的印度工程师创建的，他们留在了硅谷，同时也充分利用了自己祖国的设计人才。

硅谷最著名的印度芯片设计师维诺德·达姆和合伙人图沙

① Roberts 2004.

尔·戴夫（Tushar Dave）创办了一家风险投资公司——New Path Ventures，为跨国半导体初创企业提供资金支持。这些初创企业通常会将总部设在美国，同时利用印度的开发人才和亚洲（中国）的代工厂，以实现高速发展。达姆曾在英特尔领导团队开发过奔腾芯片，后来创立了 Silicon Spice（该公司被博通收购）。对此，他解释道：

> 软件服务模式投资少且收入稳定。但我们需要打破这种思维定式，朝着价值链上游进发。芯片设计应该是印度工程师的自然发展方向。如今，如果你在班加罗尔扔一块石头，你一定会砸到一个 UNIX 或 Oracle 软件工程师。这种优质资源不应浪费在平凡的工作上，他们需要接受挑战，进行创新、开发并提供卓越的产品，让用户引以为傲……我们将看到越来越多的工程师成为“芯片专家”，而不是“软件怪才”。①

到 2005 年，印度有 6 000～10 000 名集成电路设计师，仅占全国 65 万名软件工程师的一小部分。② 然而，这些设计师的收入要高得多，而且他们通常会创造自己的知识产权，而不仅仅是提供服务。

---

① Sundaram 2003，p. 23.

② Krishnadas 2005.

Ittiam 系统公司是班加罗尔近期最成功的由风险资本资助的初创公司之一，该公司的主营业务是为流媒体视频、便携式媒体播放器和数码相机等应用设计数字信号处理器软件。该公司成立于 2001 年，由来自德州仪器（印度）的一组经验丰富的资深经理共同创立，其中包括现任首席执行官、总经理斯里尼·拉贾姆（Srini Rajam）。拉贾姆指出，该公司通过向索尼、VEO 和德州仪器等客户授予知识产权的方式，避免了单纯从事软件服务行业。用拉贾姆的话说就是：

> 知识产权模式可以让你充分利用印度的优势，即当地庞大的人才队伍；知识产权模式还可以让你致力于创造新的算法、设计和应用，同时避免物流方面的麻烦，即供应链、分销、物流等等。①

拉贾姆还指出："很少有公司能够投入足够的时间和精力，在众多技术领域（如视频、电信、成像、计算和音频）保持领先地位。通过授权我们的设计创新，它们可以将新产品的上市时间缩短 9～12 个月。"② 2004 年，Ittiam 系统公司被美国市场研究公司前瞻概念评为最受欢迎的 DSP 知识产权供应商。

---

① Jayashankar 2004.

② Pete Engardio, "Scouring the Planet for Braniacs," *Business Week*, October 11, 2004.

在企业家们积极开拓集成电路设计领域的同时，班加罗尔的一批领先软件公司也认识到了搭建本地交流平台的重要性，于是，它们创建了一个非营利性的知识产权交换论坛，以帮助印度成长为电子产品设计领域的中心。它们的目标是效仿中国台湾地区在个人电脑领域的经验，创建一个知识产权生态系统来鼓励技术人才发展、提供评估方法、协助制定标准、提供市场数据和技术趋势、支持研发和营销合作、减少知识产权开发中的重复工作，进而提高印度在电子产品设计领域的信誉。①

虽然目前印度国内集成电路设计行业扩张的主要制约因素是缺少足够的合格人才，但半导体制造设施的缺乏也可能会制约该行业未来的增长。唯一有能力进行制造的是印度综合半导体有限公司（SCL），它是一家位于印度北部（昌迪加尔）的国有企业。然而，印度政府一直不愿意或者说无法吸引到升级该公司生产设施所需的大量资本投资。许多行业专家都认为，在当今，中国已经拥有了先进的制造能力，因此投资该公司并不划算，尤其是印度落后的基础设施、不可靠的电力供应和有限的水资源都对半导体制造业构成了重大挑战。但是，由于成功的集成电路设计取决于工程师对工艺技术、制造和测试的充分理解，因此，想要建立半导体生态系统，可能至少需要几个晶圆厂的支持，以及对大学相关培训和研究的投资。

① Mitta 2004.

旅行与在这期间遇到的麻烦

自 2000 年以来，印度人就开始出现在新的跨境风险投资公司以及相关的跨境初创企业当中，他们的一生似乎都是在飞机上度过的。这些投资者和工程师为了参加会议，需要飞行 25 个小时，也就是绕地球半圈。他们面临着一系列全新的挑战，这些挑战与初创企业的管理有关，相关的部门与合作伙伴彼此相隔甚远，产品开发业务被安排到了全球各地，而且他们之间还有着文化差异。专用集成芯片设计方面的初创企业 Open Silicon（其员工平均分布在班加罗尔和硅谷）的首席执行官纳维德·谢尔瓦尼（Naveed Sherwani）表示，许多人都低估了各地工作文化上的差异。例如，印度员工不习惯与老板进行公开讨论。“如果北美员工说‘我会在下午 5 点前完成’，那么他一定会做到，或者，他会告诉你他做不到；在印度，出于尊重，员工会说他们做得到，但实际完成与否就不得而知了。”①

风险投资家拉维·奇鲁沃卢（Ravi Chiruvolu）也解释道，即使在 2003 年，在印度开展业务也绝非易事：

> 人才并不像我们想象的那样廉价。基本的办公基础设施也并不健全。想要在当地建立商业伙伴关系不可避免地

① Roberts 2004.

要与政府打交道，且需要高度尊重印度本地的传统。即使是租一间办公室也是很复杂的事情。

这只是我们自己的经验之谈，我们不仅是风险投资家，还是在印度工作过的风险投资家，可以说比大多数人都更了解班加罗尔的“硅谷”文化。①

其他公司也发现，远距离合作的问题是难以克服的。Sonim科技是一家无线技术公司。最初，该公司的大部分工程师都在班加罗尔，但三年后，公司还是决定将他们迁回硅谷，因为距离太远导致产品开发速度变慢。Sonim科技的工程师需要每天与美国的手机厂商联系，但12小时的时差使得这几乎不可能。Sonim科技的首席技术官表示：“我们需要更快地推出产品。我们必须让所有人都聚集在一起，更紧密地与合作伙伴展开合作。”② 像Sonim科技这样的公司已经意识到，远距离沟通和执行是有时间成本的；沟通与往返旅行的成本往往比预期的要高，由于沟通不畅而错过截止日期的成本也是如此。成功需要建立在严格的纪律和明确的分工之上。在印度，一些公司现在面临着每年超过50%的人员流动率。

带宽和先进软件工具的逐步发展有望帮助公司克服眼前的这些挑战。一旦两位工程师能够在共同合作的经验或面对面互动的基础上建立起信任关系，他们就有可能创造出一个“虚拟

① Chiruvolu 2003.

② Roberts 2004.

饮水机”* 的环境。心智树咨询（MindTree Consulting）的首席运营官苏布罗托·巴克奇（Subroto Bagchi）指出，在 20 世纪 90 年代，与客户的互动、协作和设计似乎都必须在美国境内完成。然而，这种情况似乎也在发生变化。“如果说以前我们只把印度视为开发或维护工作的地点，那么现在我们可以考虑双方共同开发和设计的方案。”①

然而，制度变革是需要时间的，维维克·保罗于 2005 年辞去了威普罗副董事长一职。这提醒人们，印度在经济自给自足方面的尝试给当下的经济留下了持久的影响。虽然保罗对离职原因三缄其口，但观察家们认为，威普罗董事长阿齐姆·普雷姆吉拥有公司 80%以上的股份，并且仍然像经营家族企业一样经营着这家公司，他正计划让自己在美国商学院学习的儿子们回来担任公司的高层领导职位。当被问及这个问题时，保罗承认：“印度的工业体系仍然沉浸在许可证制度的余晖中。印度的管理层是在一个封闭的世界中长大的，而在现实世界中，没有封闭的世界……在美国，他们会不惜一切代价找来那些最优秀的人才。”②

---

* “虚拟饮水机”指的是一个在线空间或数字平台，用于模拟传统办公室中围绕饮水机或咖啡机发生的非正式、自发的社交互动。在远程工作或混合工作环境中，这种虚拟空间为员工提供了一个非正式交流的场所，以帮助他们建立联系、分享个人故事、讨论兴趣爱好，从而增强团队凝聚力和归属感。——译者注

① Roy 2004.

② “It Was the Right Time to Go,” interview with Vivek Paul，rediff. com，July 8，2005. Available online：www. rediff. com/money/2005/jul/08inter. htm. Access date：September 12，2005.

下一步怎么办？

班加罗尔及其周边地区虽然仍处在繁荣当中，但这里也有成为技术飞地的风险。与印度其他地区相比，这里与IT相关的产业更为集中，但这里最多只能雇用100万人，仅占印度4.1亿就业人口当中的一小部分。印度仍然是一个以农业为主的国家，72%的人口居住在农村地区，经济主要依赖农业，农业雇用了58%的劳动力。即使在卡纳塔克邦，IT行业也只提供了0.7%的工作岗位，而且主要集中在首府班加罗尔。

在孟买和班加罗尔等城市，劳动力短缺和熟练工人工资上涨已成为相当严重的问题，而且这些地区的员工流动率高，挖角现象普遍。随着越来越多的印度公司和跨国公司争夺有限的有经验工程师，中高级职位的工资仍在持续上涨。因此，虽然有大量应届毕业生，且低技能入门级职位不存在什么工资上涨的压力，但较高级职位与海外同级职位的工资差距正在迅速缩小。

过去十年，班加罗尔和印度其他地区的科技初创企业生态系统有所改善，但当地的初创企业仍然距离客户很远，缺乏当地技术社区所特有的互动和集体学习氛围。这是因为当地生产商基本都是出口导向型企业，且不同企业之间的差异化程度有限，而且，印度的企业传统十分看重保密工作，同时依旧保持着内部的等级制度。企业家文化的发展需要企业、大学与研究机构、金融机构以及客户和供应商之间的密切合作，而目前来看，这种情况在印度仍然没有形成气候。

不过，印度还是有一些积极信号的。长期以来，象牙塔里的大学研究人员和工业界之间都存在着较深的隔阂，而目前，双方已经开始有所接触了。班加罗尔的 Strand Genomics 公司是一家生命科学信息公司，利用数据挖掘和分析进行药物研发。该公司由一支从美国归国的团队于 2001 年创立，其中包括来自印度科学研究所的三名计算机科学系教授，资金来自西桥资本。随着教师思维模式的转变以及学生越来越愿意承担风险，一些印度理工学院中也开始诞生前景广阔的科技初创企业，其中就包括孟买理工学院、金奈理工学院和德里理工学院。

要想在印度催生创新，其中的一个重要来源就是鼓励印度 IT 公司与本土那些在专业领域掌握足够知识的公司进行合作。印度本地的大公司一直不愿为国内市场提供服务，因为与出口服务相比，国内市场的利润相当微薄。此外，印度经济中的零售、医疗保健、房地产和保险等重要领域仍然处于封闭和保护状态，因此不太愿意接受 IT 行业为其带来的机遇。不过，尽管如此，印度的国内市场仍然可以为印度企业家提供重要的机遇，让他们为解决难题和开发知识产权做出贡献，并最终出口这些知识产权。

印度 IT 行业最近推出的一款产品是 Mobilis 电脑，这款基于 Linux 系统的移动台式电脑比现有产品更轻，价格也更实惠，适合印度的广大消费者，起价仅为 1 万卢比（约合 250 美元）。这款电脑不仅价格低廉，而且使用电池供电，无需电力，毕竟，印度和其他发展中国家往往缺乏必要的电力供应。这款产品针对印度市场的需求，内置了当地语言系统和基本的软件应用程序。Mobilis 电脑也标志着印度前所未有的合作，该产品是在由科学和工业研究委员会（政府机构）与 Encore 软件协调的新千年印度技术领导力倡议下诞生的。Encore 软件计划与独立软件社区合作，为从政府治理到远程医疗等各个领域开发相关的开源应用程序。①

对于中国和印度而言，政治体制的改革都至关重要。印度的中央政府和地方政府都较官僚化，反应也迟钝。中国的省级地方政府拥有积极促进地方经济发展的权力和动力，而且大多数都取得了成功。然而，印度各邦政府不仅缺乏经济发展所需要的资源，无法进行必要的投资，而且它们在改革时往往也会陷入僵局。最后，虽然两国都面临其他一系列问题，但中国的政治高层已做出要克服相关障碍的承诺，而印度在这方面做得还不够。

中国和印度都难以为创业提供必要的资金支持。印度的金

---

① 更多细节见 "Now, a Mobile Desktop at Rs 10, 000," *The Economic Times*, May 10, 2005; "Now, Mobile Desktop PCs!" rediff. com, May 10, 2005; and G. Ananthahkrishnan, "Low Cost Computer Maker to Work with Software Community," *The Hindu*, May 19, 2005。

融体系比中国的更有效：私营企业，特别是中小型企业，通过印度银行体系和孟买证券交易所获得资本的能力更强。然而，印度的国内储蓄率却很低，2004 年时仅为 GDP 的 22.5%，而中国则为 47.6%，这一点将继续限制印度政府对基础设施和公共服务的投资规模。印度的外国投资也无法带来有意义的影响。2004 年，印度只获得了 53 亿美元的外国直接投资，而中国则获得了 600 亿美元。印度中央和各邦政府的财政赤字也居高不下，这表明，如果印度要筹集持续增长所需的资本，就必须进行金融改革。①

印度应该向中国学习发展基础设施的模式，尽管技术繁荣给印度的科技中心带来了巨大的人口增长，但这些地区的基础设施仍然十分落后。道路坑洼严重，似乎永远都处于拥堵状态；班加罗尔国际机场的建设项目一再推迟；停电和缺水现象时有发生。2003 年，威普罗的创始人兼负责人阿齐姆·普雷姆吉宣布公司不再在班加罗尔扩展业务，“与客户讨论一小时，就停电四次，这太尴尬了”②。虽然印度各地区面临的基础设施问题程度不尽相同，但都没有中国新兴科技城市的可靠性高。印度的互联网使用率仍然很低，全国 10 多亿人口中只有 3.6%使用互联网，而中国则为 8%。③

---

① Farrell and Lund 2005.

② Srinivasan 2003.

③ www. internetworldstats. com.

对印度而言，教育和研究领域的投资比以往任何时候都更加重要，但相关投资仍然停滞不前。虽然印度每年都能培养大量工程师，但他们的质量参差不齐。印度的大多数高等教育仍然倾向于培养“官僚”（一个贬义词，指办事员和小官僚）。只有少数地区的工程学院以及印度理工学院和印度科学学院在培养世界一流的工程师；而且该国培养的博士数量非常少。公立大学系统腐败情况严重，而且面临着高素质师资短缺以及资源严重不足的问题。[①]

然而，印度面临的最大挑战仍然是种姓制度带来的阶层分化。IT 专业人员主要来自婆罗门和其他上层种姓。尽管雇主表示他们是根据能力而非种姓进行招聘的，但印度的教育和职业结构在很大程度上是自我延续的，上私立学校的人就能上精英大学——他们绝大多数来自城市、上层种姓或拥有耆那教背景。[②] 贫困的下层种姓和农村居民只能就读于条件较差的公立学校，很少有机会接受高等教育。虽然有些人可能接受过基本的计算机培训，但他们只能从事低层次的工作，社会流动前景有限。教育机会的不平等是拉丁美洲和其他地区发展中经济体的典型特征，但中国的情况并非如此。尽管收入差距较大，但中国普及了标准化的教育，从而保障了社会的流动性。[③]

---

① Neelakantan 2005.

② Vijaybaskar et al. 2000.

③ *China Economics Quarterly* 2004.

印度迫切需要改善教育和其他公共服务（从医疗保健到基础设施）的普及程度，加大相关投资力度。目前，印度人口中有超过三分之一未满 15 岁，超过一半未满 25 岁。[①] 印度在 21 世纪的发展前景取决于这一代年轻人口——这一半人口既可能掌握适当的技能、拥有足够的活力与远见，进而将印度转变为一个充满活力且发达的经济体，也可能在一个日益不平等的社会中成长起来，缺乏就业机会，进而给印度带来巨大的社会压力。当务之急是克服政治层面的诸多困难，进行严肃的经济与政治体制改革。IT 行业虽然就业人数不多，但可以在这项工作中发挥积极的领导作用。

---

① Paul 2005.

第八章

新时代阿尔戈英雄的优势

新时代的阿尔戈英雄重新定义了硅谷及其在全球经济中的角色。硅谷以其技术创新能力而闻名于世，但实际上，恰恰是组织层面的创新让硅谷真正具备了优势，并成为今天这些阿尔戈英雄的优势之源。来自以色列、中国和印度的企业家们将硅谷的开放式网络和去中心化实验体系移植到了自己的家乡，同时与快速变化的市场和技术保持密切联系。通过提升特拉维夫、新竹、上海、班加罗尔和其他科技中心的本地技术能力，同时与硅谷的企业家和投资者展开合作，新时代的阿尔戈英雄开启了一个互惠的区域转型过程，改变了全球经济和技术资源的旧有平衡。硅谷曾经是无可争议的技术领导者，但现在，这里已经融入了一个由专业且互补的区域经济体组成的动态网络。

这些新兴技术地区并非硅谷的翻版，也不会成为新的硅谷。我们已经看到，在每个地区，新时代的阿尔戈英雄在技术和企业发展方面都面临着障碍，这些障碍源于当地金融、监管和法律制度、资本市场、管理模式、政治、人口、外交关系等方面的局限性。即使海归们试图利用他们在硅谷的经验来重塑这些制度，但独特的区域和国家历史也决定了这些地区的发展轨迹不太可能趋同。

然而，新时代的阿尔戈英雄也在这些彼此相距甚远的区域打造出了属于本地的技术和创业能力。他们为当地的企业家们树立了榜样，并成了这些人的导师、合作伙伴和投资者——就像硅谷的早期移民为后来的新移民所做的那样。他们与政策制定者合作，改善当地创业环境；他们坚决抵制在许多发展中经济体盛行的家族式、不透明且腐败的商业模式。简而言之，他们把制度知识以及技术、资本和人脉带回了母国。他们并非完全无私，大多数人是在硅谷受到职业上的挑战以及意识到母国存在的经济机遇后才选择回国。这些移民通常只有在相信自己的能力在母国比在美国更有价值时才会回国。

等级制度、市场与开放网络

研究后发地区经济发展的学者通常认为，跨国公司或致力于经济发展的国家能够调动足够的技术、技能和资本，帮助落后地区迎头赶上。然而，本书所研究的案例表明，这一过程远不如模型所假设的那样可预测，更多是自下而上发生的。政府在这些地区投资教育、研究和基础设施建设，在某些情况下，归国人员还为本地人士提供了积极的指导。跨国公司为当地企业树立了榜样，它们既是竞争对手，也是合作伙伴。但是，仅靠政府和跨国公司无法实现当地能力的提升以及全球层面的整合，而这恰恰是现代科技地区发展的一大特征。新时代的阿尔戈英雄为当地带来了启动实验、共同开发产品与技术所需的地方性知识和全球层面的联系，而正是这些实验与开发活动将曾经边缘化的生产地区转变为技术上的领导者。

主流经济学家认为，数字技术的发展能够为个人赋能，同时帮助自由市场制度重新回归。他们认为，由于计算机和宽带网络以及管理生产阶段之间接口的技术标准（或设计规则）大大降低了协调信息成本，因此不再需要垂直整合公司的等级制度来协调生产和分销活动。在这种情况下，公司和个人可以立即从世界上的任何一个地方以低成本的方式获取技能和其他资源；全球供应链可以通过标准组件生产商之间的公平交易进行协调。

随着企业逐渐能够从实时信息、低成本和高质量的内部组件以及服务替代方案中获得足够的收益，管理层级确实正在实现扁平化，新的管理模式也逐渐成形。信息技术生产商在采用开放式网络平台、标准化流程与应用程序以协调远程信息与货物交换方面处于领先地位。这种纵向分解与虚拟整合相结合的方式比等级制公司具有更快的速度和更强的响应能力，在当今充满不确定性的环境中表现卓越。

然而，要想设计出新的技术系统与组件，不能只靠电脑与宽带的连接，还需要实现更为紧密的沟通和互动。因此，新时代的阿尔戈英雄致力于开发新的非市场化协调机制。他们采用了严格的质量标准和基准流程，例如国际标准化组织（ISO）的标准和能力成熟度模型，这些标准最初只是外围生产商在全球市场上建立自身信誉的一种手段，但同时也促进了企业在产品、流程和成本控制方面的持续改进。在IT制造和软件开发领域，这些幅度不大但相当持久的创新活动不仅缩短了产品开发的时间，还提高了产品质量。

掌上电脑和笔记本电脑等新技术产品融合了来自世界各地的组件、服务和知识产权，但这些系统及其精密组件很少是在产品设计之初就完全确定下来的。它们是通过世界各地不同企业同步展开的工程流程设计出来的，在这个过程当中，专家们相互协作，不断创新并降低成本。① 现如今，信息系统的发展使得原本的隐性知识被正式化，相关活动的透明度也得到了提高，因此，这种帮助产品实现迭代的协同设计模式成为主流，即使合作伙伴相隔甚远也不受影响。

然而，大多数新产品或复杂产品仍然需要技术领导者和产品经理定期进行面对面的合作。② 新时代的阿尔戈英雄在这些远

① Helper、MacDuffie和Sabel（2000）将这一过程称为“实用主义学习”，因为它们“迫使企业定期质疑当前惯例的适用性，并根据结果不断调整其目的和手段”。

② 两位经验丰富的工程师总结了最近关于全球范围内软件开发的研究：“随着我们越来越多地在虚拟、分布式团队环境中工作，我们将越来越面临沟通不畅、缺乏协调、基础设施兼容性不足、文化误解和期望冲突等棘手问题——更不用说为分布式开发构建产品了。”（Herbsleb and Moitra 2001.）

程合作中仍然保持着自身的优势，因为他们拥有共同的语言、文化、专业和教育背景，这有助于他们避免远程工作中经常出现的沟通不畅、文化误解和预期冲突。①

在新兴的技术中心地区，最成功的企业在全球供应链中都占据着重要地位。知名企业，如台积电和印孚瑟斯，以及知名度较低但同样盈利颇丰的 Ittiam 系统公司和 UT 斯达康，都是靠着与值得信赖的合作伙伴进行去中心化且严谨的合作，不断推动创新。在这一过程当中，信任通常是合作的结果，而不是起点。这些企业在生产特定部件或流程时往往能受益于规模经济，但这些优势通常都是短暂的。为了保持自身的领先地位，生产商面临着持续的压力，需要迅速发挥自身的独特优势，因此，即使是一些普通产品的生产商也在努力提高自身的产品质量或性能。虽然一些技术组件是标准化的，并且价格较为固定，但很少有产品能长期保持这一状态。随着供应链各个层级的能力提升以及创新的日益增加，原先的层级控制被横向的企业间合作所取代，这种合作往往模糊了不同企业甚至不同行业之间的界限。

跨区域合作与能力提升

到 20 世纪 90 年代初，硅谷显然不再垄断 IT 行业创新所需

① Olson 和 Olson（2000）总结道：要想让远程工作变得更加有效，就需要双方具有高度共性、宽松的工作联系，并做好协作和协作技术的准备。

的人才和专业知识。尽管在互联网热潮期间，这一点基本没有引起人们的注意，但世界许多地区的生产商都开始利用全球供应链的开放性，引入新的组件、软件或系统，或提高特定子系统与组件的质量、性能和成本效益。

这些新兴技术地区最初往往需要依靠当地的低成本劳动力打入全球市场，但每个地区都发展出了自己独特的专长领域，使其能够在质量、效率、创新以及成本方面展开竞争。中国台湾地区在 20 世纪 80 年代以廉价个人电脑克隆机和零部件而闻名；如今，这里已成为全球物流和设计领域的领导者。中国在 20 世纪 90 年代以模仿而闻名；如今，中国的生产商有望在无线技术的发展当中发挥核心作用。在 20 世纪 90 年代，印度是劳动密集型软件编码和维护的主要供应基地；如今，当地公司正在为全球客户管理复杂的咨询项目。以色列在 20 世纪 80 年代主打本地的低成本劳动力；不过，从那时起，当地企业家就率先开发出了复杂的互联网和安全技术。

这些新兴的技术中心在其社会经济中不可避免地会成为工资更高、成本更高的地区。大多数地区都面临着高技能劳动力短缺的问题，但仍在不断地催生初创企业，吸引成熟企业的子公司。这不禁让人想起 20 世纪 80—90 年代电子相关企业在硅谷的大规模聚集。这些地区现在享有强大的区域优势，足以抵消许多成本。硅谷的生产商不再认为，在印度或中国开设工厂是为了降低成本；相反，它们常常会认为，在这些地方开展业务是为了获得当地人才的支持。

正如我们所看到的，美国的科技生产商现在不仅需要中国、印度和以色列同行为其提供低成本的劳动力，而且越来越多地与当地公司展开合作，共同开发、设计新的产品与组件。新兴技术地区的公司之间以及与硅谷公司之间的合作越来越频繁，例如，中国台湾地区的一家半导体公司投资于以色列一家专门从事数字语音处理芯片的初创公司，或者一家以色列公司向印度的一家芯片设计公司提供知识产权组件。这些合作加强了双方的技术能力，并且，随着时间的推移，此类合作也能够促进各自地区的互惠创新进程。

随着公司以新的方式开放边界，公司的意义也在不断被重新定义。跨境风险投资家和初创公司的激增凸显了将遥远地区生产商的专业技能与互补能力相结合的优势。与单个公司相比，一个地区的专业化生产商的集群以及跨越这些地区的网络才越来越能够定义全球生产的新模式。在不久的将来，硅谷还是会继续开发新的系统架构和技术，因为新产品的定义需要与客户进行密切互动。[①] 美国仍然是全球领先的技术产品和服务市场，拥有经验丰富的计算机科学家、软件工程师和系统架构师。硅谷拥有的管理与投资经验以及高端的技术与研究能力是其他新兴技术地区暂时无法比拟的。

---

① 应用软件的开发必须与它所适配的自动化业务流程相结合。

然而，技术市场正在发生剧烈的变化，美国以外的需求增长迅速。1985 年，亚太地区（不包括日本）仅占半导体消费总量的 6%，而到 2000 年，这一比例已上升至 25%，预计到 2010 年这一比例将增长至 46%（其中中国占 16%）。中国和印度目前是无线技术领域规模最大、增长速度最快的市场，这为当地生产商设计面向国内市场的全新架构和产品创造了得天独厚的机会。这些市场也有可能为其他发展中经济体以及美国市场提供产品和设计方面的新信息。例如，手机短信业务最初起源于亚洲和欧洲，但如今在美国年轻人中越来越流行。同样，为中印市场开发低成本、长效的燃料电池，也可能会改变美国的能源供应模式。

如今，西方国家和日本的人口占世界总人口的 15%以下，但生产了全球一半以上的产品。未来五十年，随着印度和中国的客户需求主导全球市场，这种情况将发生决定性的变化。其他地区的生产商也必将发展出足够的技术和能力来参与全球网络。它们可能会与前辈们一样，在教育与研究方面进行投资，并愿意尝试制度上的开放。硅谷作为世界主导技术中心的作用将继续减弱。但这并不意味着该地区将衰落。只要当地生产商像过去一样继续重塑自我，该地区就可以作为开放且广泛分布的全球专业互补区域经济网络中的众多节点之一而蓬勃发展。

区域发展的障碍

在硅谷，还有一些规模庞大的移民群体尚未与他们的祖国建立商业或专业上的联系，比如伊朗和越南在该地区的移民。这一点在不同程度上也适用于其他许多发展中经济体，这些经济体往往在美国和本土内部都拥有技术熟练的社区，包括俄罗斯、东欧部分地区和拉丁美洲的部分地区。随着圣彼得堡或布宜诺斯艾利斯等城市经济的发展，这些地区未来可能会对海归创业者更具吸引力，并为他们提供更多的职业机会。然而，迄今为止，非洲和拉丁美洲的大部分地区尚未拥有技术创业者需要的高素质劳动力人群以及政治与经济方面的开放性。

发达工业化经济体在建设充满活力的技术中心时往往也会面临不同的挑战和障碍。虽然这些地区通常拥有发达的技术储备、研究能力和先进的基础设施，但这些经济体的技术成本明显更高，尤其是与中国台湾地区和以色列等新兴经济体相比。许多工业化经济体的金融和企业结构也不利于技术方面的初创企业发展。例如，在日本和法国，大型企业、银行和国家之间的特权关系限制了外来者（例如归国企业家）筹集资金或进入国内市场的机会。欧洲对龙头企业的痴迷表明，该地区的政策可能会进一步加强这些阻碍，而非清除它们。

劳动力市场的情况也反映了这一趋势。法国和日本等国的技术精英会自然而然地进入大型企业或走上公务员系统中的高级岗位。他们没有动力去国外学习或工作，即使去了也会面临巨大的机会成本。因此，他们之中在美国接受研究生教育的人较少；即使前往美国，他们也往往在毕业后选择直接回国。那些最终在硅谷工作过一段时间的人在回国后也不太可能获得充足的资本、专业机会或尊重。

在许多亚洲经济体中，政府在20世纪70—80年代都在推动大规模资本密集型投资，无论是本土公司（在韩国）还是跨国公司（在新加坡），都创造了不利于创业的环境。有关创新的数据也证实了这一点。20世纪90年代，韩国财阀占韩国在美获得的所有专利的81%，而在中国台湾地区，类似的企业集团仅占3.5%。[①] 同样，在韩国，前50名专利权人获得了美国专利总数的85%，其中三星一家就占了30%；而中国台湾地区前50名专利权人仅获得了美国专利总数的26%。这种创新能力分散的现象表现为20世纪90年代后期中国台湾地区专利申请率大幅上升，中国台湾地区每10亿美元出口额平均获得17.7项专利，而在韩国，这一数字为11.6。[②]

自20世纪70年代以来，来自美国、日本和欧洲的跨国公司十分积极地在低工资地区扩大劳动密集型电子组装和制造业务。

① Trajtenberg 2000.

② Mahmood and Singh 2003.

这些投资将传统大型公司的地理覆盖面扩展到了新加坡、马来西亚、苏格兰和爱尔兰等地。它们提升了当地的大规模生产能力，并显著提高了当地人民的生活水平。[①] 然而，对这些子公司的等级式控制通常不利于自主技术能力的形成。因此，在外国直接投资这一项当中领先的那些经济体仍然是技术相对落后的经济体。自20世纪70年代以来，新加坡、马来西亚、中国香港地区和爱尔兰按人口或出口额计算的专利申请率，仍然只是中国台湾地区和以色列的零头。[②] 例如，新加坡十大专利申请者中有七家是外国跨国公司或组织，它们在1970—2000年的在美申请专利数占总数的46%。[③] 近期的政策变化，例如政府对风险投资的扶持，不足以改变本土机构或资本和劳动力市场。这些经济体的大多数熟练工人更喜欢在稳定的公司中就业；企业家很难找到建立新公司所需的管理和技术人才以及市场关系。

韩国和日本的技术产业结构也给有抱负的归国人员带来了问题。硅谷的华裔和印度裔企业家通常能够与本国公司建立起互惠联盟，进而发展业务，但韩国和日本的企业家却很少有这样的机会。在这些经济体中占据主导地位的巨型商业集团并不愿意与遥远地区的小公司展开合作。

跨国社区的建立是一个双向过程。虽然政策制定者和规划

① Rasiah 2001；McKendrick et al. 2000.

② Population：Trajtenberg 2000. Exports：Mahmood and Singh 2003.

③ Mahmood and Singh 2003.

者可以鼓励加强跨区域联系，但他们无法创建或替代跨国企业家及其去中心化的网络。世界各地的政府机构都会定期为湾区的本国人士举办社交活动，以此吸引归国企业家和投资。然而，如果国内没有创业合作伙伴，那么这些机构只能提供激励措施和信息，而不能提供有意共同改变国内环境的合作伙伴。政府无法仅靠自身创造出一整套有利于创业的环境；这本质上是一个共同建设合作网络的过程，既需要当地的背景，也需要对全球技术市场与网络的深刻理解。

硅谷的未来

如今，硅谷正在逐渐适应一个竞争日趋激烈的环境，在这个环境中，世界上的其他地区不仅是低成本技能的来源地，还是创新的推动者、潜在的合作伙伴以及竞争对手。硅谷已经适应了过去发生的剧烈变革，包括 2001 年的互联网泡沫，而且很有可能再一次适应新时代的剧烈变革。像硅谷这样的去中心化工业体系，其适应能力在于能够迅速将资源重新部署到多个相互竞争的实验中的模式，以及从失败当中吸取教训的意愿和能力。

这并不意味着硅谷能够自动适应挑战，或者市场本身就能做出适当的反应。硅谷的生产商从第二次世界大战后几十年联邦政府对技术研究的大力投入以及州政府对小学、中学和研究生教育的大力投入中获益匪浅。在繁荣时期，人们很容易忽视这些长期投资对经济活力的贡献，或认为这是理所当然的；然而，在当今快节奏的全球环境当中，通过持续投资来保持区域优势比以往任何时候都更加重要。

将内部经济问题归咎于外包或全球化的讨论转移了人们对本土所面临的挑战的关注。① 三十年来，硅谷引领着旧金山湾区的增长，生产力持续强劲增长。2002 年，湾区生产率是美国平均水平的两倍，主要技术部门的员工人均产值为 63 400 美元，而全国平均水平为 32 700 美元。该地区的公司持续吸引着全国风险投资总额的三分之一。它们拥有世界上受教育水平最高的劳动力，在 25～34 岁的居民中，45％拥有学士及以上学位，而全国平均水平为 26％。该地区在管理、技术和专业知识的多样性与深度方面仍然遥遥领先。

美国在技术方面依旧遥遥领先于印度和中国，目前来看，这两个国家仍然缺乏大多数工业化经济体所拥有的技术能力和大学研究能力。② 此外，它们还面临着需要几十年时间才能克服的政治和经济挑战。即使是人才外流现象，在不久的将来也不太可能彻底终结。许多在美国接受教育的中国人和印度人如今仍然在硅谷工作，在获得美国永久居留权之前，他们仍然不愿

① 最近的两项研究得出结论，与工业化经济体的总体就业率相比，离岸外包导致的失业人数较少。见 Bednarzik 2005；OECD 2004。

② 中国和印度的研究与开发工作仍然以开发为主，以研究为辅。见 Walsh 2003 and Desai 2003。

意回国工作。虽然近年来由于签证程序更加烦琐以及对外国人的敌意逐步上升，美国大学的外国学生人数有所下降，但如果美国仍然愿意提供人们负担得起的研究生教育，那么中国和印度的一些优秀毕业生可能仍然更倾向于选择美国。

然而，州政府和联邦政府对高质量公共教育和研究的投入不断减少，这可能会损害硅谷以及整个美国的技术未来。如果曾经在美国计算机科学和工程专业就读的外国研究生选择回国，那么美国就会因科学家和工程师的短缺而付出更大的代价。如果大学研究人员必须与那些和短期安全目标相关的项目竞争资金，而不是进行更长期、更开放的基础性研究，那么美国的研究能力和技术上升途径就会萎缩。硅谷的未来和竞争对手一样，取决于对物质和技术基础设施、大学研究和美国劳动力技能的持续投资。

在硅谷开展业务的成本相当高昂，且不断攀升，因此企业需要不断做出调整，开展那些附加值更高的业务。20 世纪 80 年代，在当地进行制造的成本就已过高，到了 90 年代，许多软件工程和开发任务已不再能够在当地继续开展下去。3Com 董事长、Palm 公司前首席执行官埃里克·贝纳穆（Eric Benhamou）就曾表示：

> 十年前，只有硅谷的资深工程师才能完成的一系列任务，现在只需在上海-北京地区或孟买周边地区的 400 万博

士中随便找一个人就能轻松完成……这些曾经被视为高智力要求的工作正在逐渐外流。其中不仅包括辅助性工作，也包括软件质量监督工作。事实上，你可以在亚洲地区进行原创性开发……

到20世纪90年代中期，如果你想要设计一种新的互联网协议，一种最终会成为标准的协议，那么你完全可以在亚洲招募软件工程师来完成这项工作。如今，中国的一家网络设备供应商……与参加互联网工程任务组会议的人拥有一样渊博的知识。同样，如果今天你想要制造一个5万个逻辑门的应用特定集成电路，你很可能也可以在那里的一个应用特定集成电路实验室里制造出来。①

贝纳穆继续表示，对于某些类型的业务而言，硅谷仍然是一个非常合适的地方：

另外，如果你试图找出消费者在三年后管理家用电子设备的真正创新方式，也就是他们在获得了个人视频录像机、数码相机和掌上电脑之后打算干什么，那么你需要在硅谷寻找此类突破性想法。将这些想法与市场联系起来的方式大概率也会从这里诞生。

① 这两段引文及以下一段引文来自埃里克·贝纳穆的《电子行业风云人物》(*Electronics Industry's Movers & Shakers*)，2003年。

硅谷仍然是世界上定义新系统架构、高级设计、跨文化项目管理以及进行基础性工程研究的最佳地点。硅谷面临的挑战在于如何留住客户、如何应对竞争对手和合作伙伴的集中化，如何应对经验丰富的工程师、经理和专业服务供应商的集中化，以及如何进一步维护可供专业知识和技术随机交叉的开放式社交网络。正如贝纳穆所说："互联网无法取代和解决某些问题，这也是硅谷如此重要的原因。没有什么能够取代不同领域、不同视角的商业人士之间通过偶然相遇和面对面讨论擦出的火花。即使是高质量的视频会议，也无法真正取代面对面交流时所产生的热情和兴奋感。这些突破往往发生在充满激情的人们所进行的面对面会议上。[如果你们] 相隔 5 000 英里，从未见过面，那么这样的会议就没法经常举行，也不会擦出同样的火花。"

新时代的阿尔戈英雄将为新的科技创业中心和技术市场的发展铺平道路，因此，他们对全球经济而言仍然至关重要。他们最青睐那些在青年教育上进行大力投资、对失败予以宽容、对成功加以奖励、抵制以牺牲未来为代价保护没落市场和岗位的冲动、持开放胸襟、拥抱多样性和主动性的地区，而硅谷恰恰是建立在这些特质之上的地区。硅谷同样可以从参与日益扩大的本地和远程合作伙伴网络中获益良多，而这些合作伙伴能够提供解决人类问题的新技能、新见解和新资源。

附录 1

硅谷的移民专业人士与社交组织目录

名称	成立时间	在硅谷的成员数量	宗旨
中国工程师协会（CIE/USA）	1977 年	1 000	一个旨在促进中国工程师和科学家之间交流与信息共享的技术组织。www. cie-sf. org
亚裔美国制造商协会（AAMA）	1979 年	1 100	一个促进亚裔美国科技企业成功发展的多技术门类商业网络。www. aamasv. com
硅谷华人计算机协会（SVCACA）	1980 年	500	分享信息、集中资源、相互合作，以便在与供应商和服务公司打交道时通过集中采购压低价格。www. svcaca. com
美国华人光子学会北加利福尼亚分会	1985 年	未知	每月举办一次研讨会，涵盖与光有关的各种主题；为湾区其他专业人士提供交流的机会。www. eoa-psc. org/

续表

名称	成立时间	在硅谷的成员数量	宗旨
硅谷印度专业人士协会（SIPA）	1987 年	2 300	为年轻的印度裔企业家提供论坛，促进美国与印度在技术领域的合作。 www. sipa. org
中华软件专业人士协会（CSPA）	1988 年	2 000	促进软件行业的技术合作和信息交流。 www. cspa. com
硅谷华人工程师协会（SCEA）	1989 年	4 000	培养成员的创业精神和专业素养，并寻求与中国建立联系。 www. scea. org
玉山科技协会（MJSTA）	1990 年	470 名个人成员、180 名企业成员	促进中国台湾地区与旧金山湾区之间的商业合作和长期投资。 www. montejade. org
美国华人半导体协会（CASPA）	1991 年	3 500	促进半导体专业人士之间的技术知识沟通、信息交流和协作。 www. caspa. com
北美台湾工程师协会（NATEA）	1991 年	600	为在美的中国台湾人士提供技术知识及其应用和管理培训机会。 http://natea. org
印度企业家协会（TiE）	1992 年	2 000	通过提供指导和资源，培养企业家精神。 www. tie. org
中华信息与网络协会（CINA）	1992 年	2 600	由中国专业人士组成，推广信息产业的技术和商业机会。 www. cina. org
北美华人半导体协会（NACSA）	1996 年	1 000＋	促进半导体领域职业发展；加强美国和中国之间的互动。 www. nacsa. com

续表

名称	成立时间	在硅谷的成员数量	宗旨
硅谷维京人	1997 年	1 575	为对科技、商业和金融感兴趣的瑞典裔提供交流机会。www. siliconvikings. com/
息汪月集团（先前的名称为 Carmel Dalia）	1997 年	未知	一个由硅谷的以色列领先企业和以色列附属企业的高管组成的非营利性论坛，旨在提供交流机会，鼓励和促进对以色列高科技社区的帮助。www. sivangroup. org/
美国华人生物医药科技协会（CBA）	1998 年	未知	旨在加强生物技术、生物制药及相关业务的信息交流，例如未来技术趋势、创业精神等。www. cbasf. com/
华源科技协会（最初名称为 E-Club，企业家俱乐部）	1999 年	2 500	促进中国商界的技术、专业和科学发展，以及硅谷和中国之间的跨境商业关系。www. huayuan. org
亚洲硅谷连线（ASVC）	2000 年	未知	促进亚洲和硅谷之间的创业活动联系。www. asvc. org/
韩裔美国企业家协会（KASE）	2000 年	未知	由在美国的高增长公司中担任重要职位的韩裔美国人组成的网络。www. kase. org
硅谷华人无线科技协会（SVC Wireless）	2000 年	未知	一个专注于无线技术的组织，旨在吸引对尖端无线技术和市场发展感兴趣的任何人。www. svcwireless. org
亚美尼亚硅谷协会（ArmenTech）	2000 年	未知	旨在促进和支持亚美尼亚科技型企业的创建和发展。www. armentech. org

续表

名称	成立时间	在硅谷的成员数量	宗旨
越南硅谷网络（VSVN）	2001 年	未知	为企业家、投资者和专业人士提供互动、交流想法和分享反馈的机会。 www. vsvn. org
西班牙裔企业家网络（Hispanic-Net）	2001 年	未知	支持高科技公司中的西班牙裔企业家、高管和专业人员，以促进商业和个人发展。 www. hispanic-net. org
韩裔信息技术网络（KIN）	2001 年	未知	促进思想交流、机会共享和资源获取，以实现信息技术领域的卓越成就。 www. koreanit. org
美国俄罗斯侨民协会（AmBAR）	2002 年	未知	旨在为旅居美国的俄罗斯专业人士创建一个非正式的交流平台，并加强美国与俄罗斯在高科技领域的合作。 www. ambarclub. org/
硅谷伊朗	2002 年	7 703	面向全球伊朗社区的高科技组织。 www. siliconiran. com
硅谷日裔企业家网络（SVJEN）	未知	未知	一个支持专业人士创业活动的网络，通过交流商业信息，鼓励他们成为企业家。 www. svjen. org/
安萨技术网络	未知	未知	旨在建立澳大利亚、新西兰和美国科技领域公司和高管最广泛的网络。 www. anzatechnet. com/

续表

名称	成立时间	在硅谷的成员数量	宗旨
硅谷法国	未知	未知	通过知识、信息和人脉的交流，帮助硅谷的法语专业人士实现个人及其职业上的发展。 www.siliconfrench.com/
美国华人信息存储学会	未知	未知	旨在通过教育（包括研讨会和会议）增加信息存储行业在技术、应用和商业机会方面的知识。 www.caiss.org/

附录 2

针对硅谷移民专业人士的调查结果

2001 年针对硅谷 17 个移民专业人士协会成员的调查结果（Saxenian 2002）有力地证明了人才流动的增长以及连接硅谷与其他地区（尤其是亚洲地区）的跨区域商业技术网络的日益兴起。在硅谷，大约 80%出生在外国的工程师和专业人员（占受邀参与调查总人数的 21%）表示，他们会与本土的同事交流有关美国就业和商业机会以及技术方面的信息。超过 20%的印度裔和华裔受访者表示，他们会定期交流此类信息。

在所有出生于外国的受访者中，超过 40%的人表示他们每年至少回乡一次，大约 5%的人表示每年回乡五次或五次以上。许多人供职的公司在这两个地区都有业务。其他人则会参加由政府机构、大学或专业协会赞助的会议、技术研讨会或研究及教学活动。在这方面，中国台湾地区的受访者表现突出，只有 36%的人表示从未因公回乡，而中国的受访者中从未回乡的比例为 56%，印度受访者中从未回乡的比例为 48%。

接受调查的出生在外国的专业人士中有四分之三表示，他们至少认识一个从美国永久返回家乡的人——一小部分人（中国，6%；印度，4%）表示认识十个或以上返回家乡的人。中国台湾地区是一个明显的例外：16%的受访者认识十个或以上返回家乡的人，只有 13%的受访者不认识这样的人。这反映了中国台湾地区日益增长的经济机会以及硅谷与中国台湾之间发展起来的职业和商业联系。最近的调查数据可能会显示硅谷与印度和中国之间的往来更加频繁，回流率也更高；有传闻称，随着 2002 年和 2003 年技术衰退情况的加剧，越来越多的印度裔和华裔年轻专业人士选择回乡。然而，目前还没有相关的准确数据。

即使是那些在硅谷全职工作的外国工程师和管理人员也往往很好地融入了跨国商业社区。来自印度（48%）、中国台湾地区（42%）和中国（34%）的相当一部分受访者表示，他们曾帮助安排过与本土公司的合同。有些人还兼职为本土公司担任顾问、提供产品开发或营销建议，或帮助安排商业合同。还有一小部分受访者（印度 34%、中国台湾地区 24%、中国 15%）会定期为本土公司提供建议，或投资本土公司（印度 23%、中国台湾地区 17%、中国 10%）。至少四分之一的外国受访者表示曾与本土政府官员会面，但只有不到 5%的受访者表示会定期与这些官员会面。超过 40%的印度和中国受访者表示，如果有合适的工作机会，他们会考虑回到家乡生活和工作；35 岁以下的人中这一比例更高，这并不奇怪。

调查显示，参与当地社交、创业以及跨国活动的频率（从跨区域旅行到提供商业咨询服务或投资，再到与政府高层官员会面）与个人的年龄密切相关。在硅谷，似乎有一些核心群体，他们年龄较大、经验丰富，是印度裔和华裔移民（50 岁或以上），他们积极参与当地协会、鼓励创业，同时加强与本土的联系——尽管这个年龄段的人最不可能选择永久回国。

调查结果表明，外国出生的工程师的创业率与本地出生的工程师相当。虽然大多数印度裔和华裔企业家会与一个或多个来自本土的同事一起创业，但这种族裔主导地位会随着公司的发展而逐步降低。在大多数其他方面，硅谷的移民科技公司似乎与主流公司十分相似：出生于外国和本地的企业家都宣称筹集到了相当数量的资本，最初来自天使投资人，后来来自风险投资公司。这两类人都指出，筹集资金的最大挑战是获得风险投资。

然而，与出生在美国的企业家形成鲜明对比的是，有一半在硅谷创业的外国企业家还在本国设立了子公司、合资公司、分包公司或其他组织，以利用其进入当地市场的特权、低成本技能或其他资源。其余的大多数受访者表示，他们将来会考虑发展此类业务。这些业务主要集中在少数几个快速发展的地区，其专长反映了其所处经济体的特点。例如，在中国，这些公司主要从事市场营销、销售以及硬件设计和制造工作，而在印度，这些公司则主要关注软件或内容开发以及软件服务领域。

此次调查还涉及一系列关于影响回国工作决策的因素。超过四分之三（78%）的华裔受访者将“职业机会”列为非常重要的因素，远远领先于排名第二的因素（62%的受访者认为“文化和生活方式”非常重要）。相比之下，75%的印度裔受访者认为“文化和生活方式”对于是否回国具有非常重要的意义，紧随其后的是“职业机会”（68%）。60%的印度裔受访者还认为“为祖国做出贡献的机会”非常重要，而华裔受访者中有46%的人持相同观点。只有不到一半的华裔（47%）和印度裔（49%）受访者认为“获得政府优待”很重要，这表明对于大多数考虑回国工作的人来说，政府激励措施并不是决定性因素。最后，44%的华裔受访者认为“职业发展障碍”（即玻璃天花板）非常重要，而只有26%的印度裔受访者持相同观点。

我们向初创公司的创始团队成员（参与调查的总人数为452）提出了一系列问题。我们询问了那些在本国开展业务的人，哪些因素会影响他们做出在本国开展业务的决定。大多数印度裔受访者认为最重要的因素是“技能可用性”（85%）和“低成本劳动力”（73%），这印证了在当前经济形势下，稀缺资源不仅包括廉价劳动力，还包括低成本的技能。四分之三的华裔受访者认为“市场准入”是他们决定在该地区开展业务的重要因素，而印度裔受访者中只有18%的人持相同观点。华裔受访者认为的第二重要和第三重要因素与印度裔受访者相同，分别是“低成本劳动力”（46%）和“技能可用性”（36%）。32%的华裔受访者认为“获取资本的途径”很重要，而印度裔受访者中只有6%的人持相同观点。27%的印度裔受访者和18%的华裔受访者认为“获取技术的途径”很重要。与前面问题的回答一致，只有16%的华裔受访者和6%的印度裔受访者认为“政府提供的财政激励”是他们决定在本国开展业务的重要因素。

最后，受访者被问及什么因素会阻碍他们在本国创业。不出所料，74%的印度裔受访者认为“基础设施不可靠”是阻碍他们创业的重要因素，而只有22%的华裔受访者持相同观点。印度裔（73%）和华裔（58%）受访者中，有很大比例的人认为“政府官僚作风或监管法规”是他们在本国创业的重要阻碍。48%的华裔受访者和32%的印度裔受访者认为“法律体系不健全”也是重要的阻碍因素。46%的华裔受访者认为“政治或经济的不确定性”是重要因素，但只有24%的印度裔受访者持相同观点；34%的华裔受访者和27%的印度裔受访者认为“市场不成熟”是重要因素。32%的华裔受访者认为“不公平竞争”是重要的阻碍因素，而印度裔受访者中只有13%的人持相同观点。相比之下，29%的印度裔受访者认为“商业配套服务不佳”是重要的阻碍因素，而华裔受访者中只有15%的人持相同观点。

最后两个因素——“生活质量低下”和“缺乏资金”——对于两个群体中只有约20%的受访者来说非常重要。总而言之，对于印度裔受访者来说，在国内创业的主要障碍是基础设施不可靠和政府官僚作风或监管法规，而对于华裔受访者来说，最重要的障碍是政府官僚作风或监管法规、法律体系不健全以及政治或经济的不确定性。

缩略语

AAMA	亚裔美国制造商协会
ADSL	非对称数字用户线
AmBAR	美国俄罗斯侨民协会
ArmenTech	亚美尼亚硅谷协会
ASE	日月光半导体制造
ASICs	应用特定集成电路
ATV	宏碁创投
"B=S+1"	北京=上海+1
BPO	业务流程外包
CASPA	美国华人半导体协会

续表

ChinaSoft	中软
CIE	中国工程师协会
CINA	中华信息与网络协会
CMM	能力成熟度模型
CMOS	互补金属氧化物半导体
CSPA	中华软件专业人士协会
DRAM	动态随机存取存储器
E-Club	企业家俱乐部
EDA	电子设计自动化
ERSO	电子研究和服务组织
GE	通用电气
GSMC	宏力半导体制造公司
Hon Hai	鸿海精密工业
HP	惠普
IC	集成电路
ICSI	矽成积体电路
IDMs	集成设备制造商
III	信息产业研究所
IP	知识产权
IPO	首次公开募股
ISO	国际标准化组织
ISSI	芯成半导体
IT	信息技术
ITRI	工业技术研究院

续表

kbps	千比特每秒
LAN	局域网
MII	信息产业部
NACSA	北美华人半导体协会
NASSCOM	软件和服务业企业协会
Nortel	北电网络
NPL	不良贷款
NRI	海外印度人
ODM	原始设计制造
OEM	原始设备制造
PAS	个人接入系统
PC	个人电脑
PDA	掌上电脑
R&D	研发
S&E	理工科
SAS	硅自动系统
SCEA	硅谷华人工程师协会
SEMI	国际半导体设备与材料组织
SiGe	硅锗
SIPA	硅谷印度专业人士协会
SMIC	中芯国际集成电路制造有限公司
SOEs	国有企业
STAG	科学技术顾问小组
STPs	软件技术园区

续表

Suntek	太阳科技
SV	硅谷
TeNeT	电信与计算机网络集团
TI	德州仪器
TiE	印度企业家协会
TSMC	台积电
VAT	增值税
VC	风险投资
VLSI	超大规模集成电路
VPN	虚拟专用网络
WIIG	华登国际投资集团
WLAN	无线局域网
WTO	世界贸易组织

致谢

我于1996年开始从事这一研究。在硅谷从事研究期间，我采访了几位华裔和印度裔移民，所以，我的目标很简单，就是了解有多少出生在外国的科学家和工程师在该地区工作，以及他们成为企业家的速度是否与出生在美国的同行相同。我需要特别感谢迈克尔·泰茨（Michael Teitz），是他鼓励我进行了这项研究。我还要感谢加州公共政策研究所（Public Policy Institute of California）资助了我最初的项目“硅谷新移民企业家”和后续研究“硅谷移民专业人士的本地与全球网络”。

我原本打算只研究本地的情况，但后来发现，这些移民与母国之间的联系才是最有趣的部分，因此，我的研究范围迅速扩展到全球。在过去的十年里，我见证了众多移民专业和技术协会的诞生和发展，这些协会促进了跨地区的联系。我非常感谢这些协会的领导者，他们协助我参加了他们的会议，免除了我的参会费用，鼓励他们的成员参与调查，并耐心地回答我的问题。我无法在此一一列举这些人，但他们的故事都在书中有所体现；他们的重要性不言而喻。

研究生是一所研究型大学的核心组成部分，没有他们，我不可能完成这个项目。我非常依赖这些出生在外国的研究生，他们的聪明才智、勤奋努力、语言技能以及对文化和制度的了解帮助我顺利完成了这项研究。非常感谢许金玉、米歇尔·李、朱姆比·爱德贝拉姆（Jumbi Edulbehram）、余国强、李文迪、彼得·哈利（Peter Hali）、全晓虹、本山康行和申京文。在指导相关课题的论文时，我也学到了很多东西。我要特别感谢两位本科生丹·布伊（Tarn Bui）和拉迪卡·库纳姆尼（Radhika Kunamneni），以及一位即将完成论文的硕士生杰拉德·奥特勒（Gerald Autler）。

非常感谢蒂姆·布雷斯纳汉（Tim Bresnahan）在研究的关键时刻为我提供的赞助，让我能够作为访问学者在斯坦福大学经济政策研究所休假一年。还要感谢我们在发展高科技集群项目上的合作者，从我们的交谈中，我学到了很多东西。加利福尼亚大学伯克利分校城市与区域规划系的同事们给予了我必要的支持，对此我深表感谢；我在撰写这本书时加入了加利福尼亚大学伯克利分校信息管理与系统学院，并在这里受益匪浅。

为了完成这项研究，我采访了数百名工程师、经理、投资者、决策者和企业家，他们分别来自硅谷、班加罗尔、新德里、上海、深圳、北京和台湾。虽然我无法在此一一感谢他们，但我要特别感谢他们对我的支持与帮助。阅读过本书草稿，并为我提供过建议的人士包括：埃里卡·舍恩伯格（Erica Schoenberger）、加里·赫里格尔（Gary Herrigel）、马克·格兰诺维特（Mark Granovetter）、迈克尔·皮奥雷（Michael Piore）、理查德·洛克（Richard Locke）、理查德·斯韦德伯格（Richard Swedberg）、维克多·尼（Victor Nee）、迈克尔·斯托珀（Michael Storper）、卡伦·波伦斯基（Karen Polenske）、阿肖克·德赛（Ashok Desai）和肯·肯尼斯顿（Ken Keniston）。我很荣幸能与出色的经纪人丽莎·亚当斯（Lisa Adams）合作。我还要感谢哈佛大学出版社的迈克·阿伦森（Mike Aronson），感谢他一直以来对我工作的支持。

最后，我想感谢我的好友和家人。感谢罗宾·布罗德（Robin Broad）和杰西卡·布罗伊特曼（Jessica Broitman），感谢他们对我的包容。感谢我的朋友兼同事查克·萨贝尔（Chuck Sabel），尤其是他对本书标题的贡献。我最要感谢的是我的三个朋友：马蒂、杰米和罗比。没有他们给予我的耐心和爱，我就不可能完成这本书。

参考文献

Agrawal，Vivek，Diana Farrell，and Jaana K. Remes. 2003. “Offshoring and Beyond.” *McKinsey Quarterly* 4：24－35.

Amsden，Alice H. 1989. *Asia's Next Giant*：*South Korea and Late Industrialization*. New York：Oxford University Press.

——2001. *The Rise of “the Rest”*：*Challenges to the West from Late-Industrializing Economies*. New York：Oxford University Press.

Amsden，Alice H.，and Wan-wen Chu. 2003. *Beyond Late Development*：*Taiwan's Upgrading Policies*. Cambridge，Mass.：MIT Press.

Anandaram, Sanjay. 2003. "The Early Stage U. S. -India Cross-Border Technology Start-up." *Asian Venture Capital Journal*, September 29. Available online: http://www.asianfn.com/(access by password only).

Angwin, Julia. 1997. "The Israeli Connection: Silicon Valley Promised Land for Startups." *San Francisco Chronicle*, September 10. Available online: http://sfgate.com/. Access date: September 2, 2004.

Arora, Ashish, and Alfonso Gambardella, eds. 2005. *From Underdogs to Tigers*. New York: Oxford University Press.

Arora, Ashish, et al. 2001. "The Indian Software Services Industry." *Research Policy* 30 (8, October): 1267 - 1287.

Arora, Shipra. 2005. "The Indian Multinational." *Dataquest India*, May 9, 2005. Available online: http://dqindia.com. Access date: May 5, 2005.

Arthreye, Suma S. 2005. "The Indian Software Industry and Its Evolving Service Capability." *Industrial and Corporate Change* 14 (3): 365 - 391.

Arthur, W. Brian. 1994. *Increasing Returns and Path Dependence in the Economy*. Ann Arbor: University of Michigan Press.

ASE Inc., Kaohsiung. 20 - F filing, 2002. Available online: http://www.asetwn.com.tw/.

Ashkenas，Ron，Dave Ulrich，Todd Jick，and Steve Kerr. 2003. *The Boundaryless Organization*：*Breaking the Chains of Organizational Structure*. San Francisco：Jossey-Bass.

Ashok，Sathya Mithra. 2004. "Seeking Silicon Valley，" *CyberIndia Online*，March 5. Available online：http://www. ciol. com/. Access date：September 2，2004.

Asian Americans for Community Involvement. 1993. Available online：http://www. aaci. org/index. htm.

Autler，Gerald. 2000. "Territorially-Based Learning in a Global Economy：The Semiconductor Industry in Israel. " Master's Thesis，Department of City and Regional Planning，University of California，Berkeley.

——2002. "Territorially-Based Learning in a Global Economy：The Semiconductor Industry in Israel. " Unpublished paper，Department of City and Regional Planning，University of California，Berkeley.

"A World of Work：A Survey of Outsourcing. " 2004. *The Economist*，November 13，2004.

Bahl，Sheetal. 2005. "Is Offshoring Demand Sustainable?" Everest Research Institute，July. Available online：www. outsourcing—journal. com/. Access date：July 8，2005.

Baijia，Lui. 2003. "IC Professionals Badly Needed. " *China*

Daily, February 10. Available online: http://www. chinadaily. com. Access date: September 2, 2004.

Baldwin, Carliss Y., and Kim B. Clark. 2000. *Design Rules: The Power of Modularity*. Cambridge, Mass.: MIT Press.

Bardhan, Ashok Deo, and David K. Howe. 1998. "Transnational Social Networks and Globalization: The Geography of California's Exports." Working Paper No. 98－262, February 1. Berkeley: Fisher Center for Real Estate and Urban Economics, University of California, Berkeley.

Barrett, Richard, and Martin K. Whyte. 1982. "Dependency Theory and Taiwan: Analysis of a Deviant Case." *American Journal of Sociology* 87 (5, March): 1064－1089.

Bartlett, Christopher A., and Sumantra Ghoshal. 1998. *Managing Across Borders: The Transnational Solution*. Boston: Harvard Business School Press.

Bednarzik, Robert. 2005. "Restructuring Information Technology: Is Offshoring a Concern?" *Monthly Labor Review*. Washington, D. C.: Bureau of Labor Statistics.

Best, Michael. 1990. *The New Competition: Institutions of Industrial Restructuring*. Cambridge, Mass.: Harvard University Press.

——2001. *The New Competitive Advantage: The Renewal*

of American Industry. New York: Oxford University Press.

Bhagwati, Jagdish N. 1985. *Essays in Development Economics*, ed. Gene Grossman. Cambridge, Mass.: MIT Press.

Biswas, Smita. 1998. "Leading the VC Wave in India." *siliconindia*, May/June. http://web.archive.org/. Access date: September 19, 2004.

Blackburn, Nicky. 2003. "ICQ Founder Wasn't Seeking Fortune." *Jerusalem Post*, July 10, p. 12.

Blaug, Mark. 1986. *Economic History and the History of Economics*. New York: New York University Press.

Bordo, Michael, Alan Taylor, and Jeffrey Williamson, eds. 2003. *Globalization in Historical Perspective*. Chicago: University of Chicago Press.

Borrus, Michael G. 1988. *Competing for Control: America's Stake in Microelectronics*. Cambridge, Mass.: Ballinger.

Borrus, Michael G., D. Ernst, and S. Haggard, eds. 2000. *International Production Networks in Asia: Rivalry or Riches*. London: Routledge.

Brenner, Reuven. 1994. *Labyrinths of Prosperity: Economic Follies, Democratic Remedies*. Ann Arbor: University of Michigan Press.

Breznitz, Danny. 2000. "High Tech, Innovation, and the Periphery: The Role of the Military in the Israeli Success." *PreCIS* 10(4): 8 - 10.

Brown, John Seeley, and Paul Duguid. 2000. *The Social Life of Information*. Boston: Harvard Business School Press.

Brusco, Sebastian. 1982. "The Emilian Model: Productive Decentralization and Social Integration." *Cambridge Journal of Economics* 6 (2, June): 167 - 184.

Bureau of Standards, Metrology & Inspection (BSMI). 2000. "The Accumulated Number of ISO - 9000 Certified Companies." Ministry of Economic Affairs, ROC.

Burton, Lawrence, and Jack Wang. 1999. "Issue Brief: How Much Does the U. S. Rely on Immigrant Engineers?" Division of Science Resource Studies, National Science Foundation, Arlington, Va. February 11.

Chan, Wai-Chan, Martin Hirt, and Stephen Shaw. 2002. "The Greater China High-Tech Highway." *McKinsey Quarterly* 4. Available online: http://www.mckinseyquarterly.com/. Access date: September 18, 2004.

Chandler, Alfred D., Jr. 1977. *The Visible Hand: The Managerial Revolution in American Business*. Cambridge, Mass.: Harvard University Press.

Chandler, Alfred D., Jr., and Herman Daems, eds. 1980.

Managerial Hierarchies: *Comparative Perspectives on the Rise of the Modern Industrial Enterprise*. Cambridge, Mass.: Harvard University Press.

Chang, Pao-Long, Chintay Shih, and Chiung-Wen Hsu. 1994. "The Formation Process of Taiwan's IC Industry — Method of Technology Transfer." *Technovation* 14(3): 161 - 171.

Chang, Pao-Long, Chiung-Wen Hsu, and Chien-Tzu Tsai. 1999. "A Stage Approach for Industrial Technology Development and Implementation—The Case of Taiwan's Computer Industry." *Technovation* 19: 233 - 241.

Chang, Pao-Long, and Chiung-Wen Hsu. 2001. "The Industrial Park: Government's Gift to Industrial Development." In Chun-Yen Chang and Po-Lung Yu, eds., *Made in Taiwan*: *Booming in the Information Era*. Hackensack, N.J.: World Scientific.

Chang, Shirley L. 1992. "Causes of Brain Drain and Solutions: The Taiwan Experience." *Studies in Comparative International Development* 27(1): 27 - 43.

Chen, An-Pin, and Shinn-Wen Wang. 2001. "Employee Profit Sharing and Stock Ownership Attracts World-Class Employees." In Chun-Yen Chang and Po-Lung Yu, eds., *Made in Taiwan*: *Booming in the Information Era*. Hackensack, N.J.: World Scientific.

Chen, Kathy. 2004. "China Will Keep Pursuing Digital Standards." *Wall Street Journal*, April 23, 2004, pp. B1-B2(4).

Chen, Ming-chi. 2002. "Industrial District and Social Capital in Taiwan's Economic Development: An Economic Sociological Study on Taiwan's Bicycle Industry." Ph. D. dissertation, Department of Sociology, Yale University.

Chen, Shin-Horng. 2002. "Global Production Networks and Information Technology: The Case of Taiwan." *Industry and Innovation* 9 (3): 249 - 265.

Chen, Tain-Jy. 2003. "Network Resources for Internationalization: The Case of Taiwan's Electronics Firms." *Journal of Management Studies* 40 (5): 1107 - 1125.

Cheng, Lu-lin. 1996. "Embedded Competitiveness: Taiwan's Shifting Role in the International Footwear Sourcing Networks." Ph. D. dissertation, Department of Sociology, Duke University.

Cheng, Lu-lin, and Gary Gereffi. 1994. "The Informal Economy in East Asian Development." *International Journal of Urban and Regional Research* 18(2): 194 - 219.

Chesbrough, Henry W. 2003. *Open Innovation: The New Imperative for Creating and Profiting from Technology*. Boston: Harvard Business School Press.

China Economics Quarterly. 2004. "The Economics of Education in China." FT. com, October 11, 2004. Available online: http://news. ft. com/cms. Access date: December 6, 2004.

"China Sees Growing Tide of Returning Talent." 2002. *Xinhua News Agency*, June 28.

China Statistics Press. 2003. *China Statistics Yearbook on High Technology Industry*. Beijing: China Statistics Press.

"China's Champions: Special Report." *The Economist*, January 8, 2005, pp. 59 - 61.

"China's Economy: Who Owns It? Changes in Ownership Patterns in China's Economy, 1992 - 2002." 2004. A report by the *China Economics Quarterly*, Edition 1. May. Hong Kong: Dragonomics Ltd.

Chinese Institute of Engineers-USA. 1999. "CIE-USA Annual Awards, 1950s - 1990s." Available online: http://www. cie-gync. org/. Access date: July 27, 1999.

"Chinese Students Return from Abroad to Success and Failure." 2003. *Xinhua News Agency*, December 17.

Chinitz, Benjamin. 1961. "Contrasts in Agglomeration: New York and Pittsburgh." *Papers and Proceedings of the American Economic Association*, May.

Chiruvolu, Ravi. 2003. "TechTalk: About That India Recommendation..." *Venture Capital Journal*, November 1. Available online: http://www.venturecapitaljournal.net/. Access date: September 19, 2004.

Chugani, Michale. 2002. "Chinese IT Professionals Flock Back Home." *South China Morning Post*, January 12. Available online: http://www.vuw.ac.nz/. Access date: September 22, 2004.

Chwang, Ronald. 1997. Welcome and Opening Remarks, Monte Jade Science and Technology Association (West). Seventh Annual Conference, Santa Clara, Calif., March 15.

——2003. "Venture Investment in Greater China — Opportunities and Challenges." Presentation at Stanford University, May 29.

Clendenin, Mike. 2003a. "Befriending the Dragon." *Electronic Engineering Times*, October 31. Available online: http://www.eetimes.com/. Access date: September 2, 2004.

——2003b. "Comlent Brings High-End RF to China." *Electronic Business News*, November 17. Available online: http://www.ebnonline.com/. Access date: September 6, 2004.

——2003c. "Comment: For SMIC, Rumblings of an IPO." *EETimes*, August 1. Available online: http://www.siliconstrategies.com/. Access date: August 21, 2004.

——2004. "Creative Play All in a Day's Work at ITRI." *Electronic Engineering Times*, August 16. Available online: www.eetimes.com/print/archive. Access date: August 28, 2004.

Cohen, Y., and Y. Haberfeld. 2001. "Self Selection and Return Migration: Israeli-Born Jews Returning Home from the United States During the 1980s." *Population Studies* 55: 79 - 91.

Cole, Robert. 2003. "Japanese Manufacturing Dilemmas: The ICT Industries." Paper presented at Conference on Institutional Change in East Asia, Cornell University, April 3 - 5.

Committee of 100. 2001. "American Attitudes Toward Chinese Americans and Asian Americans." A White Paper prepared for the Committee of 100 by Yankelovich Partners. New York, April 2001.

Common Wealth. 1996. July 1, 1996.

Cooke, Merritt T. 2004. "The Politics of Greater China's Integration into the Global Info Tech (IT) Supply Chain." *Journal of Contemporary China* 13(40): 491 - 506.

Cortright, Joseph. 2005. "Making Sense of Clusters." Draft prepared for The Brookings Institution Metropolitan Policy Program.

Dataquest. 2002. "Dataquest 20 Years: The Great Indian Software Revolution." Available online: www. dqindia. com// content/. Access date: December 23, 2002.

Dedrick, Jason. 2003. Paper presented at Conference on the Global IT Industry: The Future of China and India. University of California, Santa Cruz, May 30, 2003.

Dedrick, Jason, and Kenneth Kraemer. 1998. *Asia's Computer Challenge: Threat or Opportunity for the United States and the World?* New York: Oxford University Press.

De Filippo, Giuseppe, Jun Hou, and Christopher Ip. 2005. "Can China Compete in IT Services?" *McKinsey Quarterly*, No. 1.

deFontenay, Catherine, and Erran Carmel. 2004. "Israel's Silicon Wadi: The Forces behind Cluster Formation." In T. Bresnahan and A. Gambardella, eds., *Building High-Tech Clusters: Silicon Valley and Beyond*. Cambridge: Cambridge University Press.

Desai, Ashok V. 2003. "The Dynamics of the Indian Information Technology Industry." Center for New and Emerging Markets, London Business School, April. Available online: http://www.london.edu/. Access date: September 6, 2004.

Downes, Larry. 2002. *The Strategy Machine: Building Your Business One Idea at a Time*. New York: HarperBusiness.

"Economic Analysis of Zhangjiang Hi-Tech Park 2003." 2004. *Park News*, February 18. Available online: www.zjpark.com/. Access date: August 21, 2004.

Ehrgood, Thomas. 2000. Presentation by International Trade Counsel, Compaq Computer Corporation, at Chairman's Circle Luncheon, 2000 Annual Joint Business Conference, The Grand Hotel, Taipei, Taiwan, June 14. Available online: http://www.

usa-roc. org/reports/. Access date：March 14，2001.

Electronic Business CEO Roundtable. 2003. "Electronics Industry's Movers & Shakers." Available online：http：//www. reed-electronics. com/. Access date：September 6，2004.

Engardio，Pete. 1993. "Taiwan：'The Arms Dealer of the Computer Wars.'" *Business Week*，June 28，pp. 51－53.

Ernst，Dieter. 1994. "What Are the Limits to the Korean Model? The Korean Electronics Industry under Pressure." Research paper，Berkeley Roundtable on the International Economy. University of California，Berkeley.

——. 2000. "Carriers of Cross Border Knowledge Diffusion：Information Technology and Global Production Networks." East-West Center Working Papers，Economics Series，No. 3. Honolulu：East-West Center.

——. 2003. "Internationalisation of Innovation：Why Is Chip Design Moving to Asia?" East-West Center Working Papers，Economics Series，No. 64. Honolulu：East-West Center.

Ernst，Dieter，and Linsu Kim. 2002. "Global Production Networks，Knowledge Diffusion，and Local Capability Formation." *Research Policy* 31 (8－9，December)：1417－1429.

Espenshade，Thomas J.，Margaret L. Usdansky，and Chang Y. Chung. 2001. "Employment and Earnings of Foreign-Born Scientists and Engineers." *Population Research and Policy Review* 20: 81 – 105.

Fallick, Bruce, Charles A. Fleischman, and James B. Rebitzer. 2003. "Job Hopping in Silicon Valley: The Micro-Foundations of a High Technology Cluster." Working Paper, Weatherhead School of Management, Case Western Reserve University. Available online: http://wsomfaculty. cwru. edu/rebitzer/. Access date: September 16, 2005.

Farrell, Diana, and Adil S. Zainulbhai. 2004. "A Richer Future for India." *McKinsey Quarterly*, special edition: 50 – 59.

Farrell, Diana, and Susan Lund. 2005. "Reforming India's Financial System." *The McKinsey Quarterly*, 2005 Special Edition. Available online: www. mckinseyquarterly. com. Access date: September 26, 2005.

Ferguson, Charles H. 1990. "Computers and the Coming of the U. S. Keiretsu." *Harvard Business Review* 4: 55 – 70.

Flannery, Russell. 1999. "Taiwan's PC Production Spills into China." *The Wall Street Journal* October 21, p. A16.

"Former CASPA Chairmen Took New Career Journeys in Shanghai." 2001. *Sing Tao Daily*, October 8. Available online: http://www. caspa. com/newsletterl/. Access date: September 23, 2004.

Galbraith, John K. 1967. *The New Industrial State*. Boston:

Houghton Mifflin.

Gereffi, Gary, and Miguel Korzeniewicz, eds. 1994. *Commodity Chains and Global Capitalism*. Westport, Conn.: Praeger.

Gerschenkron, Alexander. 1962. *Economic Backwardness in Historical Perspective: A Book of Essays*. Cambridge, Mass.: Harvard University Press.

Gilley, Bruce. 1999. "Looking Homeward." *Far Eastern Economic Review*, March 11. Available online: http://www.feer.com/articles/1999/. Access date: September 6, 2004.

Gillmor, Dan. 1998. "High-Tech Blooming in Israel." *San Francisco Chronicle*, April 27.

Gilson, Ron J. 1998. "The Legal Infrastructure of High Technology Industrial Districts: Silicon Valley, Route 128, and Covenants Not to Compete." Stanford Law School, John M. Olin Program in Law and Economics, Working Paper No. 163, August.

Global Insight, Inc. 2004. *Venture Impact 2004*. Available online: http://www.nvca.org/. Access date: September 22, 2004.

Goering, Richard. 2004. "Design Tools 'Made Not in USA.'" *Electronic Engineering Times*, March 29. Available online: http://www.eet.com/. Access date: September 6, 2004.

Gold, Thomas B. 1986. *State and Society in the Taiwan Miracle*. Armonk, N. Y.: Sharpe.

Gompers, Paul, Josh Lerner, and David Scharfstein. 2003.

"Entrepreneurial Spawning: Public Corporations and the Genesis of New Ventures, 1986 - 1999." Working Paper 9816, National Bureau of Economic Research. Available online: http://www.nber.org/papers/. July. Access date: September 6, 2004.

Goswamy, Kavita. 2003. "The Seventh Avenue of Return Contribution: Expatriate Indian Executives Championing India's Information Technology." Undergraduate honors thesis, University of California, Berkeley.

Gramsci, Antonio. 1992. *The Prison Notebooks*. New York: Columbia University Press.

Granovetter, Mark. 1995. "The Economic Sociology of Firms and Entrepreneurs." In A. Portes, ed., *The Economic Sociology of Immigration*. New York: Russell Sage.

Guan, Zhixiong. 2002. "Overcoming the China Syndrome in Japan." Forum on Integration of the Asian Economies, Present and Future, Tokyo, Japan, April 22 - 23.

Guochu, A., and L. Wenjun. 2001. "International Mobility of Chinas Resources in Science and Technology and Its Impact." Report number COM/DTSI/DEELSA/RD. Paris: OECD.

Hagel, John, Ⅲ. 2004. "Offshoring Goes on the Offensive." *McKinsey Quarterly* 2. Available online: http://www.mckinseyquarterly.com/. Access date: September 19, 2004.

Hall, Chris. 1999. "Leader and Dealer: AsusTek Computer."

Electronic Business Asia, October. Available online: www. eb-asia. com/Access date: August 21, 2004.

——. 2000. "Living in a Sub-$1000 World." *Electronic Business Asia*, February. Available online: www. eb-asia. com/ Access date: August 21, 2004.

Hamilton, Ian. 2005. "Parsing the 'China Price.'" *Electronic Engineering Times*, January 25, 2005. Available online: www. eetimes. com/article. Access date: January 29, 2005.

Hamm, Steve. 2005. "Taking a Page from Toyota's Playbook." *Business Week*, August 22, 2005.

Hellman, Thomas. 1998. "WI Harper International: Bridge Between Silicon Valley and Asia." Graduate School of Business, Stanford University, SM-39.

Helper, Susan, John Paul MacDuffie, and Charles Sabel. 2000. "Pragmatic Collaborations: Advancing Knowledge While Controlling Opportunism." *Industrial and Corporate Change*, vol. 10, no. 3: 443-483.

"Help Wanted." 2004. *The Economist*, October 7. Available online: www. economist. com/world/asia. Access date: October 8, 2004.

Herbsleb, James D., and Deependra Moitra. 2001. "Global Software Development." *IEEE Software* (March/April): 16-20.

Herrigel, Gary. 1996. *Industrial Constructions: The Sources of German Industrial Power*. Cambridge: Cambridge University Press.

Hill, Susan T. 1996. "Data Brief: Non U. S. Citizens Are 40 Percent of S&E Doctorate Recipients from U. S. Universities in 1995." Vol. 1996, No. 9. Washington, D. C.: Division of Science Resources Studies, National Science Foundation, Arlington, Va. August 19.

Hobday, Michael. 1995. "East Asian Latecomer Firms: Learning the Technology of Electronics." *World Development* 23 (7): 1171 - 1193.

——. 2001. "The Electronics Industries of the Asia-Pacific: Exploiting International Production Networks for Economic Development." *Asian-Pacific Economic Literature* 15 (1, May): 13 - 29.

Howell, Thomas R., Brent L. Bartlett, William A. Noellert, and Rachel Howe. 2003. "China's Emerging Semiconductor Industry: The Impact of China's Preferential Value-Added Tax on Current Investment Trends." Paper prepared by Dewey Ballantine LLP for the Semiconductor Industry Association, October.

Hsu, Jinn-Yuh. 1997. "A Late Industrial District? Learning Networks in the Hsinchu Science-Based Industrial Park." Ph. D. dissertation, Department of Geography, University of California, Berkeley.

Hua，Vanessa. 2004. "Looking Offshore：China. Giving India Competition，Chinese-Born Entrepreneurs Help Homeland." SF-Gate. com，March 7. Available online：http://sfgate. com/. Access date：September 6，2004.

IMD International. 2004. *IMD World Competitiveness Yearbook 2004*. Lausanne，Switzerland：IMD International.

Israel Venture Capital (IVC) Research Center. 2004. "Most Active Foreign Investors in Israel，Survey." Available online：www. ivc-online. com. Access date：July 13，2004.

Jayashankar，Mitu. 2004. "Ittiam Systems：The 3rd Option." *Businessworld*，July 12. Available online：www. businessworldindia. com/. Access date：May 15，2005.

Jhunjhunwala，Ashok，et al. 1998. "The Role of Technology in Telecom Expansion in India." *IEEE Communications Magazine*，December. Available online：http://www. tenet. res. in/jhun/papers/Telxpan/telxpan. html. Access date：September 13，2004.

Jiang，Jim. 2001. "We Stay in Touch and They Often Ask About China and the Market and Admire Our Achievements and Want to Return." Netbig. com interview，January 10. Available online：http://Netbig. com.

Jiang，Xiaodong，Lynn Lee，Qiaowei Shen，and Sarah Wang. 2004. "Development of Industrial Clusters in China's Electronics Industry." UCBUNIDO Research Project.

Joint Venture: Silicon Valley Network. 2004. *The 2004 Index of Silicon Valley*. San Jose, Calif. Available online: http://www.jointventure.org/. Access date: September 19, 2004.

Kahn, Alan. 2004. "Profiting from Benchmarks: Reasons Behind China's Rush to Develop Standards." www.chinatechnews.com, April 7. Access date: April 20, 2004.

Kennedy, Scott. *The Business of Lobbying in China*. Cambridge, Mass.: Harvard University Press, 2005.

Khavul, Susanna. 2003. "The Emergence and Evolution of Israel's Software Industry." Center for New and Emerging Markets, London Business School, June.

Kirby, Carrie. 2002. "Tech Professionals Returning to China." *San Francisco Chronicle*, January 2, pp. B1–B4.

——. 2003. "Opportunities in China Entice Overseas Chinese." *The San Francisco Chronicle*, January 12, p. B1.

Kishimoto, Chikashi. 2003. "Upgrading in the Taiwanese Computer Cluster: Transformation of Its Production and Knowledge Systems." Working Paper 186. Sussex, England: Institute of Development Studies.

Kogut, Bruce, and Udo Zander. 1993. "Knowledge of the Firm and the Evolutionary Theory of the Multinational Corporation." *Journal of International Business Studies* 24(4): 625–645.

Krishnadas, K. C. 1997. "Chops & Bytes: This Yantra Needs a Mantra." *The Economic Times* (*India*), March 25.

——. 2004. "Indian Engineers Repatriate." *Electronic Engineering Times*, March 26. Available online: www. eet. com/. Access date: September 6, 2004.

——. 2005. "Waiting for Ex-pats." January 10. Available online: www. eetimes. com/news/. Access date: May 15, 2005.

Krugman, Paul R. 1991. *Geography and Trade*. Cambridge, Mass.: MIT Press.

Kumra, Gautam, and Jayant Sinha. 2003. "The Next Hurdle for Indian IT." *The McKinsey Quarterly*, No. 4.

Kurian, Thomas. 1997. "In the Footsteps of Giants." *siliconindia*, November. Available online: http://web. archive. org/web/. Access date: September 19, 2004.

Lamoreaux, Naomi R., Daniel M. G. Raff, and Peter Temin. 2003. "Beyond Markets and Hierarchies: Toward a New Synthesis of American Business History." *The American Historical Review* 108, 2: 404-430.

Langois, Richard N. 2003. "The Vanishing Hand: The Changing Dynamics of Industrial Capitalism." *Industrial and Corporate Change* 12, 2: 351-385.

Lave, Jean. 1991. *Situated Learning: Legitimate Peripheral Participation*. Cambridge: Cambridge University Press.

Lee, Chuan-kai. 2005. "Cluster Adaptability Across Sector and Border." Ph. D. dissertation, Department of City and Regional Planning, University of California, Berkeley.

Lemon, Sumner. 2002. "Gartner: Look to China for Outsourcing Services." CNN. com, January 21. http://www. cnn. com/. Access date: September 6, 2004.

Lenoir, Timothy, N. Rosenberg, H. Rowen, C. Lecuyer, J. Colyvas, and B. Goldfarb. 2004. "Inventing the Entrepreneurial Region: Stanford and the Co-Evolution of Silicon Valley." Unpublished manuscript, Stanford University.

Leslie, Stuart, and Kargon. 1996. "Selling Silicon Valley: Frederick Terman's Model for Regional Advantage." *Business History Review* 70, 4: 435 - 472.

"Letter from Taiwan." 2002. *Electronic Business Asia*, January. Available online: www. eb-asia. com/. Access date: August 21, 2004.

Light, Ivan, and Edna Bonacich. 1988. *Immigrant Entrepreneurs: Koreans in Los Angeles, 1965 -1982*. Berkeley: University of California Press.

Light, Ivan, and Elizabeth Roach. 1996. "Self-Employment in Southern California, 1970 to 1990." In Roger Waldinger and Mehdi Bozorgmehr, eds., *Ethnic Los Angeles*. New York: Russell Sage Foundation.

"Like Company Like Bank." 2000. *siliconindia*, July 24. Available online: http://www.siliconindia.com/Magazine/. Access date: September 19, 2004.

Lin, Tenglin. 2000. "The Social and Economic Origins of Technological Capacity: A Case Study of the Taiwanese Computer Industry." Ph. D. Dissertation, Department of Sociology, Temple University.

Lin, Xi-wei, Gang Bai, and Tim Wang. 1998. "China Semiconductor Industry Overview." Report on the first NACSA delegation to visit semiconductor R&D institutes. Available online: http://www.nacsa.com/events/ChinaTrip.html. Access date: August 21, 2004.

Linden, Greg. 1999. "Technology Policy and Growth: Case Studies from the Asian Electronics Industry." Ph. D. dissertation prospectus, University of California, Berkeley, February 7.

Linn, Gene. 1998. "Battling the Big Boys of Telecom." *Journal of Commerce*, May 27.

Logan, Michael. 2004. "Comlent Puts Its Chips in Niche Handsets." *South China Morning Post*, January 8. http://www.comlent.com/. Access date: September 23, 2004.

Luo, Yu-Ling, and Wang Wei-Jen. 2001. "High-Skill Migration and Chinese Taipei's Industrial Development." Seminar on International Mobility of Highly Skilled Workers: From Statistical Analysis to the Formulation of Policies, June 11 - 12. Working paper COM/DSTI/ DEELSA/RD. Paris: OECD.

——. 2003. "Sunplus Partners with Silicon Image on Development of SoCs for Digital Media." DigiTimes. com, August 6. Available online: http://www. digitimes. com/NewsShow/Article. asp. Access date: September 27, 2004.

Ma, Debin. 2003. "Industrial Revolution in the Prewar Lower Yangzi Region of China: A Quantitative and Institutional Interpretation." Unpublished paper, Foundation for Advanced Studies in International Development, Tokyo, December 2003.

Madhavan, Narayanan. 2005. "Vivek Paul Put Wipro on World Map." Reuters. Available at: www. ciol. com/content/news/. Access date: July 1, 2005.

Maheshwari, Arun. 2005. "Indian Companies vs. Global MNCs." *Dataquest*, www. dqindia. com. Access date: May 9, 2005.

Mahmood, Ishtiaq P., and Jasjit Singh. 2003. "Technological Dynamism in Asia." *Research Policy* 32: 1031 - 1054.

Main Science & Technology Indicators. 1999. Organization for Economic Cooperation and Development. Available online: http://puck. sourceoecd. org/. Access date: September 23, 2004.

Mathews, John A. 1997. "A Silicon Valley of the East: Creating Taiwan's Semiconductor Industry." *California Management Review* 39 (4, Summer): 26 - 54.

——. 2002. *Dragon Multinational*: *A New Model for Global Growth*. New York: Oxford University Press.

Mathur, Rakesh. 2002. Presentation at Forum on Local and Global Networks of Immigrant Professionals. San Francisco: Public Policy Institute of California.

McKendrick, David G., Richard F. Doner, and Stephan Haggard. 2000. *From Silicon Valley to Singapore*: *Location and Competitive Advantage in the Hard Disk Drive Industry*. Stanford: Stanford University Press.

Meany, Connie Squires. 1994. "State Policy and the Development of Taiwan's Semiconductor Industry." In J. Aberbach et al., *The Role of the State in Taiwan's Development*. London: Sharpe.

Minamikawa, A. "Investment in 300mm Plants Heating Up." 2000. Nikkei Microdevices, June (JPP20000706000024). Translated from http://ne. nikkeibp. co. jp/NMD/. Access date: September 15, 2004.

Mitta, Sridhar. 2004. "Intellectual Property Exchange Forum." Presentation at Electronics & Information Technology Exposition, New Delhi, April 26.

Mohnot, Navyug. 2003. "Why 'India Inside' Spells Quality." *Dataquest India*, October 27, 2003. Available online: www. dqindia. com/. Access date: November 1, 2004.

Moore, Jonathan, et al. 1998. "The Taiwan Touch." *Business Week*, May 25, p. 22.

Mufson, Steven. 1998. "The Information Highway—From Texas to Beijing." *Washington Post*, June 16, p. Al.

Murphy, David. 2001. "Holding the Purse Strings." *Far Eastern Economic Review*, July 5, 2001: 60 - 61.

NACSA 2002 - 2003 Annual Report. North America Chinese Semiconductor Association. Available online: http://www.nacsa.com/. Access date: September 22, 2004.

Naipaul, V. S. 1992. *India: A Million Mutinies Now*. New York: Penguin Books.

Nasa Tsai. 2002. "China: An Emerging Centre for Semiconductor Manufacturing." *Future Fab International* 13, July 8. Available online: http://www.future-fab.com/. Access date: September 6, 2004.

Natarjun, Arun. 2005. "Venture Intelligence India Roundup." TSJ Media, Arun Enterprises, January 10, 2005. Available online: www.tsjmedia.com.

National Association of Software and Service Companies. Available online: http://www.nasscom.org/.

National Science Board (NSB). 2002. *Science and Engineering Indicators 2002*. NSB - 02 - 1. Arlington, Va.: National Science Foundation.

National Science Board (NSB). 2004. *Science and Engineering Indicators 2004*. Two volumes (vol. 1, NSB 04 - 1; vol. 2, NSB 04 - 1A). Arlington, Va. : National Science Foundation.

National Science Foundation. 2003. *Science and Engineering Indicators—2004*, Appendix Table 2 - 31. Washington, D. C. : National Science Foundation, Division of Science Resources Statistics, Survey of Earned Doctorates, special tabulations.

National Science Foundation. 2004. *Science and Engineering Doctorate Awards: 2003*. Arlington, Va. : NSF 05 - 300, Division of Science Resources Statistics.

Naughton, Barry, and Yuan Qi. 2000. "Inward Technology Transfer and the Chinese National Innovation System." Presented to the U. S. -China Conference on Technical Innovation, Beijing, April 24 - 25.

Naughton, Barry, and Adam Segal. 2001. "Technology Development in the New Millennium: China in Search of a New Model." In W. Keller and R. Samuels, eds. , *Crisis and Innovation: Asian Technology after the Millennium*. New York: Cambridge University Press.

Neelakantan, Shailaja. 2005. "Higher Education Proves No Match for India's Booming Economy." *Chronicle of Higher Education*, 51 (39), June 3.

OECD. 2004. "Potential Offshoring of ICT-Intensive Using

Occupations." DSTI/ICCP/IE (19), Paris.

Olson, Gary M., and Judith S. Olson. 2000. "Distance Matters." *Human-Computer Interaction* 15 (2/3): 139 - 178.

O'Riain, Sean. 2002. "Remaking the Developmental State: The Irish Software Industry in the Global Economy." Ph. D. dissertation, Department of Sociology, University of California, Berkeley.

"Outsourcing: Make Way for China." 2003. *Business Week Online*, August 4. Available online: http://www.businessweek.com/magazine/content/. Access date: September 6, 2004.

"Overseas Chinese Head Home." 2001. *China Daily*, January 23. Available online: http://www.china.org. Access date: August 21, 2004.

Paltiel, Ari. 2001. "Mass Migration of Highly Skilled Workers: Israel in the 1990s." OECD Seminar on International Mobility of Highly Skilled Workers: From Statistical Analysis to the Formulation of Policies. Paris, June 11 - 12.

Parthasarathy, Balaji. 2000. "Globalization and Agglomeration in Newly Industrializing Countries: The State and the Information Technology Industry in Bangalore, India." Ph. D. dissertation, Department of City and Regional Planning, University of California, Berkeley, spring.

——. 2002. "An Asian Silicon Valley in Bangalore? Evidence

from the Changing Organization of Production in the Indian Computer Software Industry." Unpublished paper, Indian Institute of Technology, Bangalore.

Parthasarathy, Balaji, and Yuko Aoyama. Forthcoming. "From Software Services to R&D Services: Local Entrepreneurship in the Software Industry in Bangalore, India." *Environment and Planning A*.

Paul, Vivek. 2005. "India Empowered to Me Is..." *The Indian Express*, September 4, 2005.

Peattie, Lisa. 1987. *Planning: Rethinking Ciudad Guayana*. Ann Arbor: University of Michigan Press.

Piore, Michael J., and Charles F. Sabel. 1984. *The Second Industrial Divide: Possibilities for Prosperity*. New York: Basic Books.

Porter, Michael E. 1998. "Clusters and the New Economics of Competition." *Harvard Business Review* 76 (6, Nov.-Dec): 77 – 90.

Portes, Alejandro. 1996. "Global Villagers: The Rise of Transnational Communities." *The American Prospect* 7 (25, March 1—April 1): 74 – 77. Available online: http://www.prospect.org/print/. Access date: September 23, 2004.

——. 2001. "The Debates and Significance of Immigrant Transnationalism." *Global Networks*, 1: 181 – 193.

——. 2003. "Conclusion: Theoretical Convergencies and Empirical Evidence in the Study of Immigrant Transnationalism." *International Migration Review* 37(3): 874－892.

PricewaterhouseCoopers. 2004. "China's Impact on the Semiconductor Industry." Global Technology Centre, December 2004. Available online: www.pwcglobal.com.

Quan, Xiaohong. 2005. "Multinational Research and Development Labs in China: Local and Global Innovation." Ph. D. dissertation, Department of City and Regional Planning, University of California, Berkeley.

Rapaport, Hillel. 2002. "Who Is Afraid of the Brain Drain? Human Capital Flight and Growth in Developing Countries." Stanford Institute for Economic Policy Research, Policy Brief, April. Available online: http://siepr.stanford.edu/papers/briefs/. Access date: September 7, 2004.

Rasiah, Rajah. 2001. "Politics, Institutions, and Flexibility: Microelectronics Transnational and Machine Tool Linkages in Malaysia." In F. C. Deyo, R. F. Doner, and E. Hershberg, eds., *Economic Governance and the Challenge of Flexibility in East Asia*. Lanham, Md.: Rowman and Littlefield.

——. 2002. "Systemic Coordination and Human Capital Development: Knowledge Flows in Malaysia's MNC-Driven Electronics Clusters." United Nations University, Institute for New

Technologies, Discussion Paper No. 2002 - 7.

Reynolds, Paul D., et al. 2001. *Global Entrepreneurship Monitor, 2000 Executive Report*. Babson Park, Mass.: Babson College.

Roberts, Bill. 2004. "Launching Offshore." *Electronic Business*, April 1. Available online: http://www.reed-electronics.com/. Access date: September 7, 2004.

Rock, E. B. 2001. "Greenhorns, Yankees, and Cosmopolitans: Venture Capital, IPOs, Foreign Firms, and U. S. Markets." *Theoretical Inquiries in Law* 2 (2, July): 711 - 744.

Romer, Paul M. 1986. "Increasing Returns and Long-Run Growth." *Journal of Political Economy* 94 (October 5): 1002 - 1037.

Roy, Subir. 2004. "Not Quite the World's Silicon Valley." *ZDNet India News*, January 2, 2004. Available online: www.zdnetindia.com. Access date: August 19, 2004.

Sabel, Charles, and Jonathan Zeitlin. 1985. "Historical Alternatives to Mass Production." *Past and Present* 108: 133 - 176.

——. 2004. "Neither Modularity or Relational Contracting: Inter-Firm Collaboration in the New Economy." *Enterprise and Society* 5 (3).

Santa Clara County Office of Human Relations. 2000. "Building Borders in Silicon Valley: Summit on Immigrant Needs and

Contributions." San Jose, Calif.: Santa Clara County Office of Human Relations.

Saxenian, AnnaLee. 1999. *Silicon Valley's New Immigrant Entrepreneurs*. San Francisco: Public Policy Institute of California.

——. 2002. *Local and Global Networks of Immigrant Professionals in Silicon Valley*. San Francisco: Public Policy Institute of California.

——. 2003. "Government and Guanxi: The Chinese Software Industry in Transition." Discussion Paper, Center for New and Emerging Markets, London Business School.

Saxenian, AnnaLee, and Chuen-Yueh Li. 2003. "Bay-to-Bay Strategic Alliances: Network Linkages Between Taiwan and U. S. Venture Capital Industries." *International Journal of Technology Management* 25 (1 and 2), entire issues.

Saxenian, AnnaLee, and Xiaohong Quan. 2005. "China." In Simon Commander, ed., *The Software Industry in Emerging Markets*. Northhampton, Mass.: Edward Elgar.

Schram, Art. 2001. "Venture Guru." *siliconindia*, September, 66 - 68. Available online: http://www.siliconindia.com/Magazine/. Access date: September 7, 2004.

Science Park Administration. *Science-Based Industrial Park, 1998*. Hsinchu, Taiwan, 1999. Available online: http://www.sipa.gov.tw/en/.

Scranton, Philip. 1983. *Proprietary Capitalism: The Textile Manufacture at Philadelphia, 1800–1885*. Cambridge: Cambridge University Press.

——. 1997. *Endless Novelty: Specialty Production and American Industrialization, 1865–1925*. Princeton, N. J.: Princeton University Press.

"Searching for Hope: Special Semicon West Show Report." 2002. *Solid State Technology*, September.

Segal, Adam. 2003. *Digital Dragon: High Technology Enterprises in China*. Ithaca, N. Y.: Cornell University Press.

"SEMICON China 2004— Speakers at SEMI Market Briefing Highlight Opportunities, Challenges." 2004. March 19. Available online: http://www.smics.com/. Access date: September 14, 2004.

Sen, Pronab. 1994. "Software Exports from India: A Systemic Analysis." *Electronics Information and Planning* 22(2): 55–63.

Sen, Sumantra, and Francine Frankel, eds. 2005. "India's Strategy of IT-Led Growth: Challenges of Asymmetric Dependence." Center for the Advanced Study of India, Philadelphia.

"Shanghai Presents 156 Projects to Overseas Talents." 2004. Silicon Valley Chinese Engineers Association, April 12. Available online: http://www.scea.org/. Access date: August

21, 2004.

Shankar, Pradeep, and Karthik Sundaram. 2003. "The Cross-Border Nadkarni." *siliconindia*, February 2. Available online: http://www.siliconindia.com/. Access date: September 23, 2004.

Shih, Stan. 1996. *Me-Too Is Not My Style: Challenge Difficulties, Break Through Bottlenecks, Create Values*. Taipei, Taiwan: The Acer Foundation.

——. 2000. Presentation at Monte Jade Science and Technology Association (West) Tenth Annual Conference, Santa Clara, California, March 18.

——. 2002. *Growing Global: A Corporate Vision Masterclass*. New York: Wiley.

Simons, Lewis M., and Michael Zielenziger. 1994. "Bringing US High Tech to Land of Low Pay." *San Jose Mercury News*, June 28, p. 13A.

Solomon, Jay, and Kathryn Kranhold. 2005. "In India's Outsourcing Boom, GE Played a Starring Role." *Wall Street Journal*, March 23, 2005.

Sowell, Thomas. 1996. *Migrations and Cultures: A World View*. New York: Basic Books.

Srinivasan, S. 2003. "Bangalore's Infrastructure Can't Keep Up with the Tech Boom." *InformationWeek*, September 2.

Available online：http://www. informationweek. com/. Access date：September 7, 2004.

Srinivasan, T. N. 2005. "Information Technology Enabled Services and India's Growth Prospects." Draft for Brookings Institution, May 5.

Stanford Alumni Conference. 2000. Taipei.

Storper, Michael. 1997. *The Regional World*：*Territorial Development in a Global Economy*. New York：Guilford Press.

Stremlau, John. 1996. "Bangalore：India's Silicon Valley." *Monthly Labor Review* (November 1996), 119(2)：50－52.

Stub, Zev. 2003. "An Optics Maker with Laser-Sharp Vision." *Jerusalem Post*, October 29, p. 16. http://www. jpost. com/. Access date：September 7, 2004.

Studwell, Joe. 2002. *The China Dream*：*The Elusive Quest for the Last Great Untapped Market on Earth*. London：Profile.

Sturgeon, T. J. 2002. "Modular Production Networks：A New American Model of Industrial Organization." *Industrial and Corporate Change* 11(3)：451－196.

Sundaram, Karthik. 2003. "Dham：Beating a 'New Path' in Chip Design out of India." *siliconindia*, February. Available online：http://www. siliconindia. com/. Access date：September 7, 2004.

Taipei. 2000. December. MOEA, Monthly Bulletin of Statistics. *National Economic Trends*.

"Taiwan Redefines OEM." 1995. *Nikkei Electronics Asia*, June, p. 73.

Tanzer, Andrew. 1998. "Seizing an Opportunity." *Forbes* 161 (11, June 1): 126

Teubal, M., G. Avnimelech, and A. Gayego. 2000. "Globalization and Firm Dynamics in the Israeli Software Industry." Unpublished paper, August.

"The Flexible Tiger." 1998. *The Economist*, January 3, p. 73.

"The Kohli Touch." 2000. *Computers Today*, April 16. Available online: http://www. india-today. com/. Access date: September 7, 2004.

"The Little Start-Up That Could: A Conversation with Raman Roy, Father of Indian BPO." 2004. Knowledge at Wharton—Operations Management. Available online: http://knowledge. wharton. upenn. edu/articles. Access date: September 7, 2004.

Thomson Venture Economics. 2004. "Asian Private Equity Holding Steadfast." News Release, Hong Kong, March 9.

Thurm, Scott. 1998. "High-Tech Firms Big and Small Go Global." *San Jose Mercury News*, May 9.

Todaro, Michael P. 1985. *Economic Development in the Third World*. New York: Longman.

Trajtenberg, Manuel. 2000. "R&D Policy in Israel: An Overview and Reassessment." NBER Working Paper No. w7930, National Bureau of Economic Research, Cambridge, Mass. October 2000. Available online: http://papers.nber.org/papers/. Access date: September 14, 2004.

——. 2001. "Innovation in Israel 1968 - 1997: A Comparative Analysis Using Patent Data." *Research Policy* 30 (3): 363 - 389.

Tzeng, David. 2001. "Sunrex Chairman Discusses Component Manufacturing in China." Digitimes.com, April 30. Available online: http://www.digitimes.com/. Access date: May 15, 2001.

Tzeng, Gwo-Hshiung, and Meng-Yu Lee. 2001. "Intellectual Capital in the Information Industry." In Chun-Yen Chang and Po-Lung Yu, eds., *Made in Taiwan: Booming in the Information Era*. Hackensack, N.J.: World Scientific.

United Nations Development Programme. 2003. Human Development Indicators, *Human Development Report*. New York: Oxford University Press.

U.S. Bureau of Economic Analysis, U.S. Department of Commerce, Survey of U.S. Direct Investment Abroad, annual series. Available online: http://www.bea.gov/. Access date: August 20, 2004.

U. S. Census Bureau. 2003. Census 2000, *Public Use Microdata Samples* (*PUMS*).

U. S. Embassy, Beijing. 1997. "Bringing the Students Home: Why They Stay, Why They Return." February. Available online: http://www.usembassy-china.org. Access date: August 21, 2004.

Valigra, Lori. 1998. "UTStarCom Leverages Its Presence in China." (View from Stateside), News from Asia Pacific. December. Available online: http://www.nikkeibp.com/. Access date: September 7, 2004.

Varma, Yograj. 2004. "Overview: Riding the Growth Wave." *DQ Top 20*, *Dataquest India*. Available online: www.dqindia.com/. Access date: May 2, 2005.

Vijaybaskar, M., S. Rothboeck, and V. Gayathri. 2000. "Labour in the New Economy: Case of the Indian Software Industry." *Indian Journal of Labour Economics* 44 (1): 39 - 54.

Wade, Robert. 1990. *Governing the Market*: *Economic Theory and the Role of Government in East Asian Industrialization*. Princeton, N. J.: Princeton University Press.

Wagle, Dileep M. 2000. "China's Emerging Private Enterprises: Prospects for the New Century." Washington, D. C: International Finance Corp.

Waldinger, Roger, and Mehdi Bozorgmehr, eds. 1996. *Eth-*

nic Los Angeles. New York：Russell Sage Foundation.

Waldinger, Roger, et al. 1990. *Ethnic Entrepreneurs*：*Immigrant Business in Industrial Societies*. Newbury Park, Calif：Sage.

Walsh, Kathleen. 2003. "Foreign High-Tech R&D in China." The Henry L. Stimson Center, Washington, D. C. Available online：www. stimson. org. Access date：September 29, 2005.

Wang, C. 1999. "The Information Technology Industry @ Taiwan." *Financial Information*. Taipei, Taiwan.

Wang, Jici, and Jixian Wang. 1998. "An Analysis of New-Tech Agglomeration in Beijing：A New Industrial District in the Making?" *Environment and Planning A* 30：681 – 701.

Wang, Jici, and Mark Wang. 2002. "High and New Technology Industrial Development Zones." In M. Webber, M. Wang, and Zhu Ying, eds., *China's Transition to a Global Economy*. New York：Palgrave MacMillan.

Wank, David. 1999. *Commodifying Communism*：*Business, Trust, and Politics in a Chinese City*. Cambridge：Cambridge University Press.

White, Steve, Jian Gao, and Wei Zhang. 2002. "China's Venture Capital Industry：Institutional Trajectories and Systems Structure." Paper prepared for INTECH, International Conference on Financial Systems, Corporate Investment in Innovation and Venture Capital, Brussels, November 7 – 8.

Wilson, Dominic, and Roopa Purushonthaman. 2003. "Dreaming with BRICs: The Path to 2050." Goldman Sachs Global Economics Paper No. 99, October 1.

Wilson, Ron. 2004. "Gold Rush Days for Global Design?" *Electronic Engineering Times*, March 26. Available online: http://www.eet.com/. Access date: September 7, 2004.

Woetzel, Jonathan R. 2004. "A Guide to Doing Business in China." *McKinsey Quarterly*. Available online: http://www.mckinseyquarterly.com/. Access date: September 19, 2004.

Woetzel, Jonathan R., and Andrew Chun Chen. 2002. "Chinese Chips." *McKinsey Quarterly* 2. Available online: http://www.mckinseyquarterly.com/article. Access date: September 19, 2004.

Wu, Perry. 2005a. "The Myth of Uncertainty with Chinese Portals." February 9. www.chinatechnews.com. Access date: February 9, 2005.

——. 2005b. "Henry Blodget Does China." February 17. www.chinatechnews.com. Access date: February 17, 2005.

Wu, Ray. 2004. "Making an Impact." *Nature*, Vol. 428, March 11, 2004, p. 206.

Xia, Yinqi. 2004. "China's Science Parks." Talk by Deputy Director, Administrative Committee of Zhongguancun Science

Park, Bridging the Digital Divide, University of California, Berkeley, April 2.

Xiao, Wei. 2002. "The New Economy and Venture Capital in China." *Perspectives* 3(6), September 30. Available online: http://www.oycf.org/. Access date: September 7, 2004.

Ye, Guo Bai. 2003. "Shanghai Silicon Intellectual Properties Transaction Center Established in China." Xinhuanet.com, October 3. Available online: http://news.xinhuanet.com/. Access date: October 10, 2003. (Translated from Chinese.)

Yoshida, Junko, and George Leopold. 2001a. "China's Top Grads Invigorate the Valley." *EE Times*, August 7. Available online: http://www.eetimes.com/. Access date: September 7, 2004.

——. 2001b. "Valley Entrepreneurs Look Homeward to China." *EE Times*, August 15. Available online: http://www.eet.com/. Access date: September 7, 2004.

Young, Allyn. 1928. "Increasing Returns and Economic Progress." *Economic Journal* 38: 527 – 542.

Zeitlin, Jonathan, and Gary Herrigel, eds. 2000. *Americanization and Its Limits: Reworking US Technology and Management in Post-War Europe and Japan*. New York: Oxford University Press.

Zhang, Junfu. 2003. "High-Tech Start-Ups and Industry Dynamics in Silicon Valley." Public Policy Institute of California. Available online: http://www.ppic.org/content/pubs/. Access date: September 7, 2004.

Zoellner, Tom. 2000. "Doing Business in Dual Worlds." *San Francisco Chronicle*, January 24, pp. B1 – B6.

Zuboff, Shoshanna. 1988. *In the Age of the Smart Machine: The Future of Work and Power*. New York: Basic Books.

Zweig, David. 2004. "Redefining the Brain Drain: China's 'Diaspora Option.'" Working Paper No. 1, Center on China's Transnational Relations, Hong Kong University of Science and Technology.

图书在版编目（CIP）数据

新时代的阿尔戈英雄：人才流动与创新扩散/(美)安娜·李·萨克森尼安著；刘典，李旭译. -- 北京：中国人民大学出版社，2025. 9. -- (数字经济前沿).
ISBN 978-7-300-33881-1

Ⅰ. C964. 1

中国国家版本馆 CIP 数据核字第 2025A3L529 号

数字经济前沿
新时代的阿尔戈英雄：人才流动与创新扩散
安娜·李·萨克森尼安　著
刘典　李旭　译
Xin Shidai de A'erge Yingxiong: Rencai Liudong yu Chuangxin Kuosan

出版发行	中国人民大学出版社		
社　　址	北京中关村大街 31 号	**邮政编码**	100080
电　　话	010－62511242（总编室）		010－62511770（质管部）
	010－82501766（邮购部）		010－62514148（门市部）
	010－62511173（发行公司）		010－62515275（盗版举报）
网　　址	http://www. crup. com. cn		
经　　销	新华书店		
印　　刷	天津中印联印务有限公司		
开　　本	890 mm×1240 mm　1/32	**版　　次**	2025 年 9 月第 1 版
印　　张	14. 5 插页 1	**印　　次**	2025 年 9 月第 1 次印刷
字　　数	274 000	**定　　价**	89. 00 元